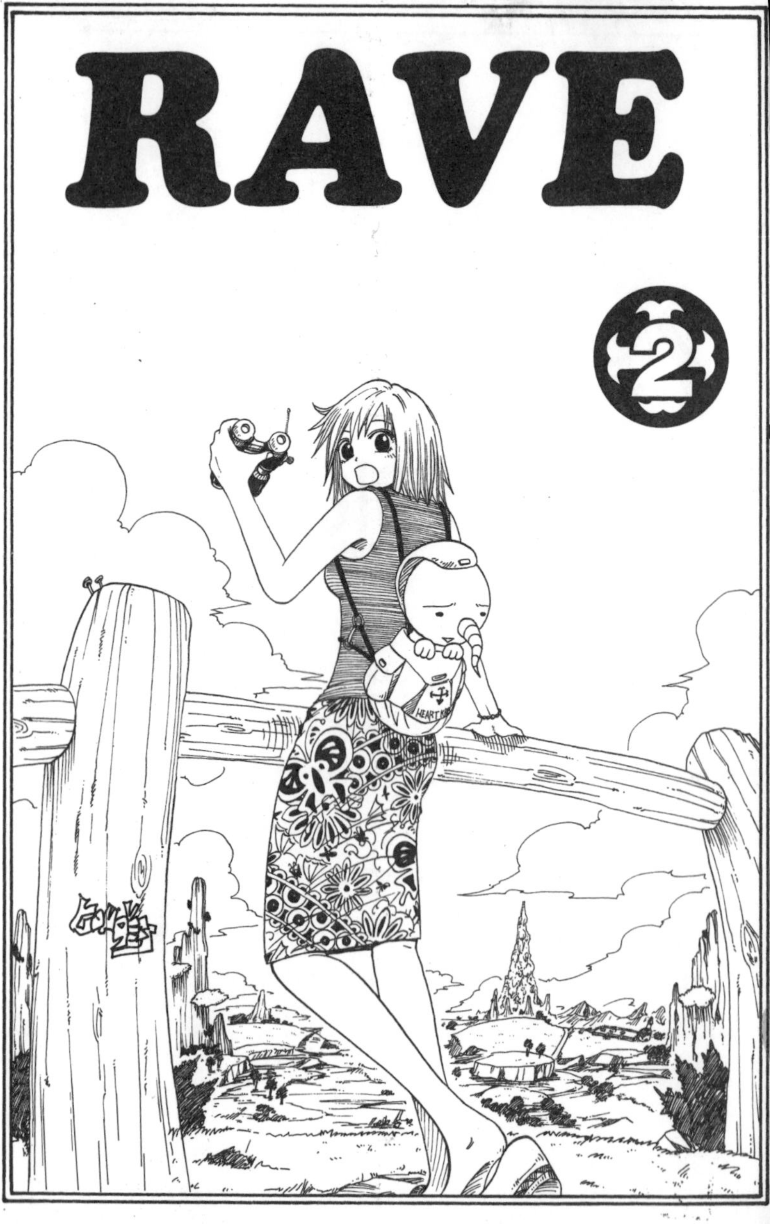
RAVE
2

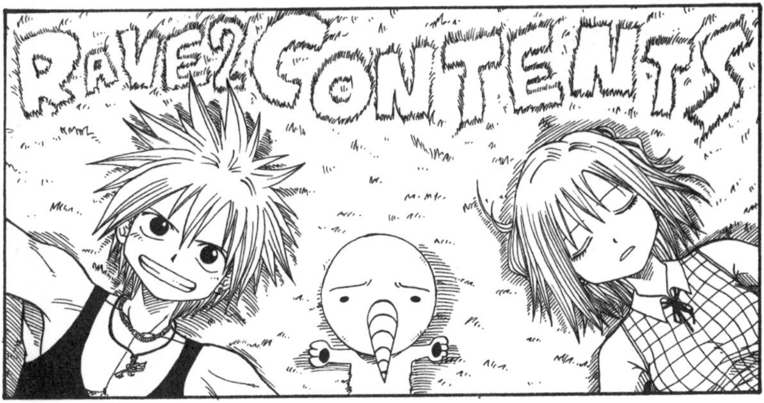
RAVE 2 CONTENTS

ÍNDICE

RAVE

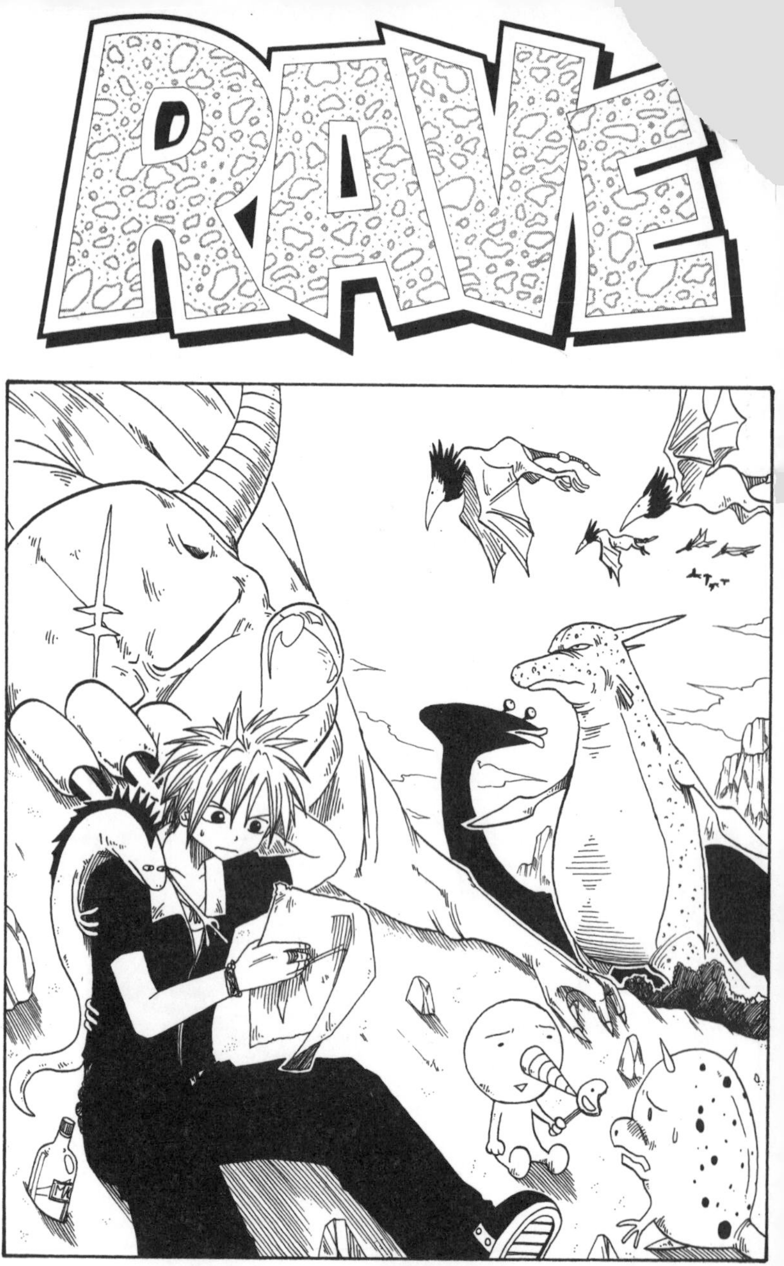

RAVE: 5 ✚ ¿VIAJAR, VIAJAR!?

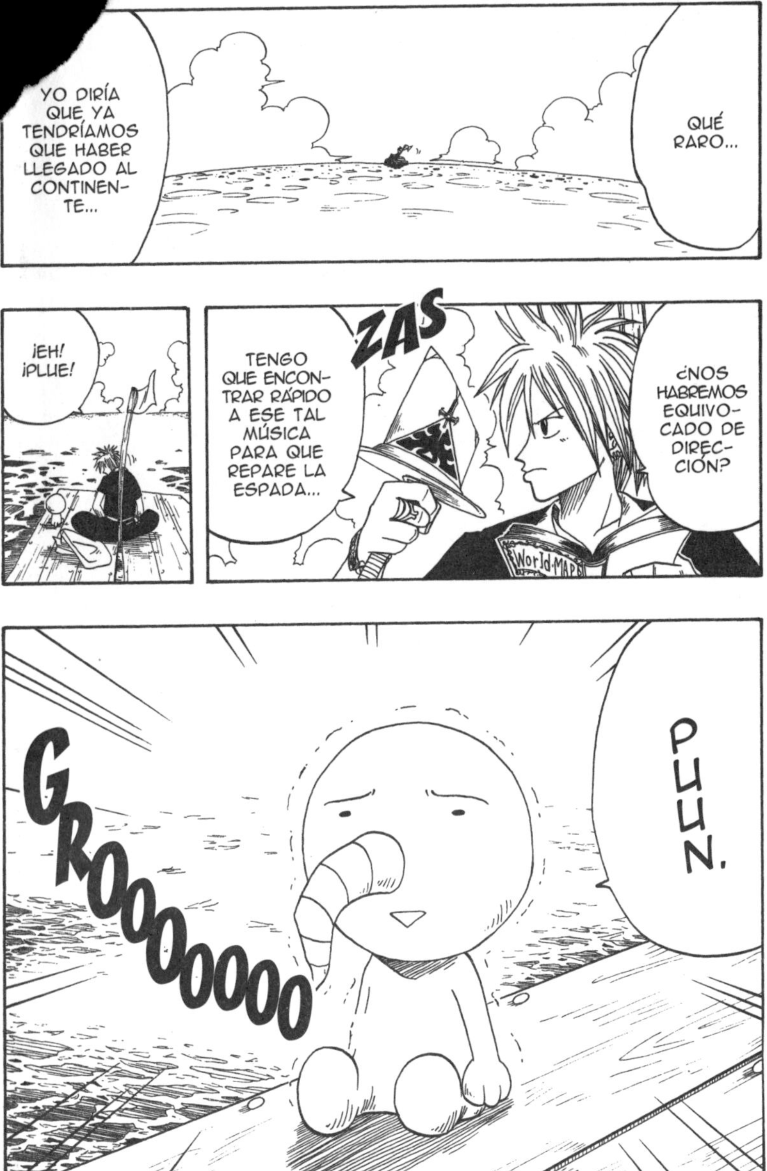
QUÉ RARO...
YO DIRÍA QUE YA TENDRÍAMOS QUE HABER LLEGADO AL CONTINENTE...
¿NOS HABREMOS EQUIVOCADO DE DIRECCIÓN?
ZAS
TENGO QUE ENCONTRAR RÁPIDO A ESE TAL MÚSICA PARA QUE REPARE LA ESPADA...
WorId·MAP
¡EH! ¡PLUE!
PUUN.
GROOOOOOOO

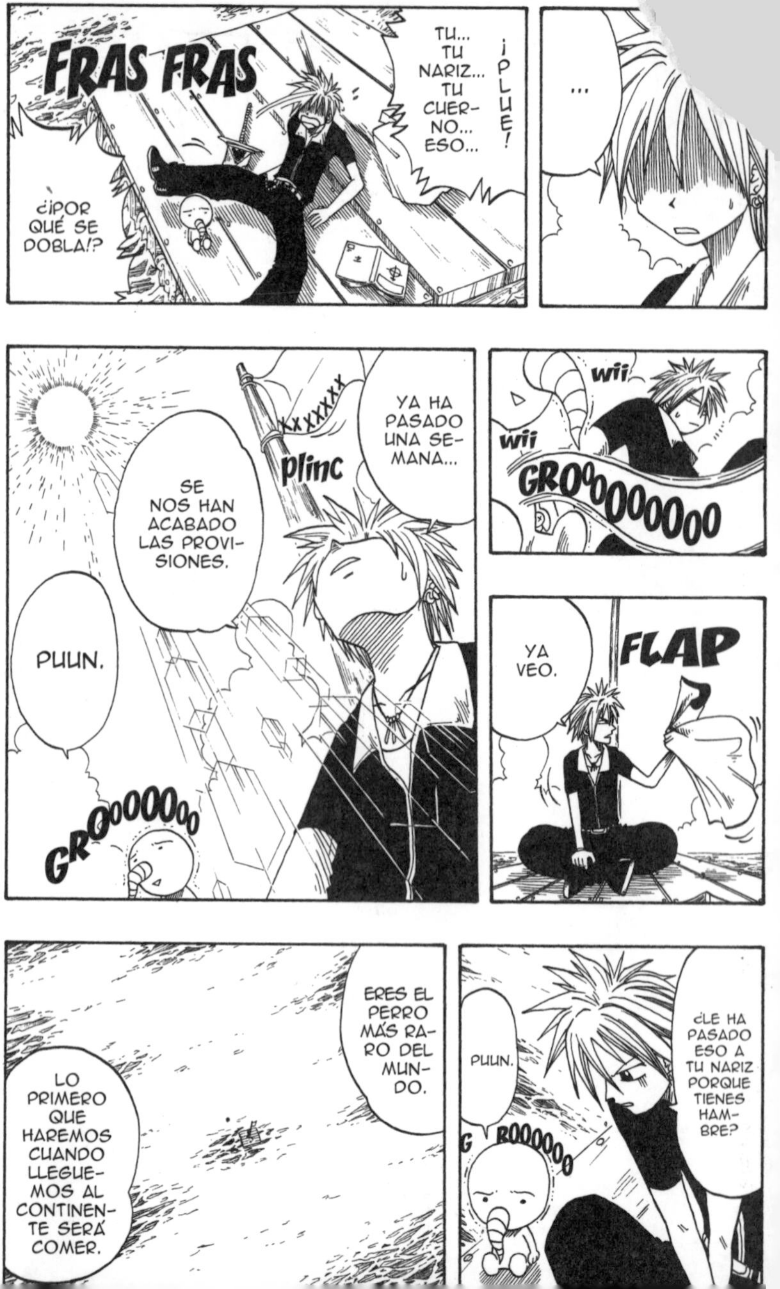
...
¡PLUE!
TU... TU NARIZ... TU CUERNO... ESO...
FRAS FRAS
¿POR QUÉ SE DOBLA!?
wii
wii
GROOOOOOOOOO
FLAP
YA VEO.
YA HA PASADO UNA SEMANA...
XXXXXX
plinc
SE NOS HAN ACABADO LAS PROVISIONES.
PUUN.
GROOOOOOO
¿LE HA PASADO ESO A TU NARIZ PORQUE TIENES HAMBRE?
PUUN.
GROOOOOO
ERES EL PERRO MÁS RARO DEL MUNDO.
LO PRIMERO QUE HAREMOS CUANDO LLEGUEMOS AL CONTINENTE SERÁ COMER.

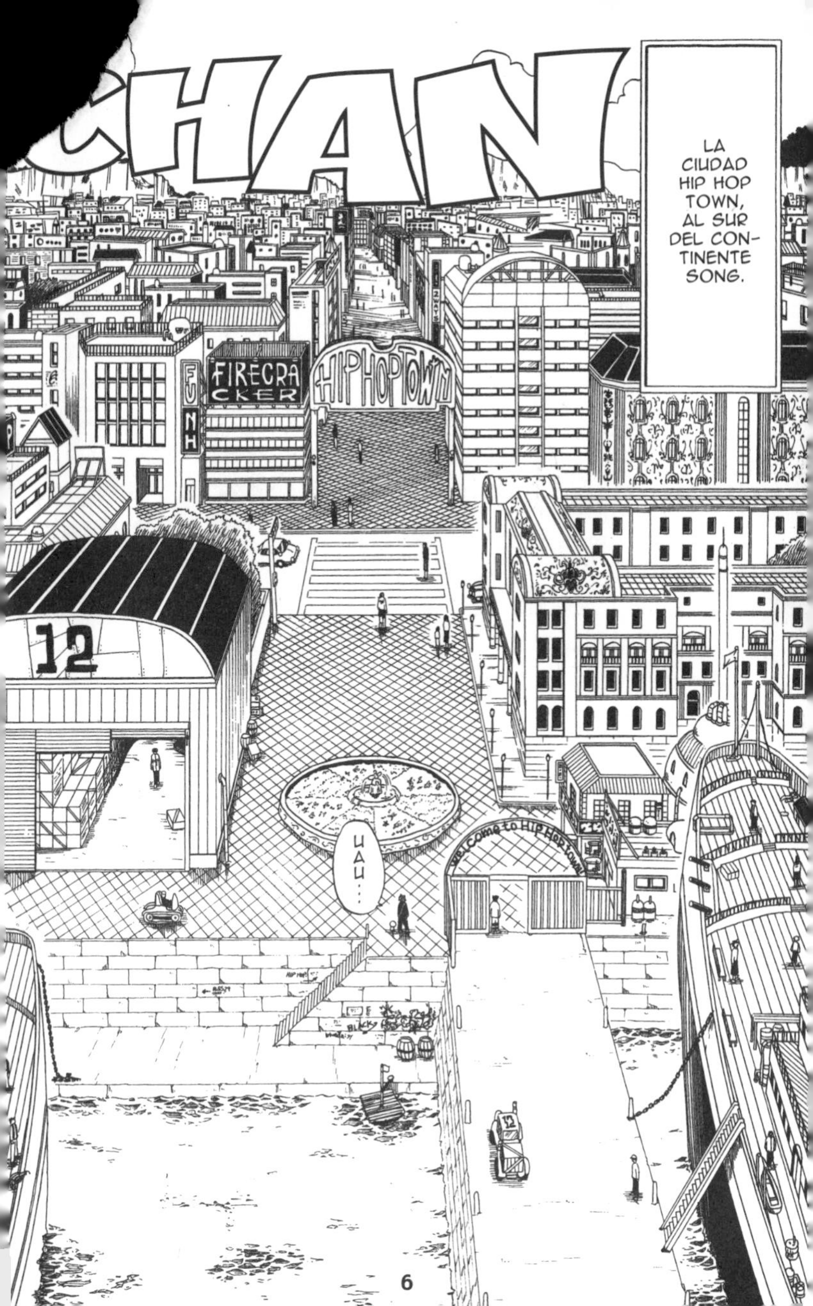
CHAN
LA CIUDAD HIP HOP TOWN, AL SUR DEL CON-TINENTE SONG.
HIPHOPTOWN
FIRECRA CKER
FUNH
12
Welcome to HipHop town
UAU...

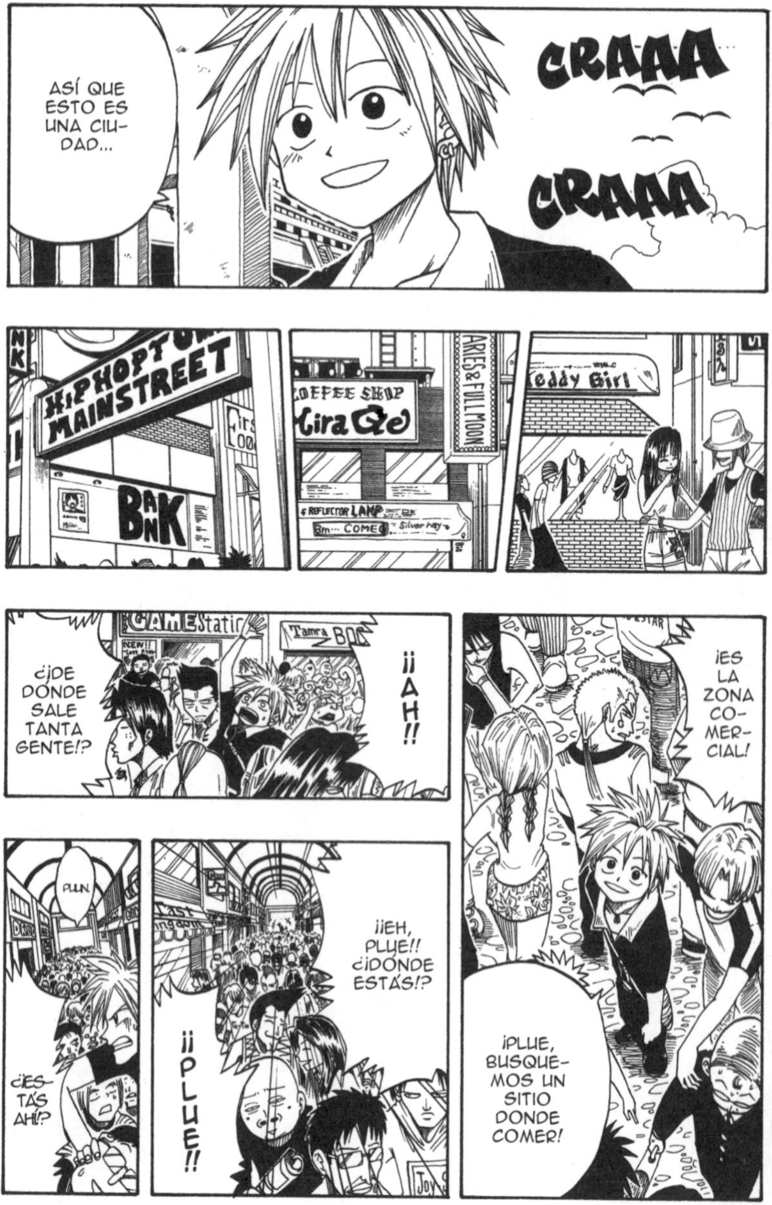
CRAAA
CRAAA
ASÍ QUE ESTO ES UNA CIUDAD...
Keddy Girl
ARIES & FULLMOON
COFFEE SHOP
REFLECTOR LAMP
MAINSTREET
BANK
¡ES LA ZONA COMERCIAL!
¡PLUE, BUSQUEMOS UN SITIO DONDE COMER!
GAME
¡¡AH!!
¿¡DE DÓNDE SALE TANTA GENTE!?
¡¡EH, PLUE!! ¿¡DÓNDE ESTÁS!?
¡¡PLUE!!
PUN.
¿¡ESTÁS AHÍ!?

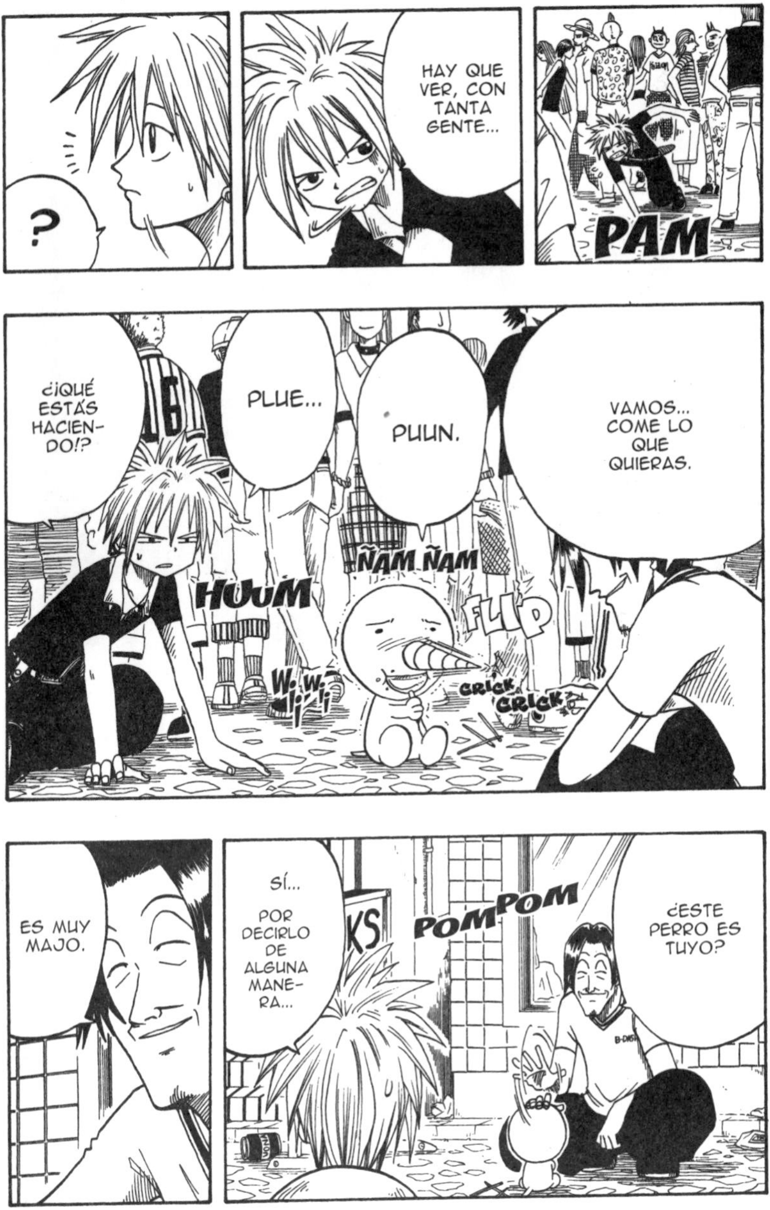
PAM
HAY QUE VER, CON TANTA GENTE...
?
VAMOS... COME LO QUE QUIERAS.
PUUN.
PLUE...
¿QUÉ ESTÁS HACIEN-DO!?
ÑAM ÑAM
FLIP
CRICK CRICK
HUUM
¿ESTE PERRO ES TUYO?
POMPOM
SÍ... POR DECIRLO DE ALGUNA MANE-RA...
ES MUY MAJO.

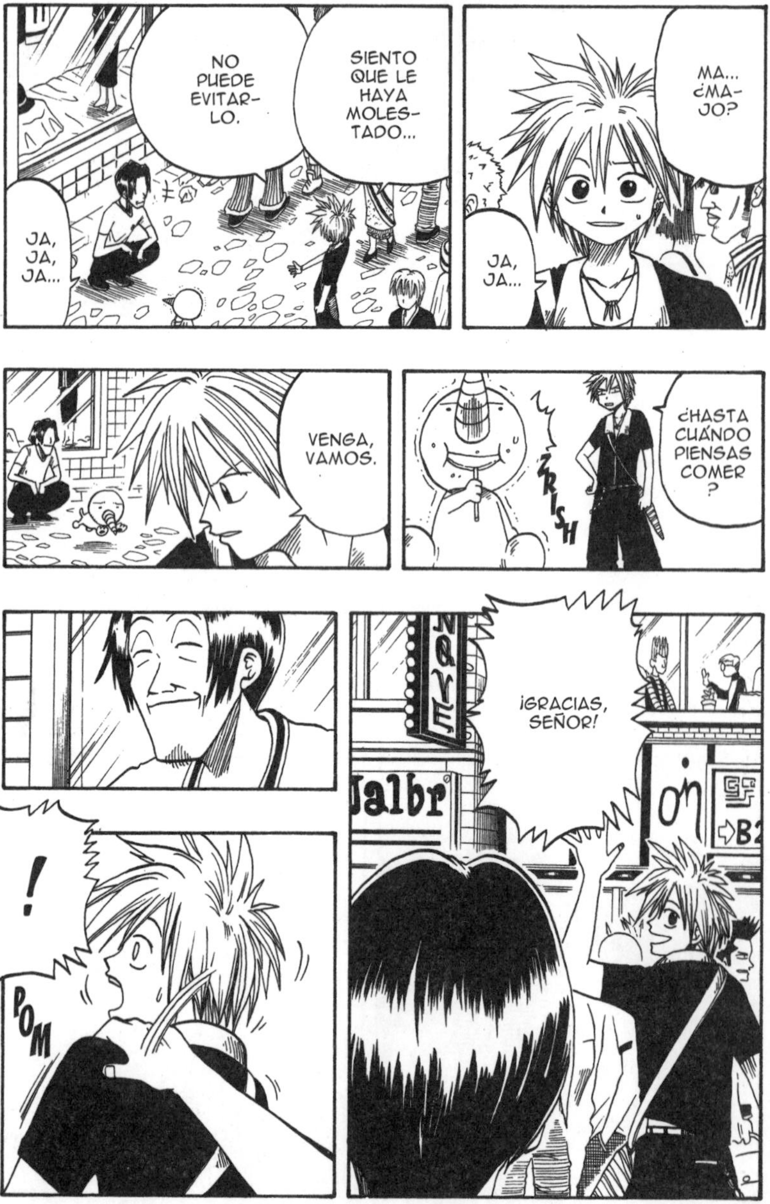
MA... ¿MA-JO?
JA, JA...
SIENTO QUE LE HAYA MOLESTADO...
NO PUEDE EVITARLO.
JA, JA, JA...
¿HASTA CUÁNDO PIENSAS COMER?
ZRISH
VENGA, VAMOS.
¡GRACIAS, SEÑOR!
!
POM

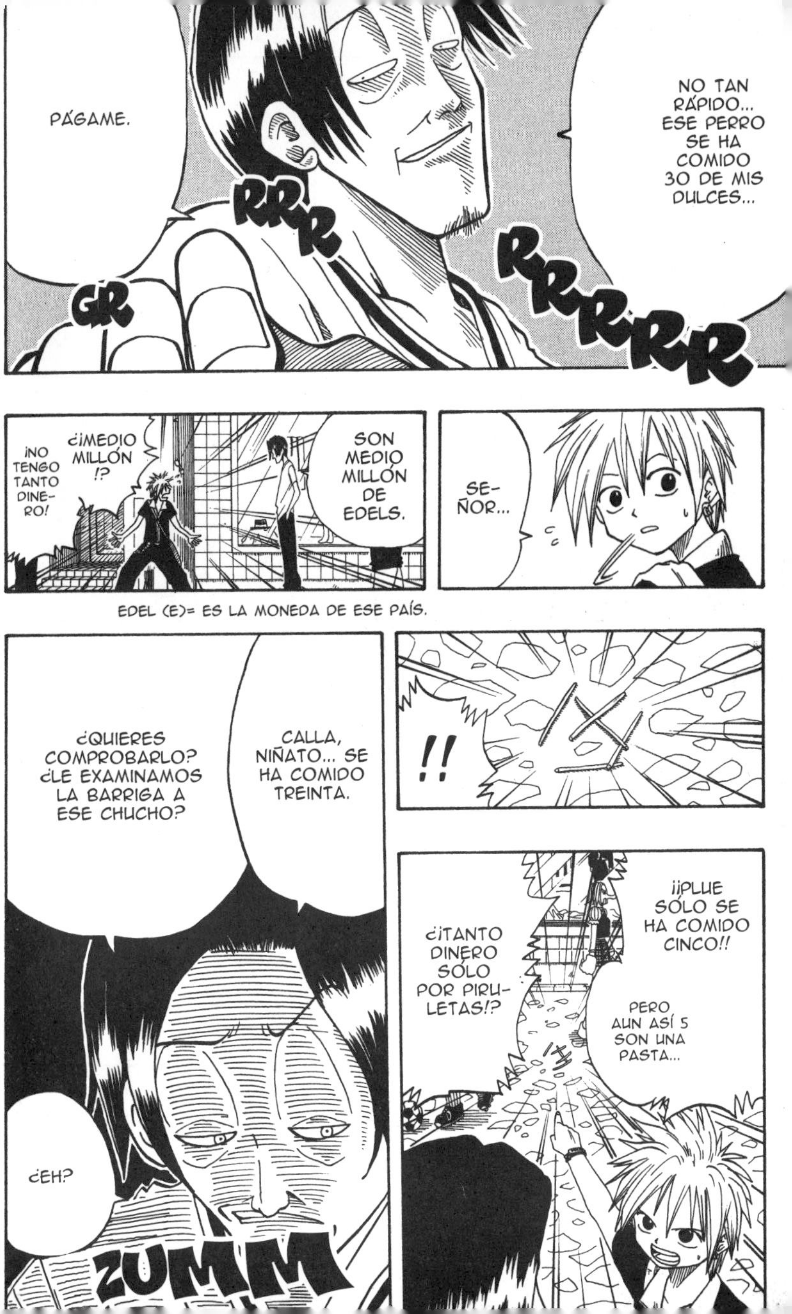
NO TAN RÁPIDO... ESE PERRO SE HA COMIDO 30 DE MIS DULCES...
PÁGAME.
RRRRRR
RRR
GR
SE-ÑOR...
SON MEDIO MILLÓN DE EDELS.
¿¡MEDIO MILLÓN!?
¡NO TENGO TANTO DINE-RO!
EDEL (E)= ES LA MONEDA DE ESE PAÍS.
!!
¡¡PLUE SÓLO SE HA COMIDO CINCO!!
¿¡TANTO DINERO SÓLO POR PIRU-LETAS!?
PERO AUN ASÍ 5 SON UNA PASTA...
CALLA, NIÑATO... SE HA COMIDO TREINTA.
¿QUIERES COMPROBARLO? ¿LE EXAMINAMOS LA BARRIGA A ESE CHUCHO?
¿EH?
ZUMM

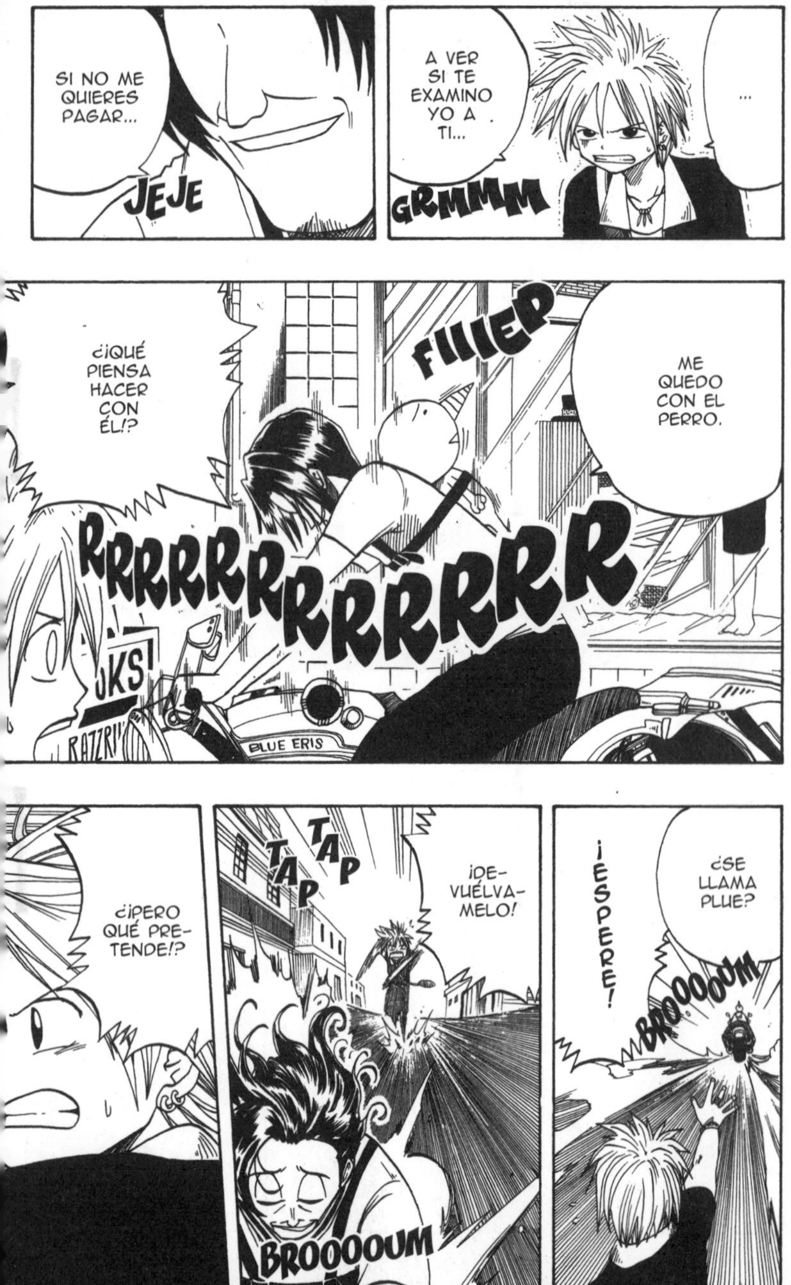
...
A VER SI TE EXAMINO YO A TI...
GRMMMM
SI NO ME QUIERES PAGAR...
JEJE
ME QUEDO CON EL PERRO.
FIIIEP
¿¡QUÉ PIENSA HACER CON ÉL!?
RRRRRRRRRRRRRR
BLUE ERIS
¿SE LLAMA PLUE?
¡ESPERE!
BROOOOUM
TAP TAP TAP
¡DE-VUÉLVA-MELO!
BROOOOUM
¿¡PERO QUÉ PRE-TENDE!?

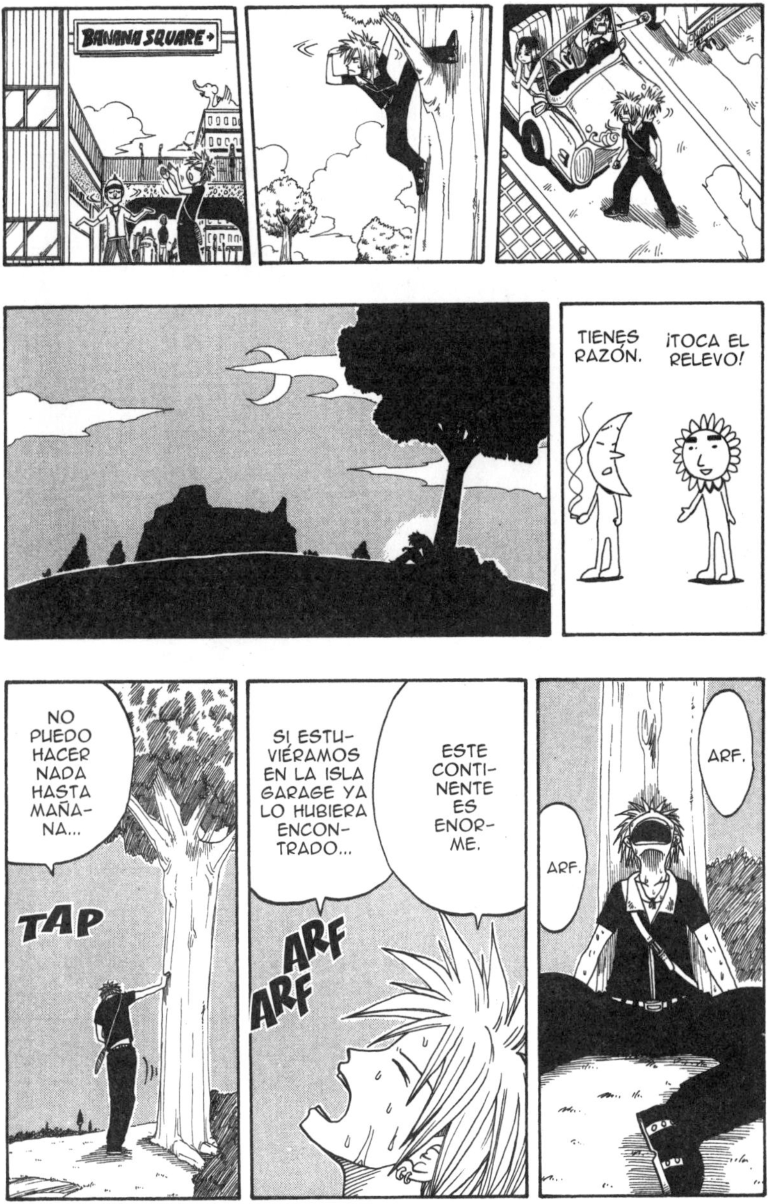
BANANA SQUARE
¡TOCA EL RELEVO!
TIENES RAZÓN.
ARF.
ARF.
ESTE CONTINENTE ES ENORME.
SI ESTUVIÉRAMOS EN LA ISLA GARAGE YA LO HUBIERA ENCONTRADO...
ARF ARF
NO PUEDO HACER NADA HASTA MAÑANA...
TAP

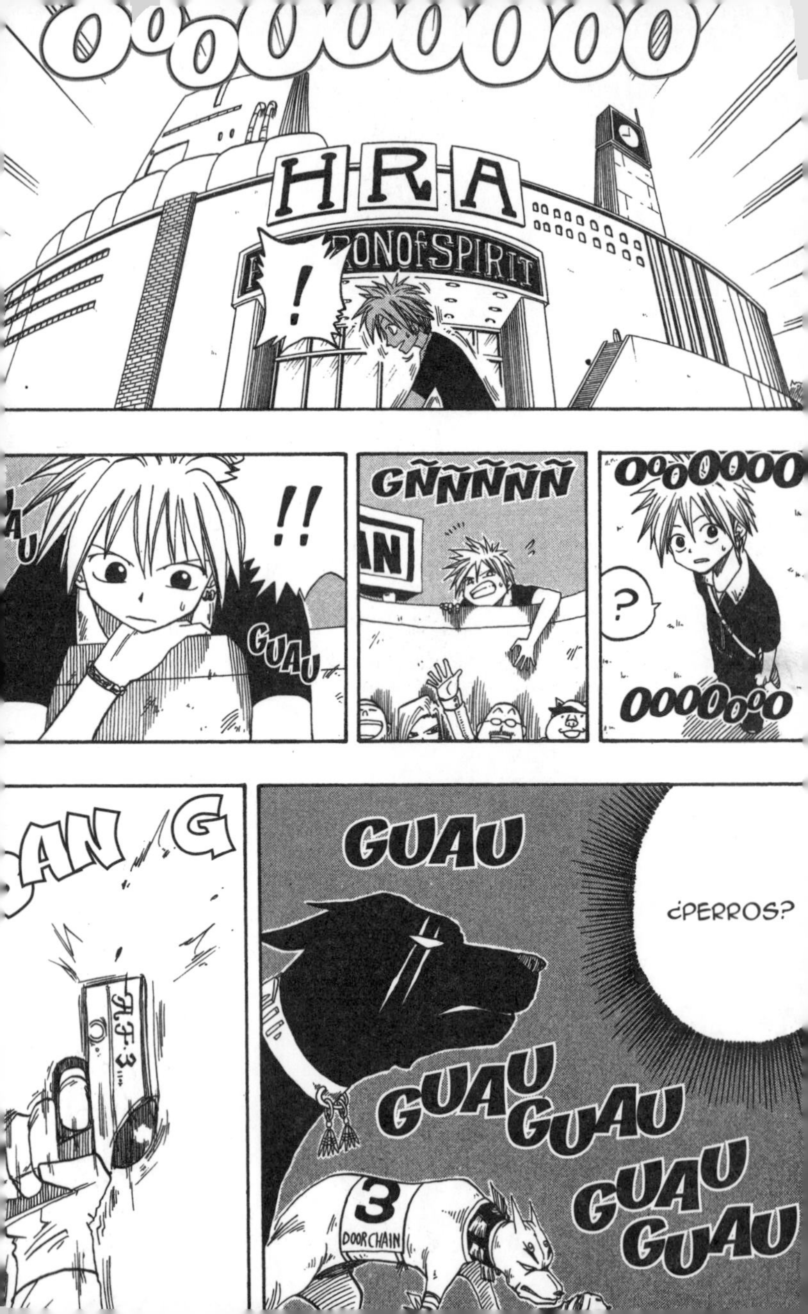
OOOOOOOOO
HRA
RONofSPIRIT
!
OOOOOOO
?
OOOOOOO
GÑÑÑÑÑ
!!
GUAU
GUAU
¿PERROS?
GUAU
GUAU
GUAU
GUAU
3
DOOR CHAIN

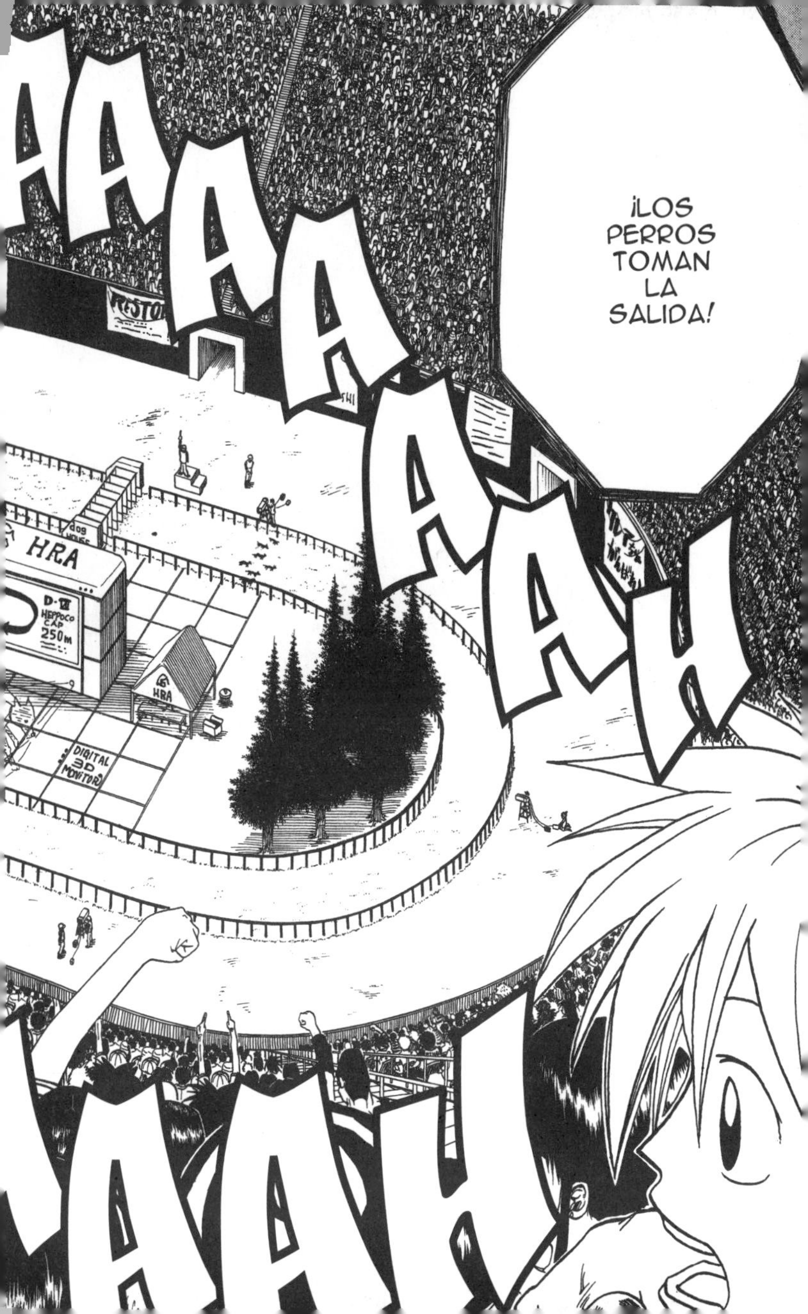
¡LOS PERROS TOMAN LA SALIDA!
AAAAAAH
HRA
HEPPOCO CAP 250m
dog house
DIGITAL 3D MONITOR
AAAH

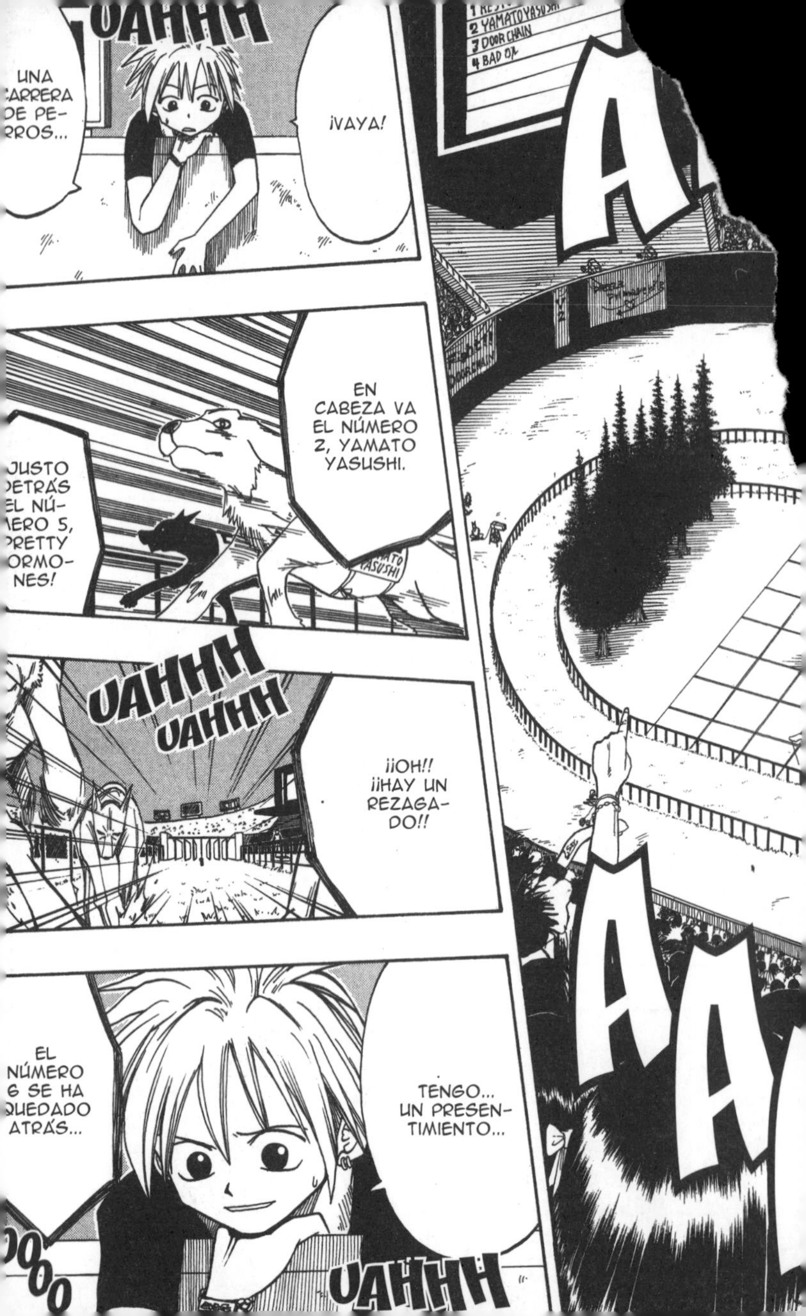
2 YAMATO YASUSHI
3 DOOR CHAIN
4 BAD OZ
AAA
¡VAYA!
UAHHH
UNA CARRERA DE PERROS...
EN CABEZA VA EL NÚMERO 2, YAMATO YASUSHI.
JUSTO DETRÁS EL NÚMERO 5, PRETTY HORMONES!
YAMATO YASUSHI
UAHHH
UAHHH
¡¡OH!! ¡¡HAY UN REZAGADO!!
TENGO... UN PRESENTIMIENTO...
EL NÚMERO 6 SE HA QUEDADO ATRÁS...
UAHHH
OOOO

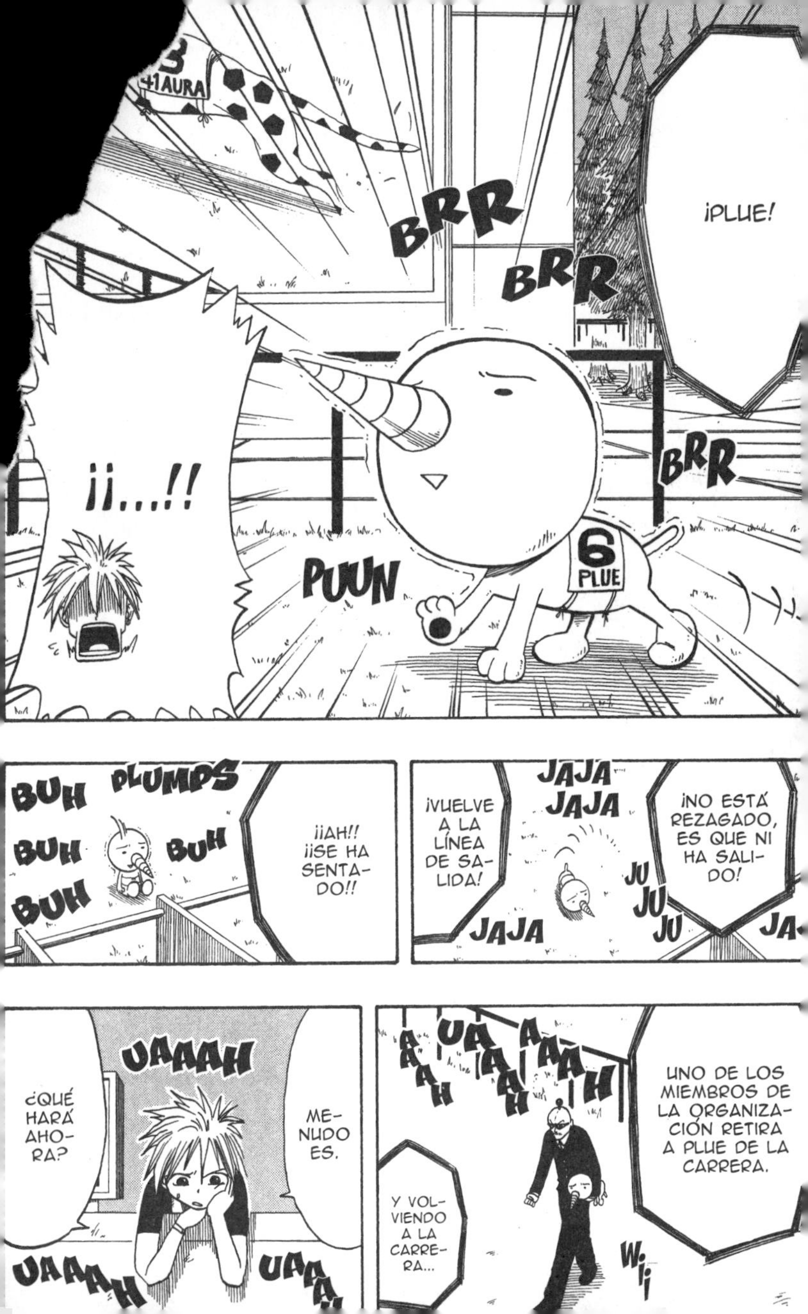
¡PLUE!
BRR
BRR
3
41 AURA
BRR
6
PLUE
PUUN
¡¡...!!
¡NO ESTÁ REZAGADO, ES QUE NI HA SALIDO!
JAJA JAJA
JU JU JU
JA-
¡VUELVE A LA LÍNEA DE SALIDA!
JAJA
¡¡AH!! ¡¡SE HA SENTADO!!
BUH
PLUMPS
BUH
BUH
BUH
UNO DE LOS MIEMBROS DE LA ORGANIZACIÓN RETIRA A PLUE DE LA CARRERA.
Y VOLVIENDO A LA CARRERA...
WIII
MENUDO ES.
¿QUÉ HARÁ AHORA?
UAAAH
UAAAH
UAAAH

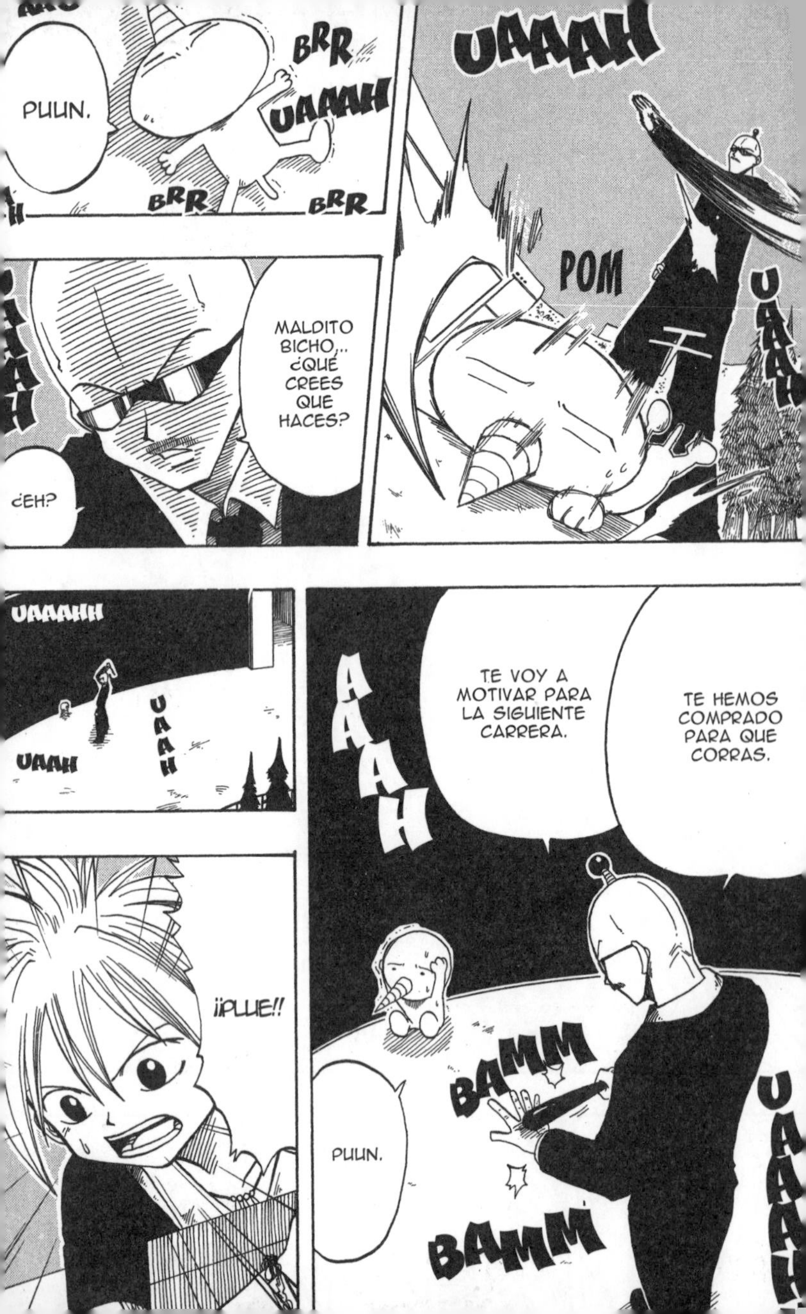
UAAAH
POM
UAAAH
PUUN.
BRR
UAAAH
BRR
BRR
MALDITO BICHO,.. ¿QUÉ CREES QUE HACES?
¿EH?
TE HEMOS COMPRADO PARA QUE CORRAS.
TE VOY A MOTIVAR PARA LA SIGUIENTE CARRERA.
AAAH
PUUN.
BAMM
BAMM
UAAAAH
UAAAHH
UAAH
UAAH
¡¡PLUE!!

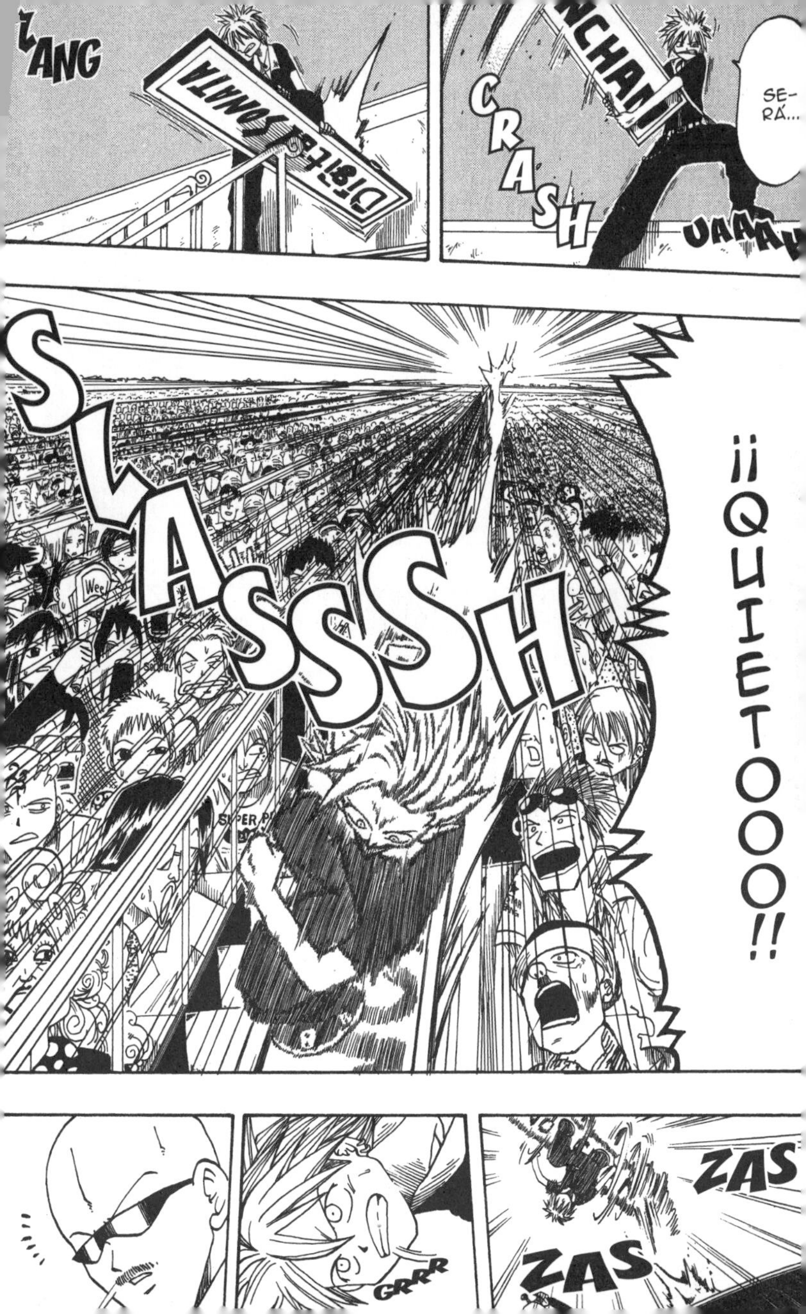

SERÁ...
NCHAN
CRASH
UAAAA
LANG
SLASSSH
¡¡QUIETOOOO!!
ZAS
ZAS
GRRR

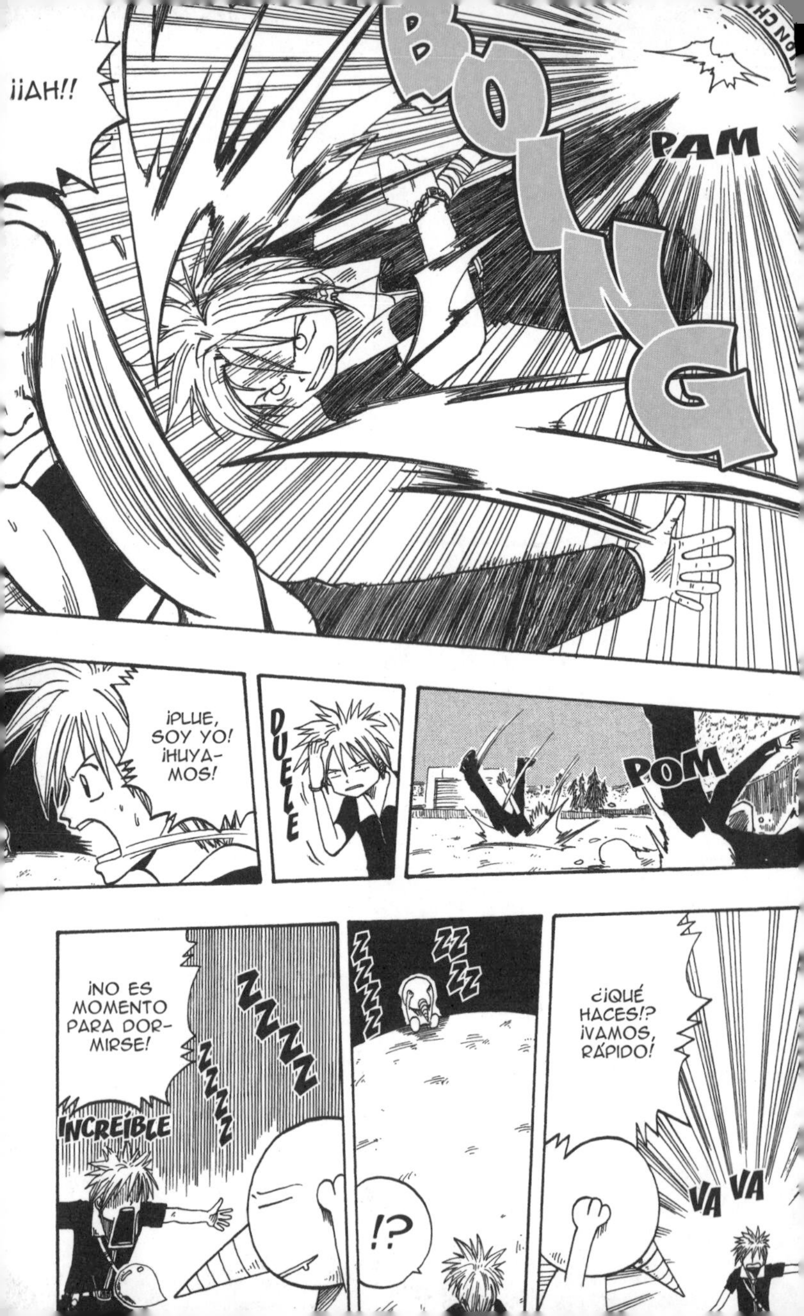
BOING
PAM
¡¡AH!!
POM
DUELE
¡PLUE, SOY YO! ¡HUYAMOS!
¿QUÉ HACES!? ¡VAMOS, RÁPIDO!
VA VA
ZZZZZ
ZZZZ
!?
¡NO ES MOMENTO PARA DORMIRSE!
ZZZZ
ZZZZZ
INCREÍBLE

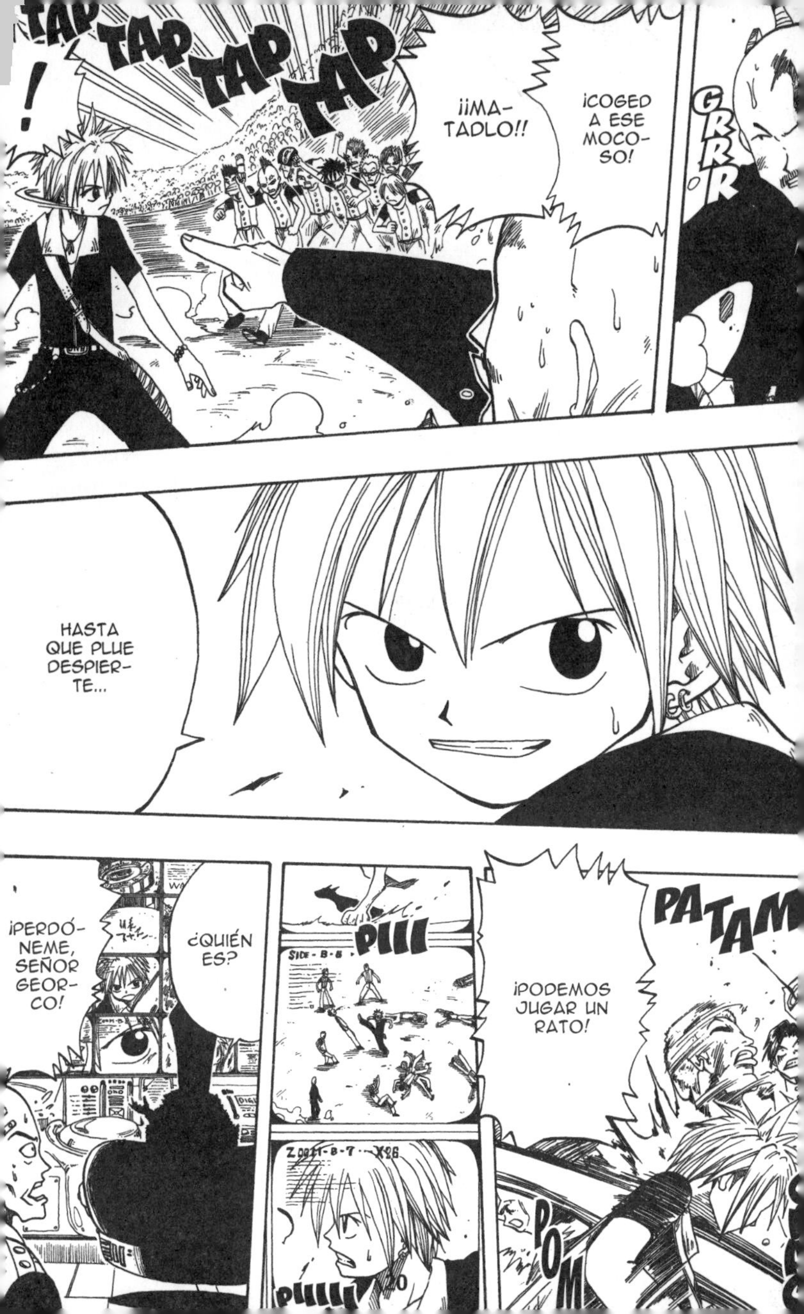
GRRR
¡COGED A ESE MOCOSO!
¡¡MATADLO!!
TAP TAP TAP TAP
HASTA QUE PLUE DESPIERTE...
PATAM
¡PODEMOS JUGAR UN RATO!
POM
PIII
PIIII
¿QUIÉN ES?
¡PERDÓNEME, SEÑOR GEORCO!

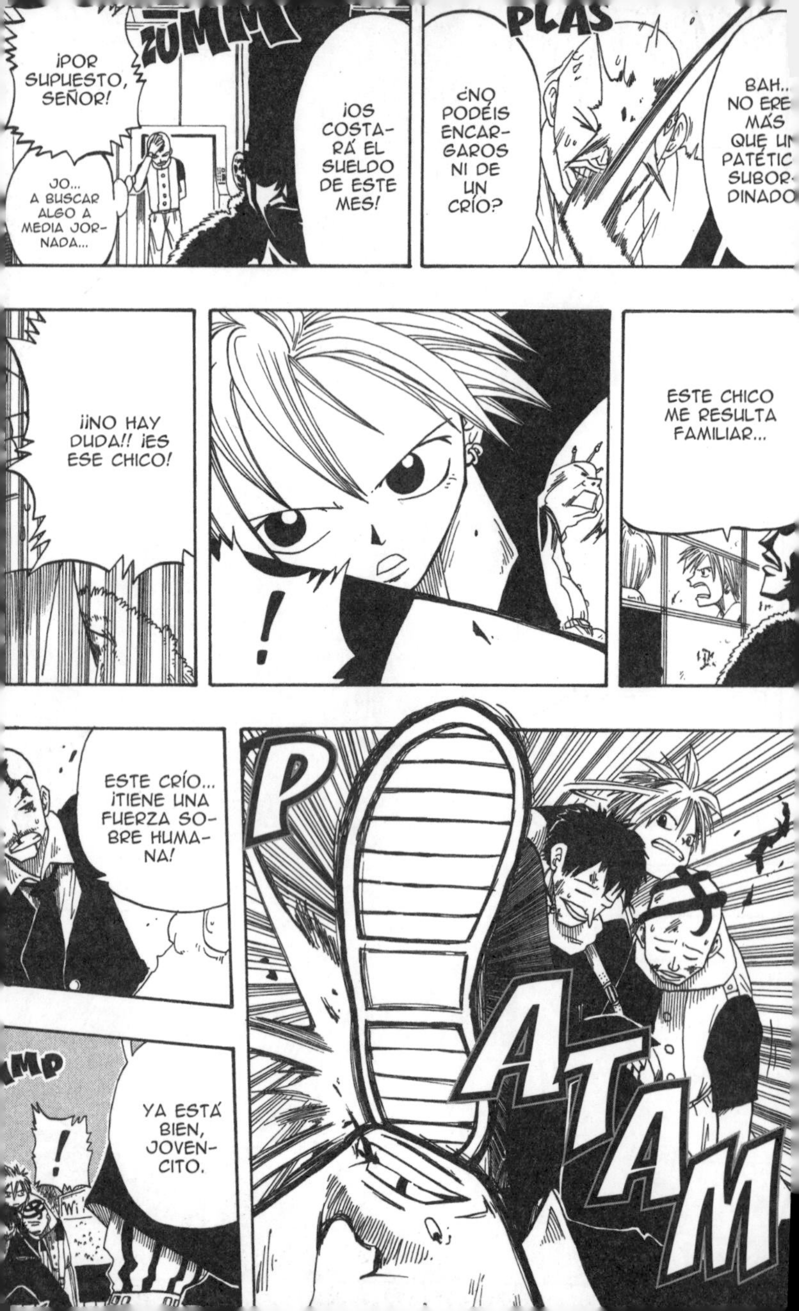

PLAS
BAH... NO ERE MÁS QUE U PATÉTIC SUBOR-DINADO
¿NO PODÉIS ENCARGAROS NI DE UN CRÍO?
ZUMM
¡OS COSTARÁ EL SUELDO DE ESTE MES!
¡POR SUPUESTO, SEÑOR!
JO... A BUSCAR ALGO A MEDIA JORNADA...
ESTE CHICO ME RESULTA FAMILIAR...
!
¡¡NO HAY DUDA!! ¡ES ESE CHICO!
PATAM
ESTE CRÍO... ¡TIENE UNA FUERZA SOBREHUMANA!
MP
!
YA ESTÁ BIEN, JOVENCITO.

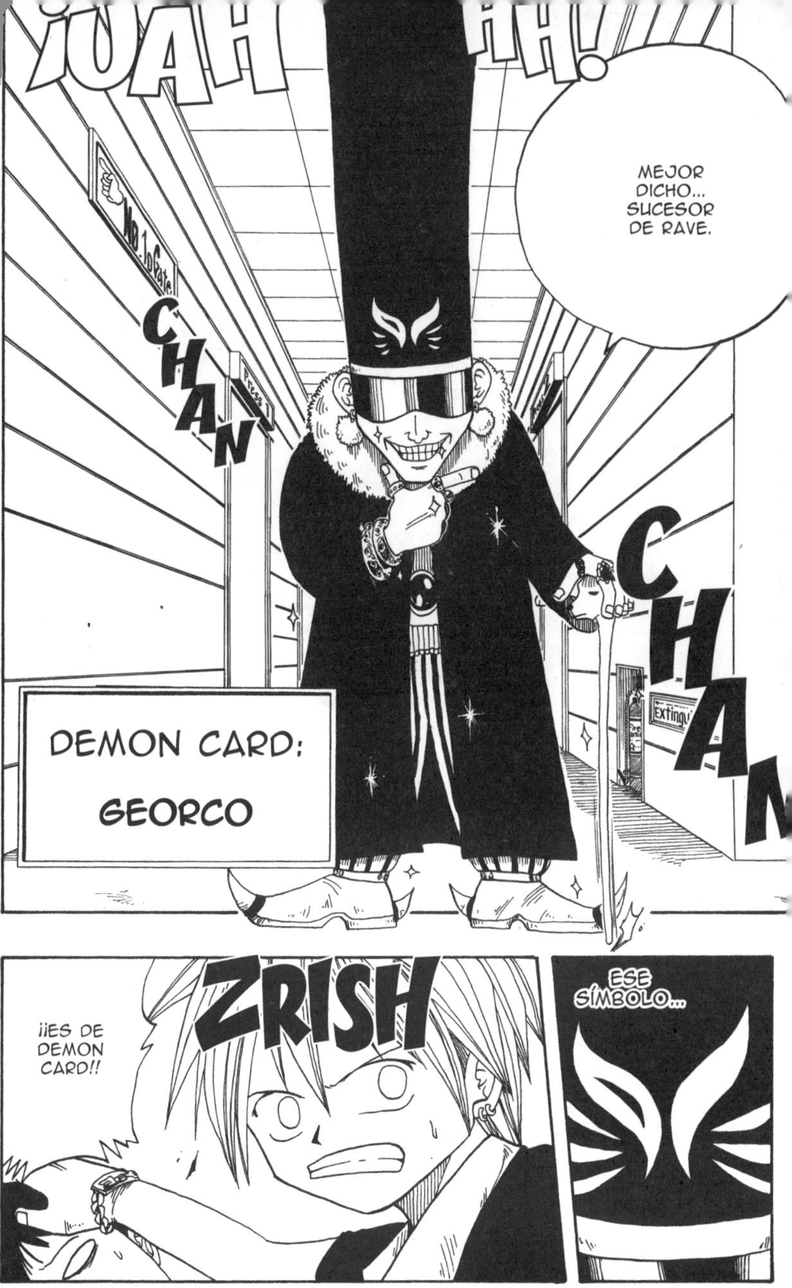
¡UAH HH!
MEJOR DICHO... SUCESOR DE RAVE.
CHAN
CHAN
DEMON CARD: GEORCO
ESE SÍMBOLO...
ZRISH
¡¡ES DE DEMON CARD!!

RAVE

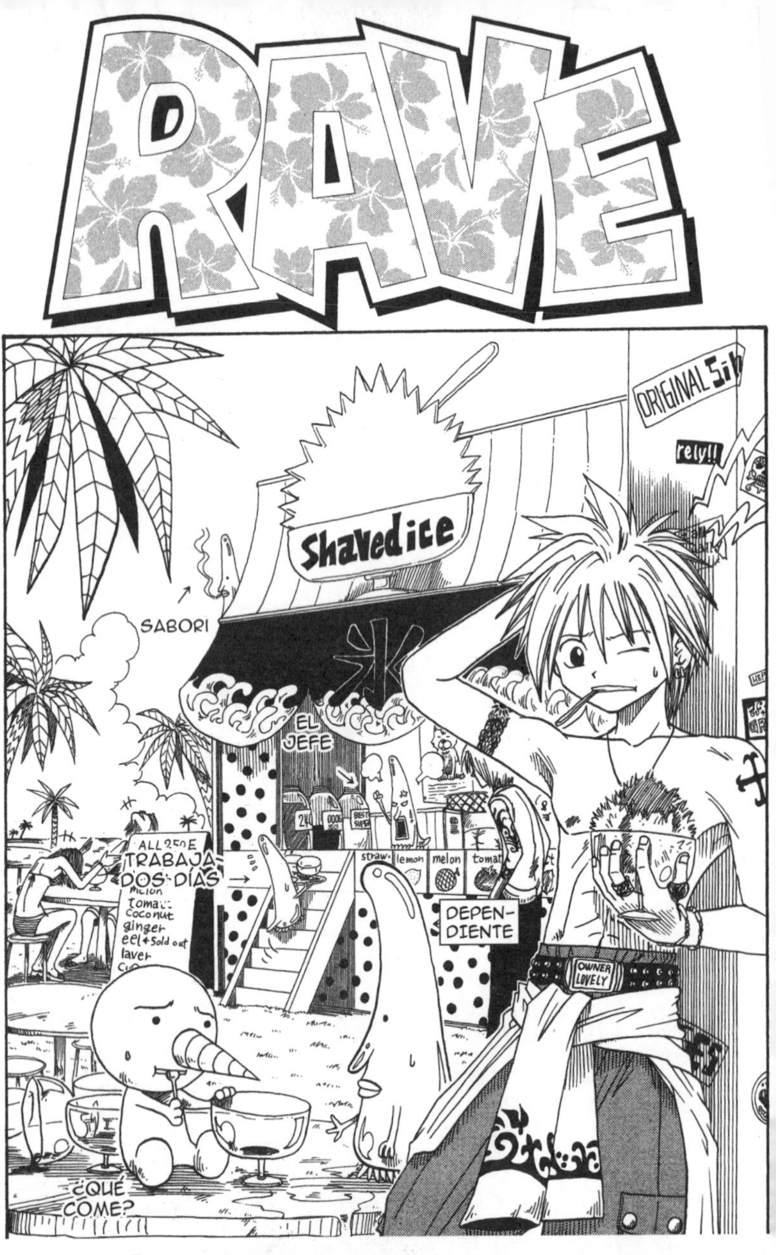
ORIGINAL
rely!!
Shavedice
SABORI
EL JEFE
ALL 250 E
TRABAJA DOS DÍAS
melon
tomat
coconut
ginger
eel + sold out
laver
straw
lemon
melon
tomat
DEPENDIENTE
OWNER LOVELY
¿QUÉ COME?

RAVE: 6 ✚ VIVO O MUERTO

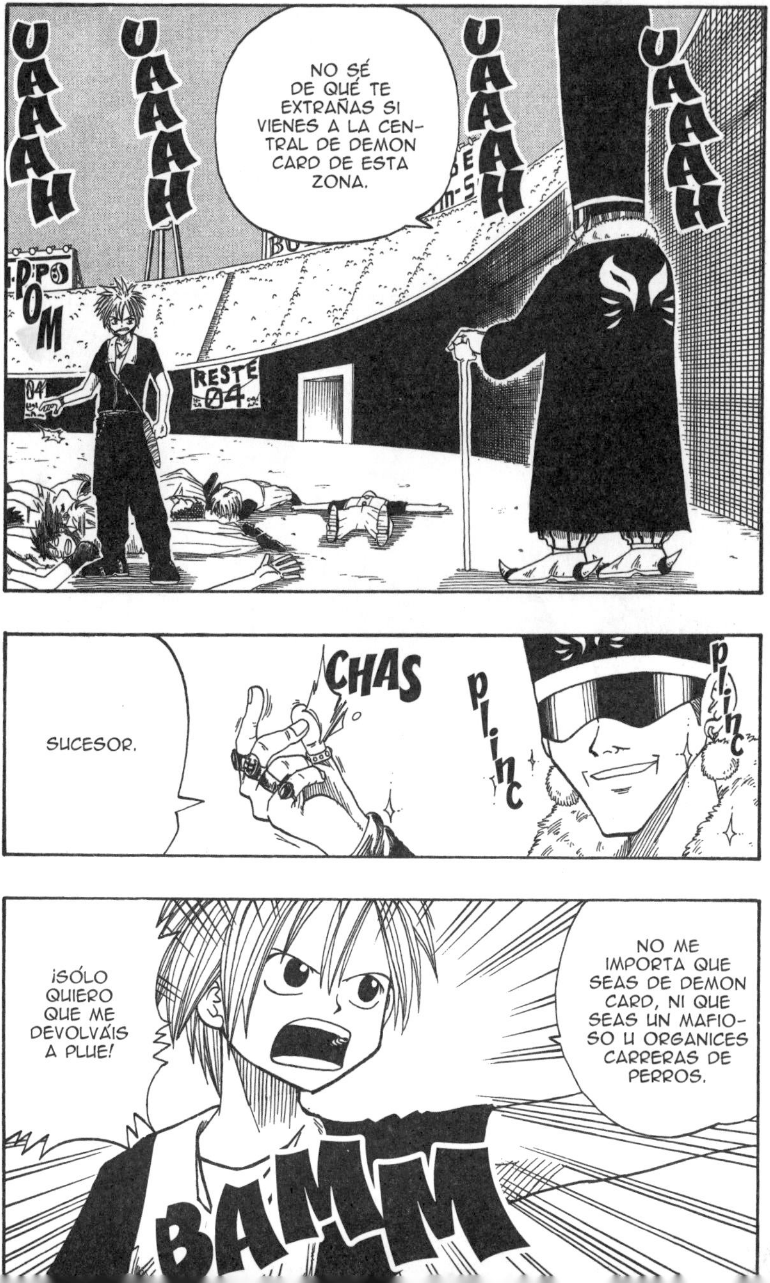
UAAAAH
UAAAAH
NO SÉ DE QUÉ TE EXTRAÑAS SI VIENES A LA CEN-TRAL DE DEMON CARD DE ESTA ZONA.
UAAAAH
UAAAAH
RESTE 04
POM
plinc
plinc
CHAS
SUCESOR.
NO ME IMPORTA QUE SEAS DE DEMON CARD, NI QUE SEAS UN MAFIO-SO U ORGANICES CARRERAS DE PERROS.
¡SÓLO QUIERO QUE ME DEVOLVÁIS A PLUE!
BAMM

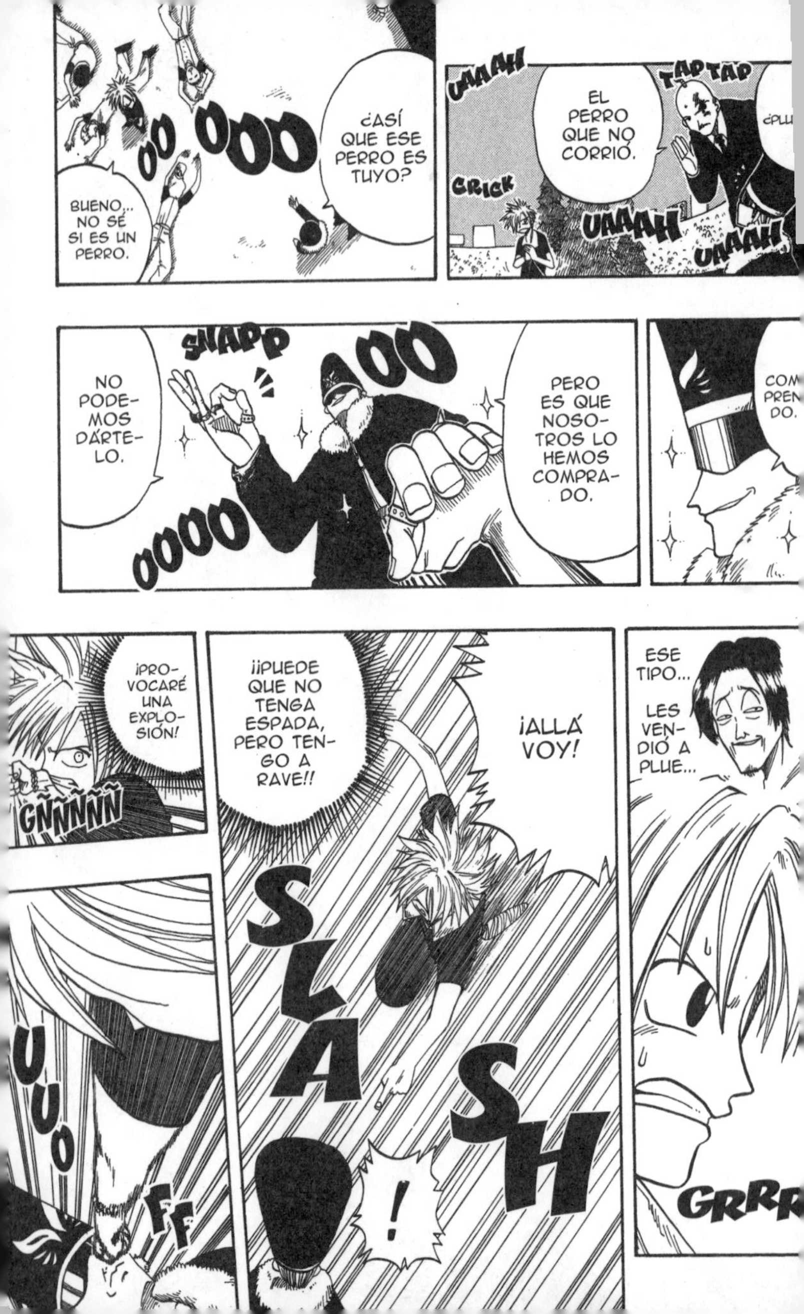

¿PLU
UAAAH
TAP TAP
EL PERRO QUE NO CORRIÓ.
CRICK
UAAAH
UAAAH
¿ASÍ QUE ESE PERRO ES TUYO?
OOOOO
BUENO... NO SÉ SI ES UN PERRO.
COMPRENDO.
PERO ES QUE NOSOTROS LO HEMOS COMPRADO.
SNAPP
OOO
NO PODEMOS DÁRTELO.
OOOO
ESE TIPO...
LES VENDIÓ A PLUE...
GRRR
¡ALLÁ VOY!
¡¡PUEDE QUE NO TENGA ESPADA, PERO TENGO A RAVE!!
SLASH
!
¡PROVOCARÉ UNA EXPLOSIÓN!
GÑÑÑÑÑ
UUUO
FF

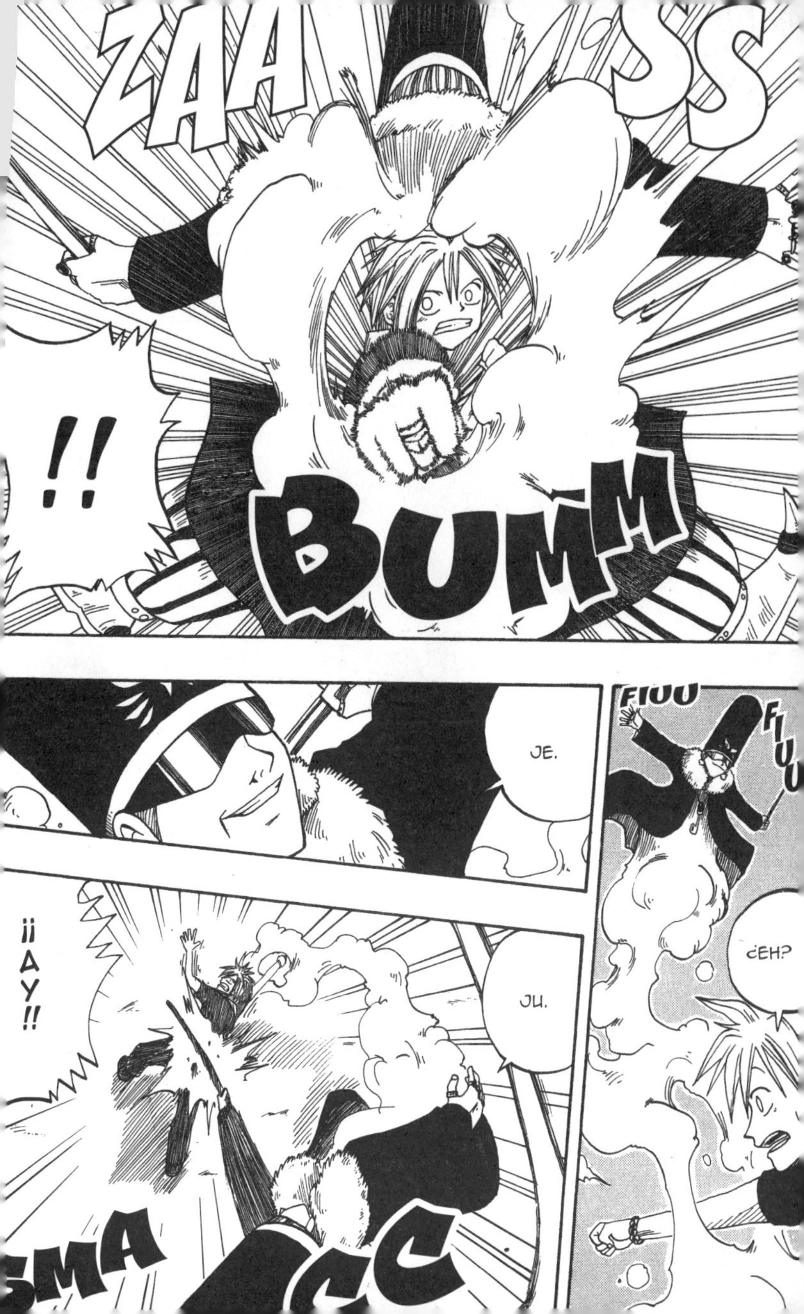
ZAASS
!!
BUMM
FIUU
FIUUU
¿EH?
JE.
¡¡AY!!
JU.
SMA
CC

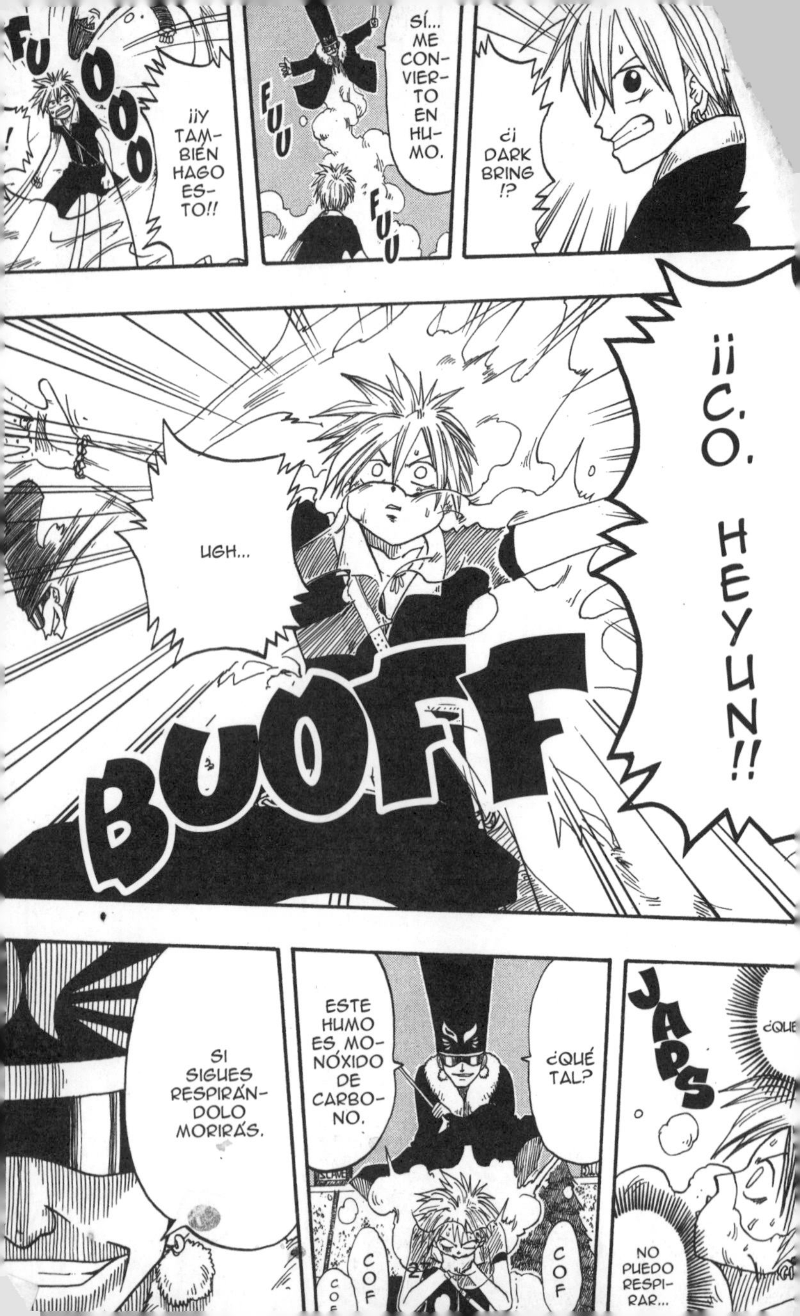
¿¡DARK BRING!?
SÍ... ME CONVIERTO EN HUMO.
FUUU
FUUU
¡¡Y TAMBIÉN HAGO ESTO!!
FUOOOO
¡¡C.O. HEYUN!!
UGH...
BUOFF
JAPS
¿QUÉ
NO PUEDO RESPIRAR...
¿QUÉ TAL?
ESTE HUMO ES MONÓXIDO DE CARBONO.
COF
COF
COF
SI SIGUES RESPIRÁNDOLO MORIRÁS.

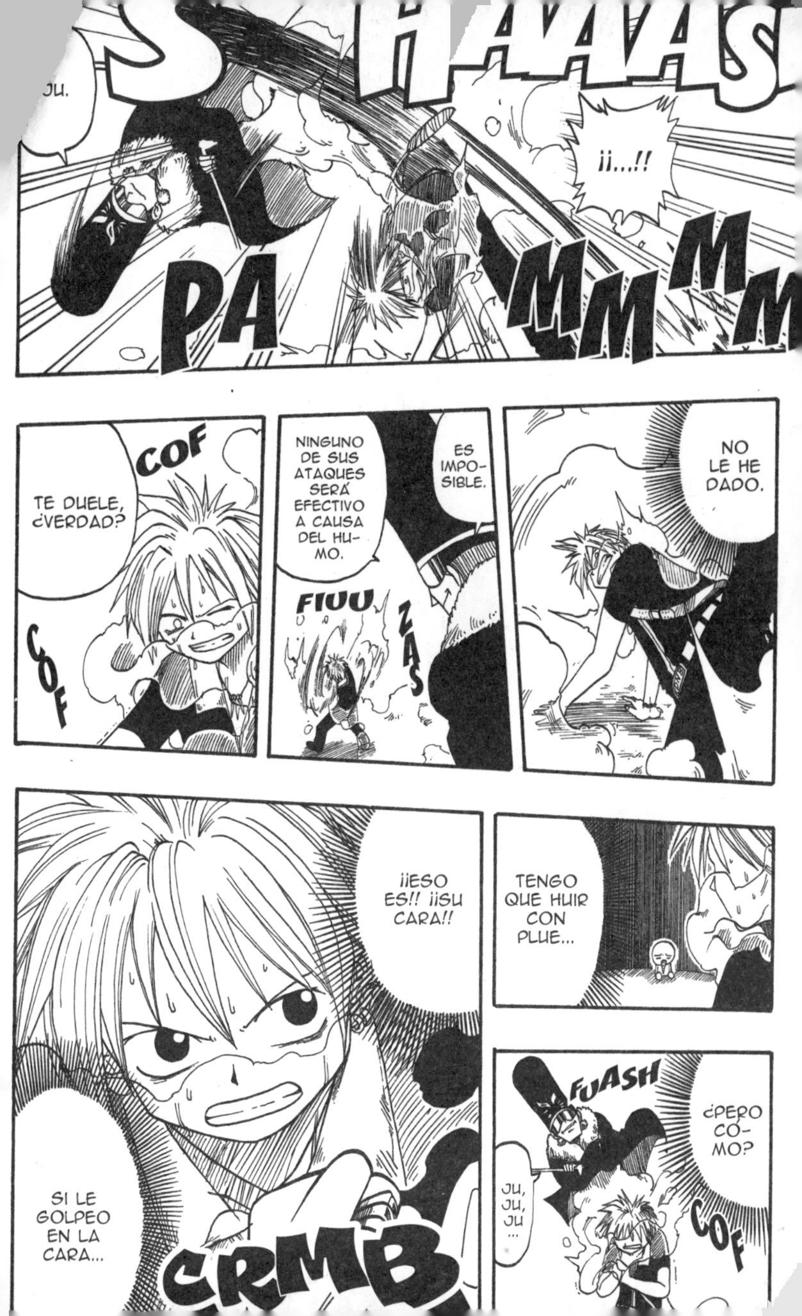
¡HAVAS
¡¡...!!
JU.
PAMMMMM
NO LE HE DADO.
ES IMPOSIBLE.
NINGUNO DE SUS ATAQUES SERÁ EFECTIVO A CAUSA DEL HUMO.
FIUU
ZAS
COF
TE DUELE, ¿VERDAD?
COF
TENGO QUE HUIR CON PLUE...
FUASH
¿PERO CÓMO?
JU, JU, JU...
COF
¡¡ESO ES!! ¡¡SU CARA!!
SI LE GOLPEO EN LA CARA...
CRMB

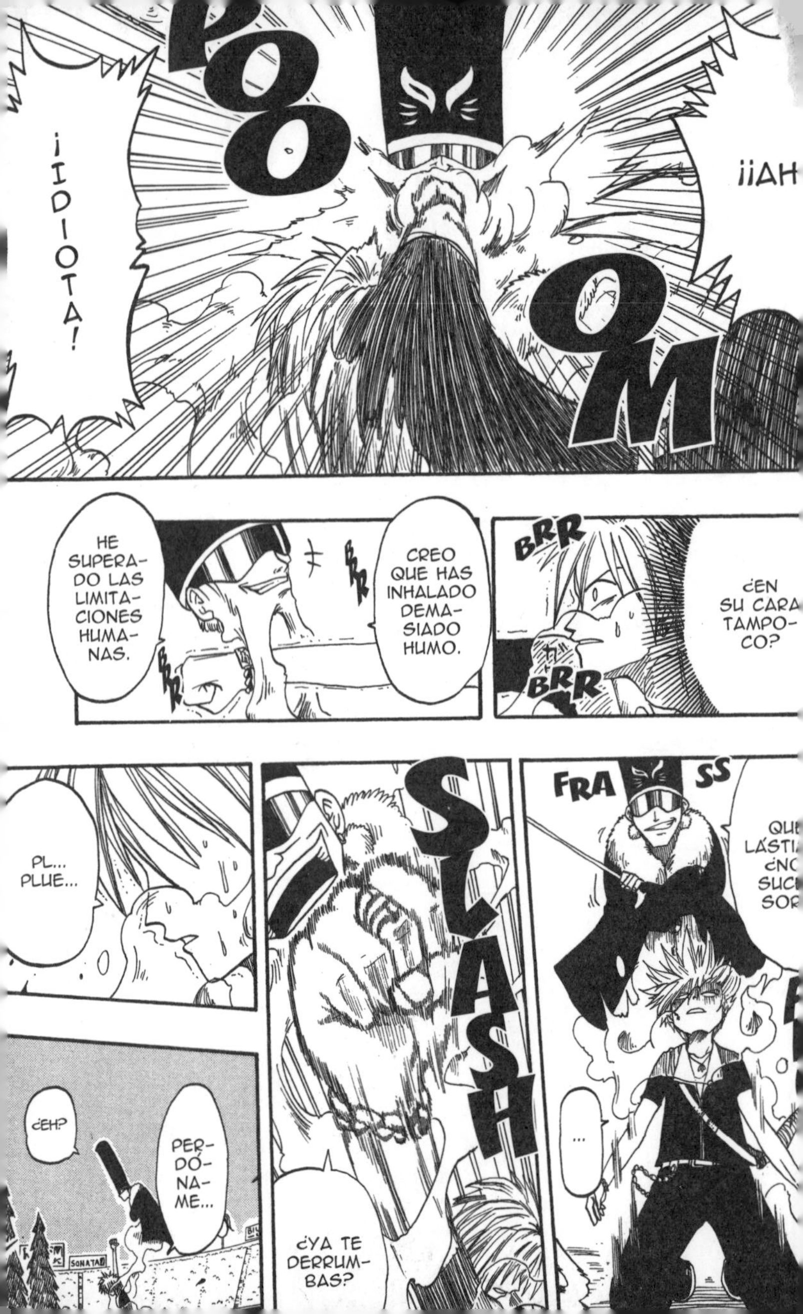
¡¡AH
¡IDIOTA!
¿EN SU CARA TAMPOCO?
BRR
BRR
CREO QUE HAS INHALADO DEMASIADO HUMO.
BRR
HE SUPERADO LAS LIMITACIONES HUMANAS.
BRR
FRA SS
QUE LÁSTI ¿NO SUC SOR
...
SLASH
¿YA TE DERRUMBAS?
PL... PLUE...
PERDÓNAME...
¿EH?
SONATA

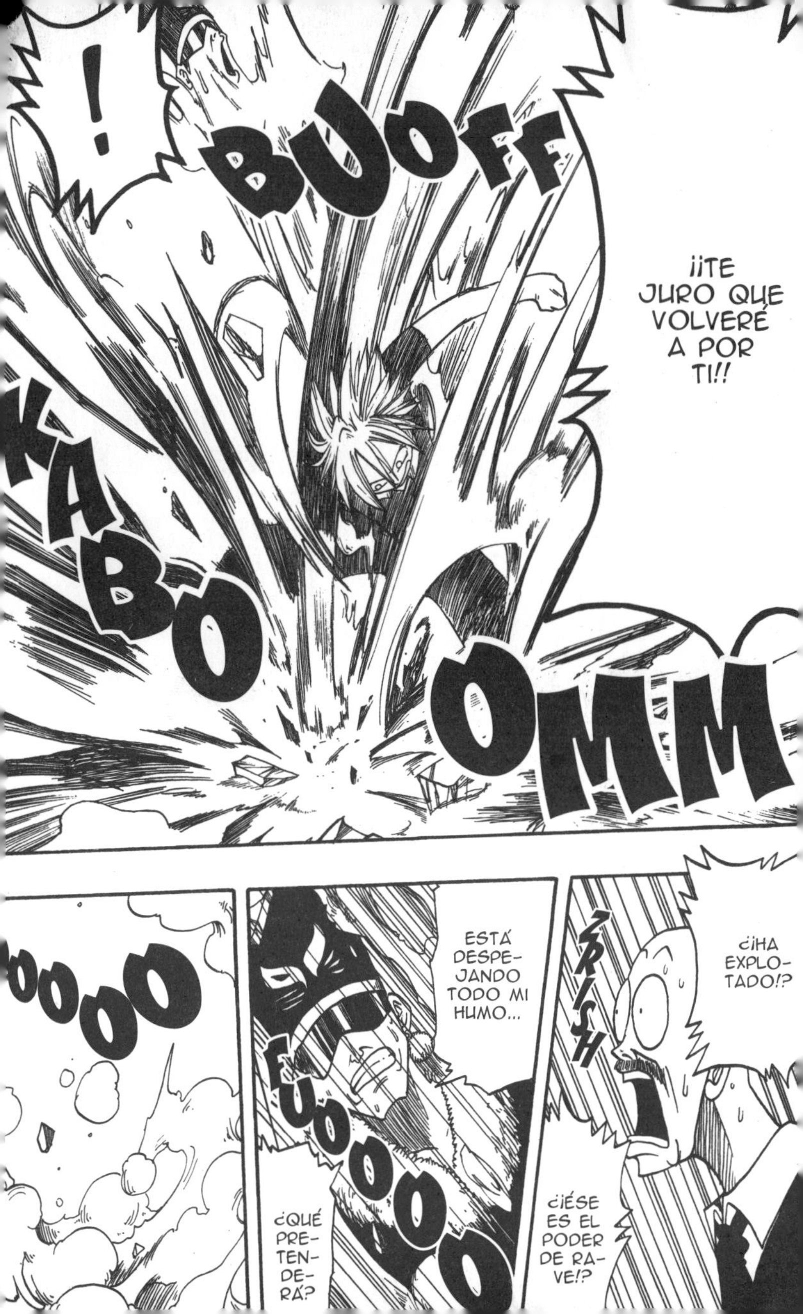
BUOFF
!
¡¡TE JURO QUE VOLVERÉ A POR TI!!
KABOOMM
¿¡HA EXPLOTADO!?
ZRISH
¿¡ÉSE ES EL PODER DE RAVE!?
ESTÁ DESPEJANDO TODO MI HUMO...
FUOOOOOO
¿QUÉ PRETENDERÁ?
OOOOO

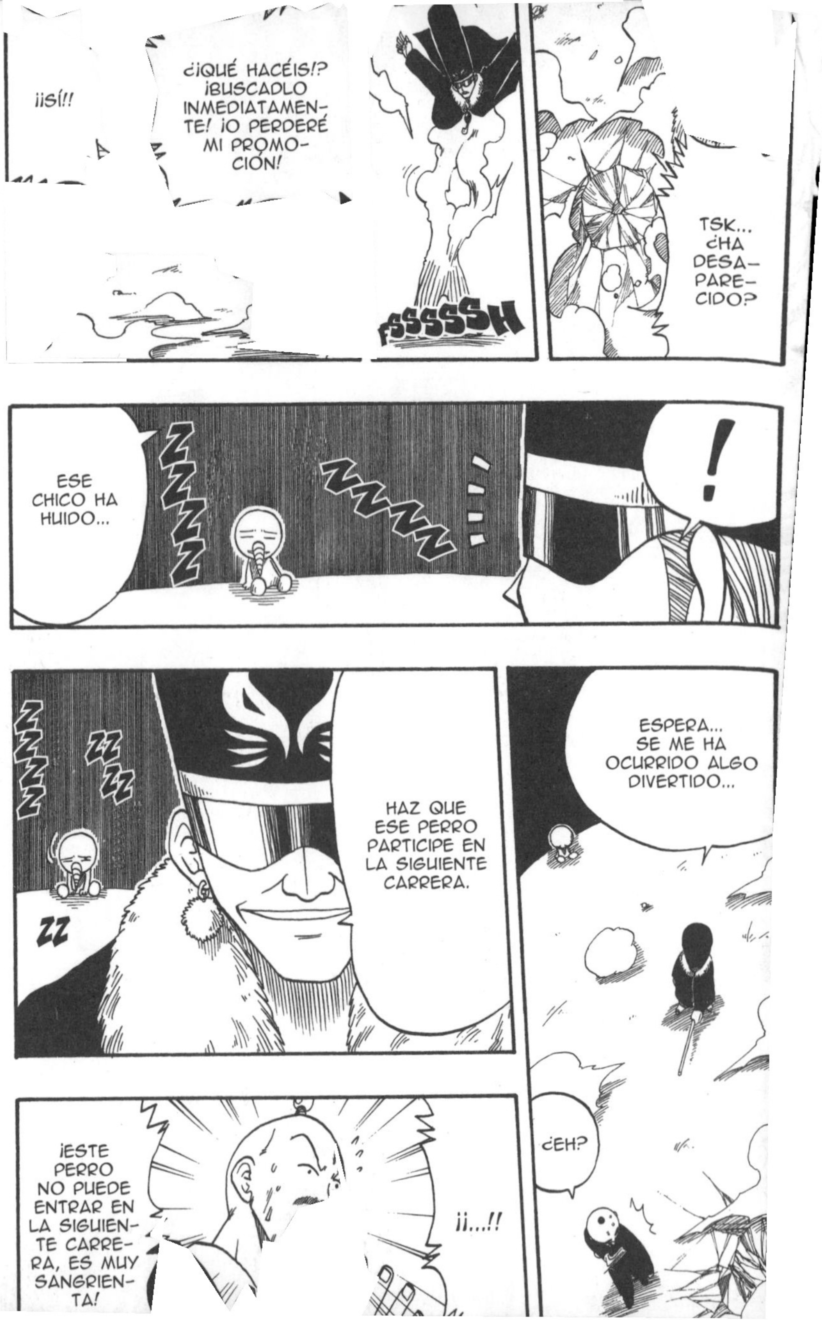
TSK... ¿HA DESAPARECIDO?
FSSSSSH
¿QUÉ HACÉIS!? ¡BUSCADLO INMEDIATAMENTE! ¡O PERDERÉ MI PROMOCIÓN!
¡¡SÍ!!
!
ESE CHICO HA HUIDO...
ESPERA... SE ME HA OCURRIDO ALGO DIVERTIDO...
¿EH?
HAZ QUE ESE PERRO PARTICIPE EN LA SIGUIENTE CARRERA.
¡¡...!!
¡ESTE PERRO NO PUEDE ENTRAR EN LA SIGUIENTE CARRERA, ES MUY SANGRIENTA!

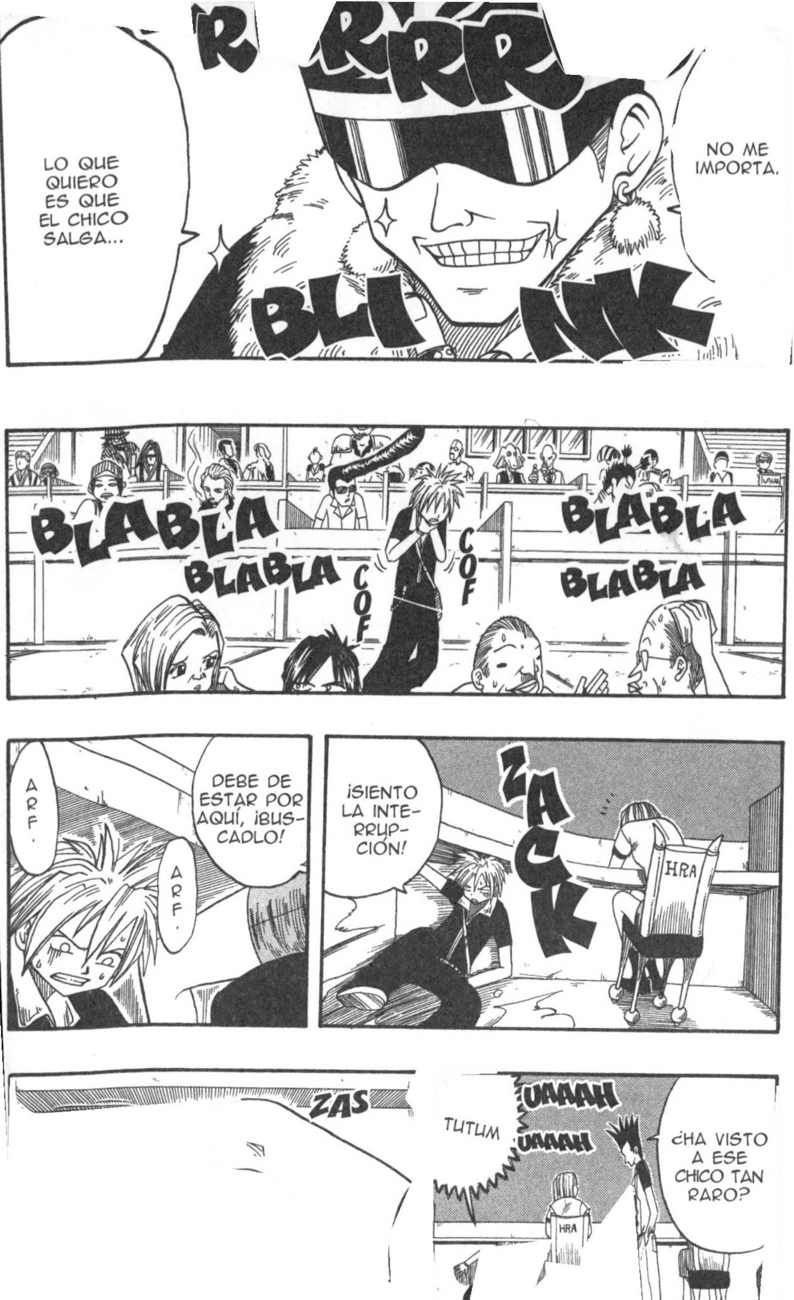

RRRR
NO ME IMPORTA.
LO QUE QUIERO ES QUE EL CHICO SALGA...
BLINK
BLABLA
BLABLA
COF
COF
BLABLA
BLABLA
ZACK
¡SIENTO LA INTE-RRUPCIÓN!
DEBE DE ESTAR POR AQUÍ, ¡BUSCADLO!
ARF.
ARF.
¿HA VISTO A ESE CHICO TAN RARO?
UAAAH
UAAAH
TUTUM
ZAS

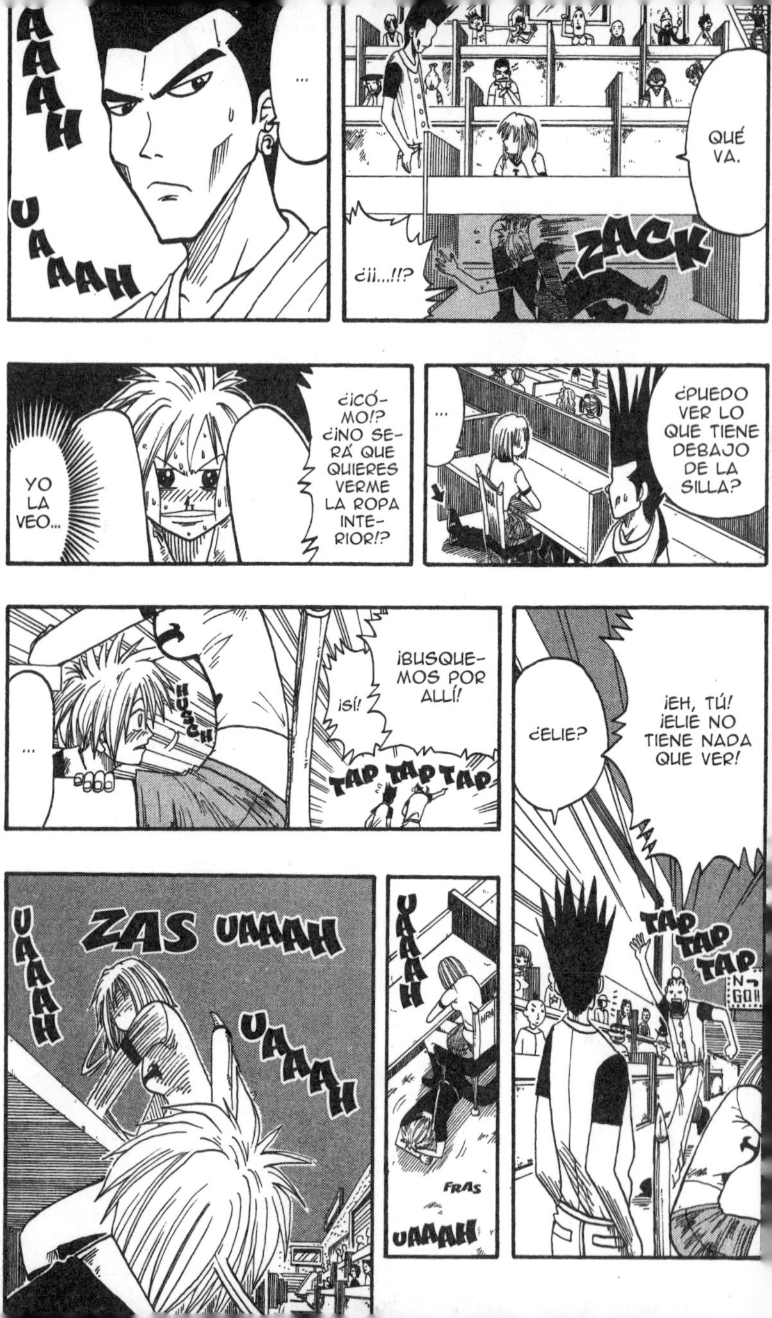
QUÉ VA.
ZACK
¿¡¡...!!?
...
AAAAH
UAAAAH
¿PUEDO VER LO QUE TIENE DEBAJO DE LA SILLA?
...
¿¡CÓ-MO!? ¿¡NO SE-RÁ QUE QUIERES VERME LA ROPA INTE-RIOR!?
YO LA VEO...
¡EH, TÚ! ¡ELIE NO TIENE NADA QUE VER!
¿ELIE?
TAP TAP TAP
¡BUSQUEMOS POR ALLÍ!
¡SÍ!
TAP TAP TAP
HUSCH
...
UAAAAH
FRAS
UAAAH
ZAS
UAAAAH
UAAAAH
UAAAAH

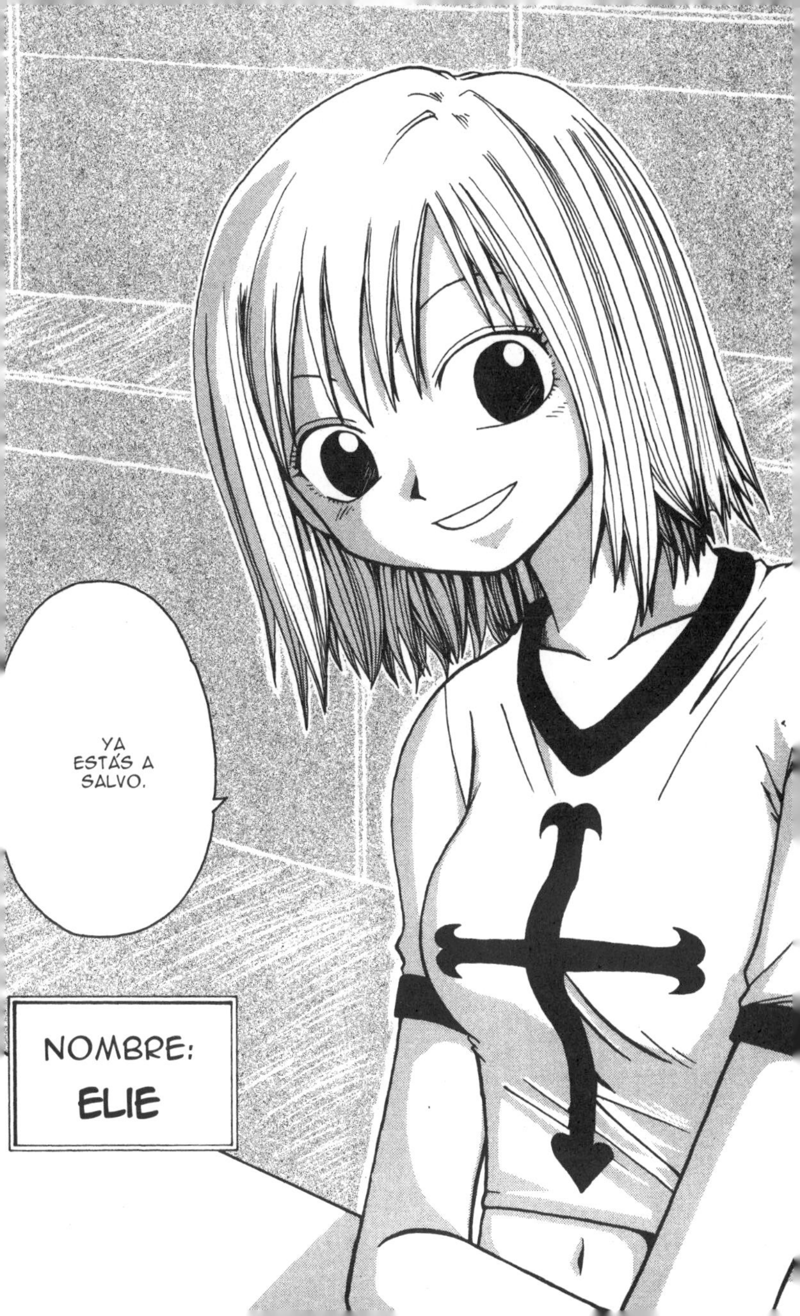
YA ESTÁS A SALVO.
NOMBRE:
ELIE

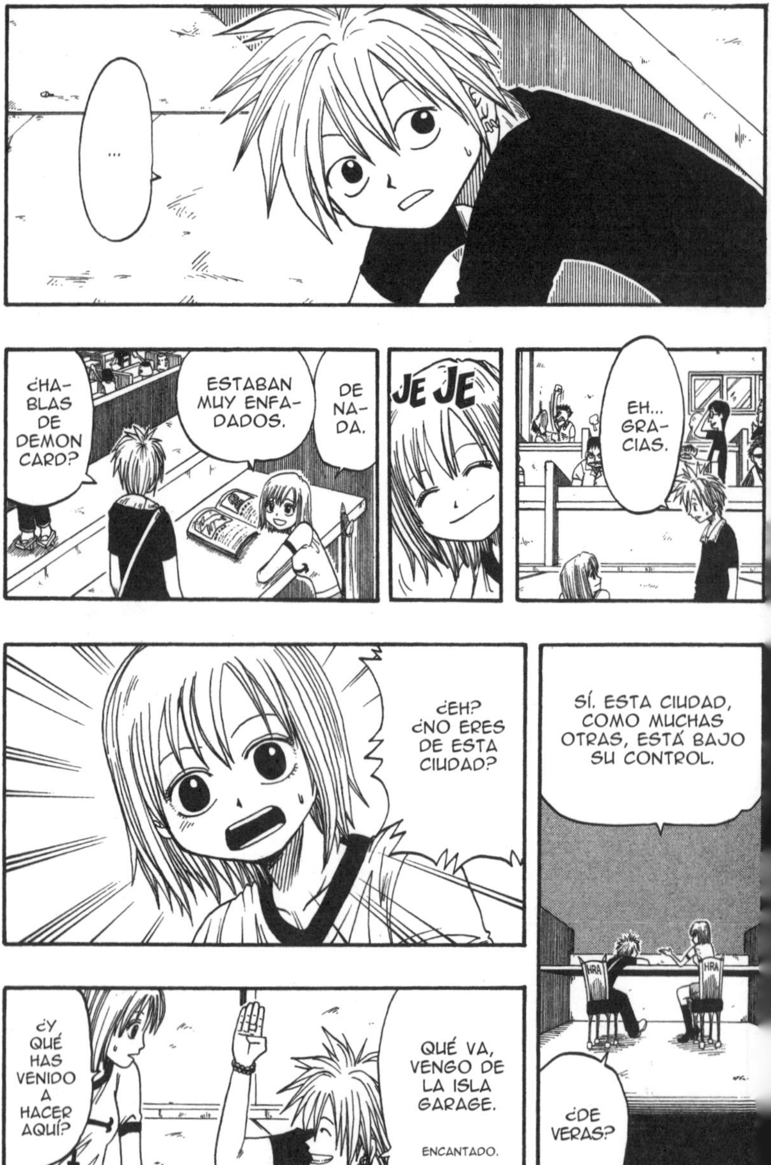
...
EH... GRACIAS.
JE JE
DE NADA.
ESTABAN MUY ENFADADOS.
¿HABLAS DE DEMON CARD?
SÍ. ESTA CIUDAD, COMO MUCHAS OTRAS, ESTÁ BAJO SU CONTROL.
¿DE VERAS?
¿EH? ¿NO ERES DE ESTA CIUDAD?
QUÉ VA, VENGO DE LA ISLA GARAGE.
ENCANTADO.
¿Y QUÉ HAS VENIDO A HACER AQUÍ?

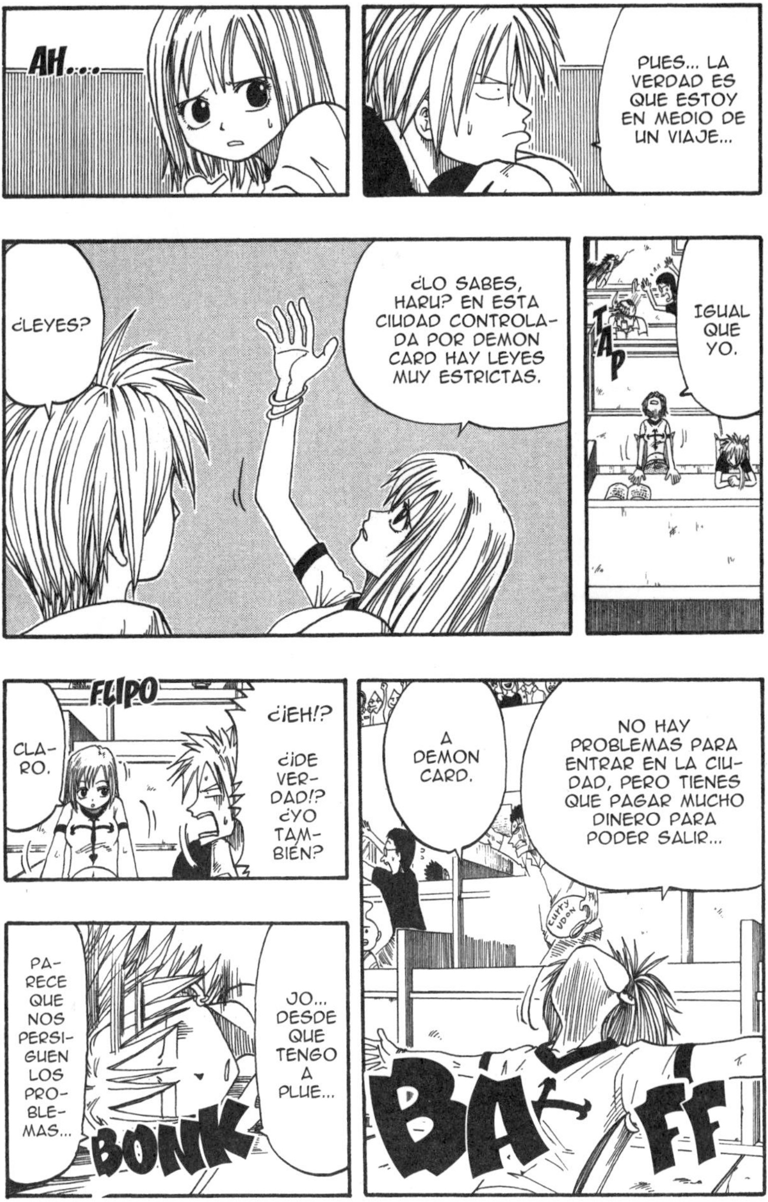
PUES... LA VERDAD ES QUE ESTOY EN MEDIO DE UN VIAJE...
AH...
TAP
IGUAL QUE YO.
¿LO SABES, HARU? EN ESTA CIUDAD CONTROLADA POR DEMON CARD HAY LEYES MUY ESTRICTAS.
¿LEYES?
NO HAY PROBLEMAS PARA ENTRAR EN LA CIUDAD, PERO TIENES QUE PAGAR MUCHO DINERO PARA PODER SALIR...
A DEMON CARD.
CURRY UDON
BAFF
FLIPO
¿EH!?
¿DE VERDAD!? ¿YO TAMBIÉN?
CLARO.
JO... DESDE QUE TENGO A PLUE...
BONK
PARECE QUE NOS PERSIGUEN LOS PROBLEMAS...

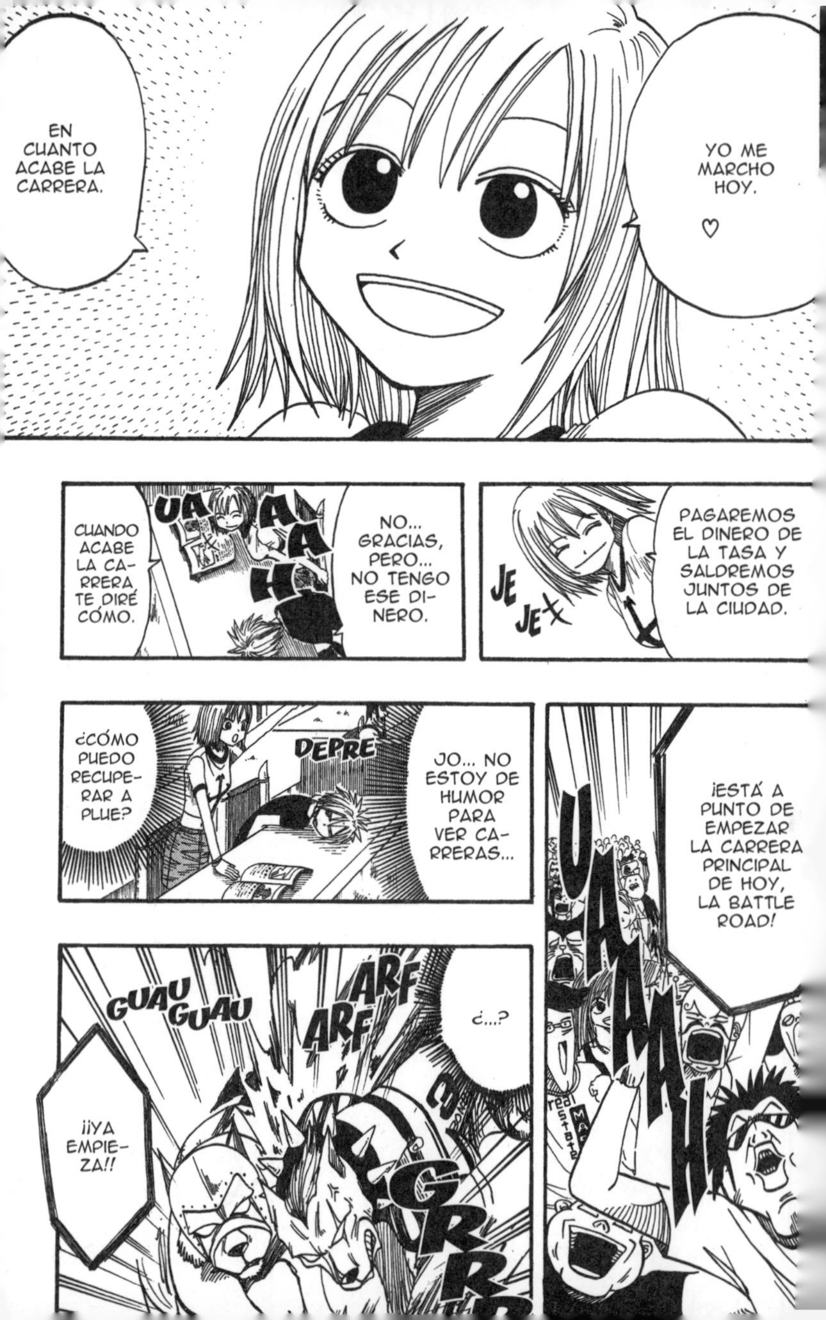
YO ME MARCHO HOY. ♡
EN CUANTO ACABE LA CARRERA.
PAGAREMOS EL DINERO DE LA TASA Y SALDREMOS JUNTOS DE LA CIUDAD.
JE JE
NO... GRACIAS, PERO... NO TENGO ESE DINERO.
UAAAHH
CUANDO ACABE LA CARRERA TE DIRÉ CÓMO.
¡ESTÁ A PUNTO DE EMPEZAR LA CARRERA PRINCIPAL DE HOY, LA BATTLE ROAD!
UAAAAH
JO... NO ESTOY DE HUMOR PARA VER CARRERAS...
DEPRE
¿CÓMO PUEDO RECUPERAR A PLUE?
¿...?
ARF ARF
GUAU GUAU
GRR
¡¡YA EMPIEZA!!

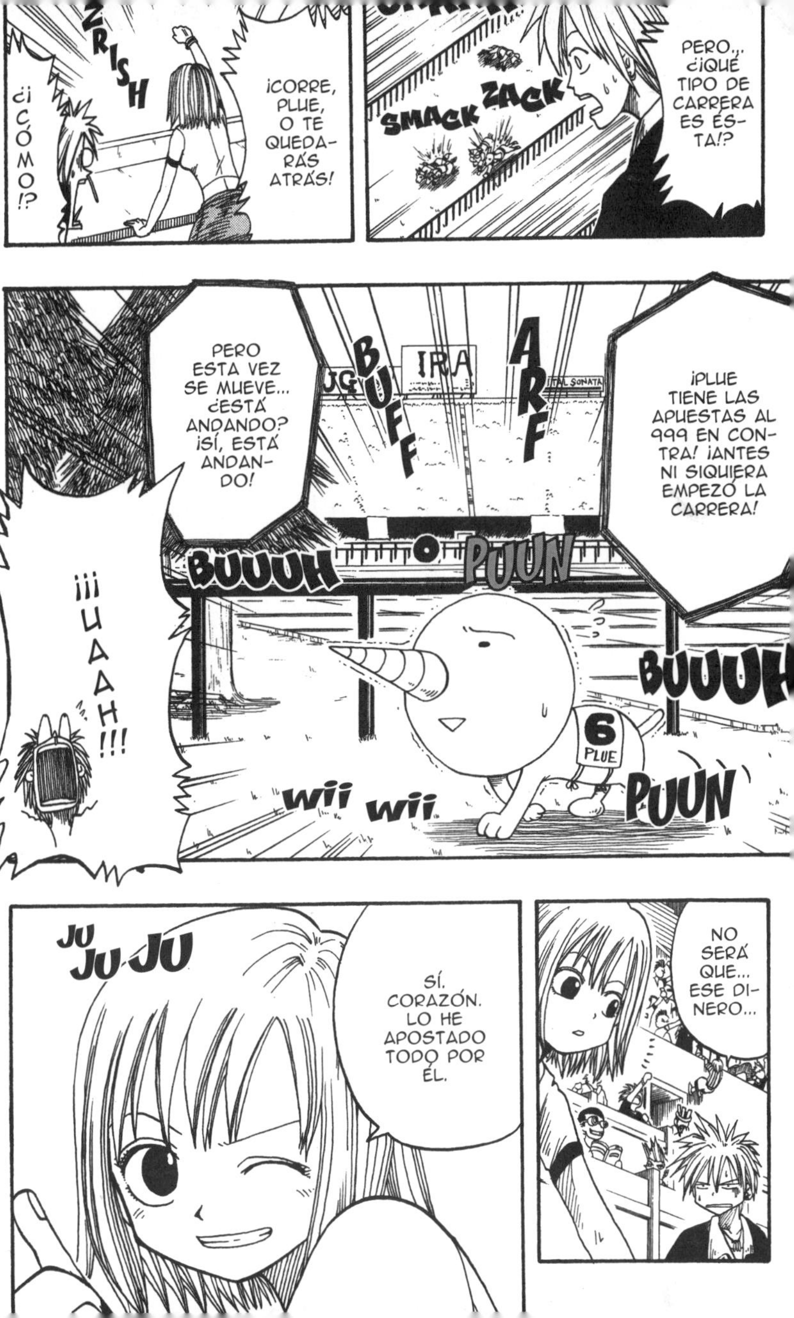
SMACK
ZACK
PERO... ¿QUÉ TIPO DE CARRERA ES ÉSTA!?
ZRISH
¡CORRE, PLUE, O TE QUEDARÁS ATRÁS!
¡¿CÓMO!?
¡PLUE TIENE LAS APUESTAS AL 999 EN CONTRA! ¡ANTES NI SIQUIERA EMPEZÓ LA CARRERA!
ARF
BUFF
PERO ESTA VEZ SE MUEVE... ¿ESTÁ ANDANDO? ¡SÍ, ESTÁ ANDANDO!
BUUUH
PUUN
BUUUH
PUUN
6 PLUE
wii wii
¡¡¡UAAAH!!!
NO SERÁ QUE... ESE DINERO...
SÍ. CORAZÓN. LO HE APOSTADO TODO POR ÉL.
JU JU JU

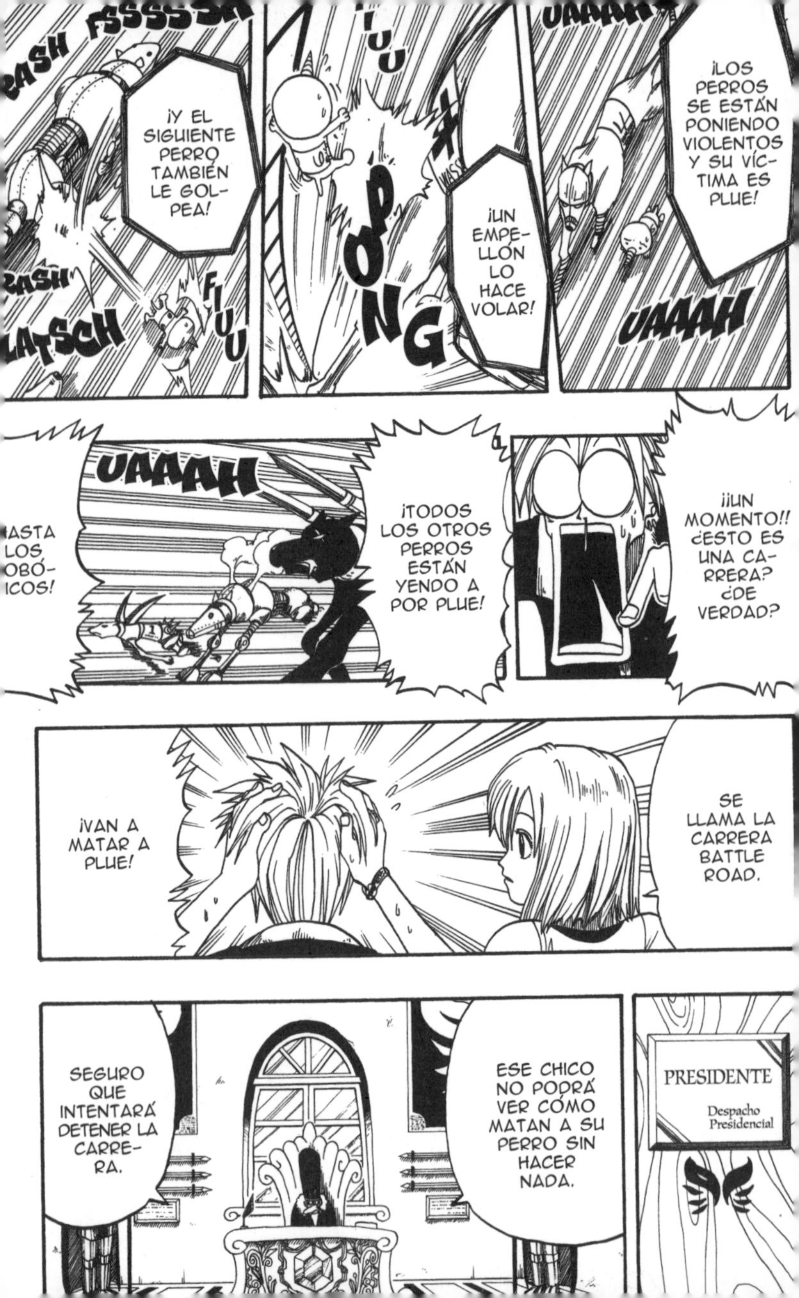
UAAAH
¡LOS PERROS SE ESTÁN PONIENDO VIOLENTOS Y SU VÍCTIMA ES PLUE!
UAAAH
FIUU
¡UN EMPELLÓN LO HACE VOLAR!
DONG
¡Y EL SIGUIENTE PERRO TAMBIÉN LE GOLPEA!
FIUUU
¡¡UN MOMENTO!! ¿ESTO ES UNA CARRERA? ¿DE VERDAD?
¡TODOS LOS OTROS PERROS ESTÁN YENDO A POR PLUE!
UAAAH
SE LLAMA LA CARRERA BATTLE ROAD.
¡VAN A MATAR A PLUE!
PRESIDENTE
Despacho Presidencial
ESE CHICO NO PODRÁ VER CÓMO MATAN A SU PERRO SIN HACER NADA.
SEGURO QUE INTENTARÁ DETENER LA CARRERA.

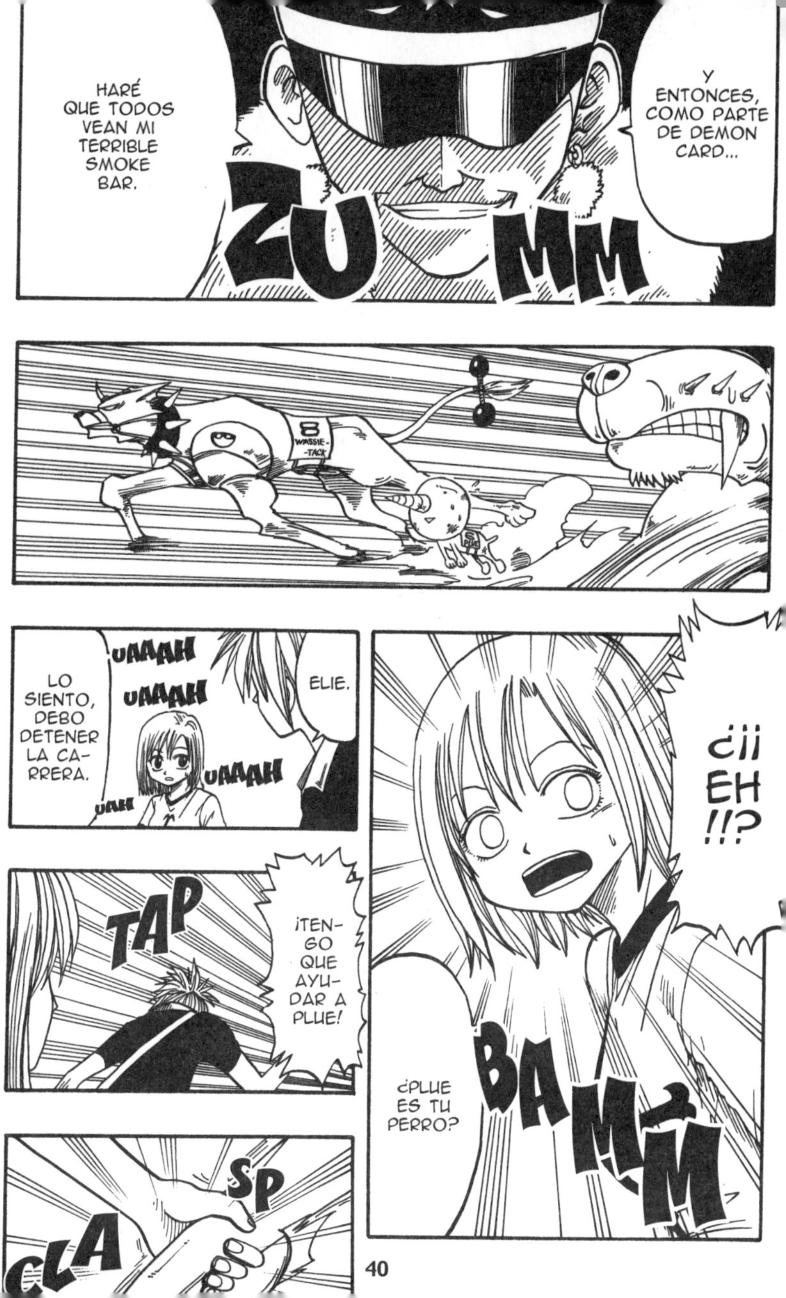

Y ENTONCES, COMO PARTE DE DEMON CARD...
HARÉ QUE TODOS VEAN MI TERRIBLE SMOKE BAR.
ZUMM
8 WASSIE-TACK
¿¡¡EH!!?
BAMM
¿PLUE ES TU PERRO?
ELIE.
UAAAH
UAAAH
LO SIENTO, DEBO DETENER LA CARRERA.
UAAAH
UAH
¡TENGO QUE AYUDAR A PLUE!
TAP
SP
CLA

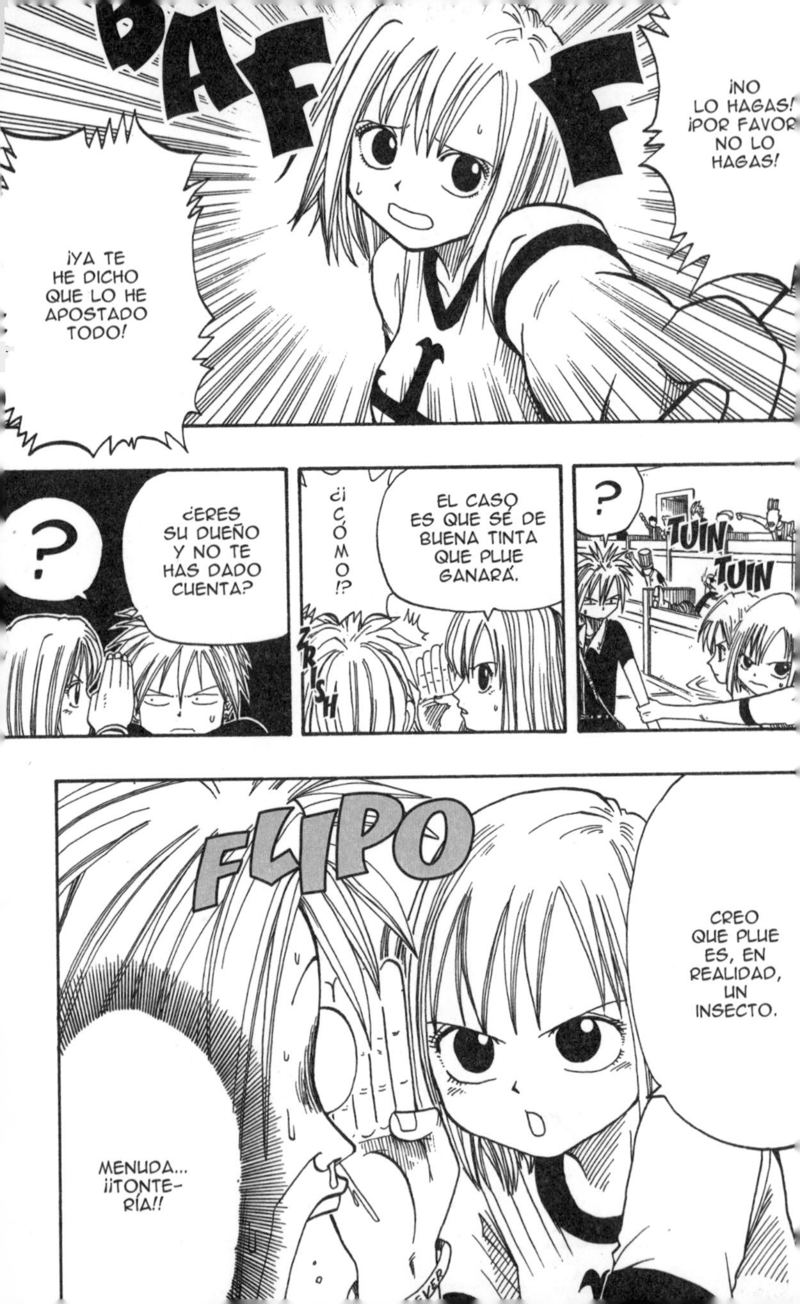
DAFF
¡NO LO HAGAS! ¡POR FAVOR NO LO HAGAS!
¡YA TE HE DICHO QUE LO HE APOSTADO TODO!
?
TUIN TUIN
EL CASO ES QUE SÉ DE BUENA TINTA QUE PLUE GANARÁ.
¿¡CÓMO!?
ZRISH
¿ERES SU DUEÑO Y NO TE HAS DADO CUENTA?
?
CREO QUE PLUE ES, EN REALIDAD, UN INSECTO.
FLIPO
MENUDA... ¡¡TONTERÍA!!

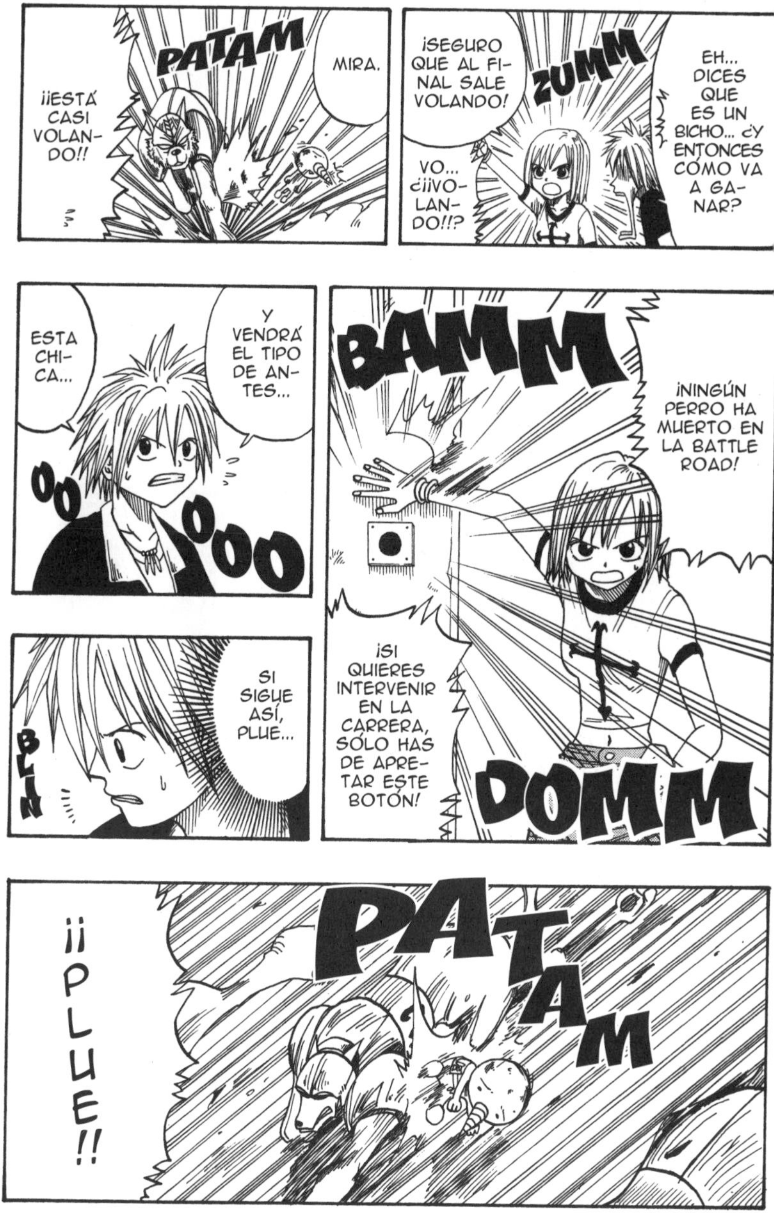
EH... DICES QUE ES UN BICHO... ¿Y ENTONCES CÓMO VA A GANAR?
ZUMM
¡SEGURO QUE AL FINAL SALE VOLANDO!
VO... ¿¡¡VOLANDO!!?
MIRA.
PATAM
¡¡ESTÁ CASI VOLANDO!!
BAMM
¡NINGÚN PERRO HA MUERTO EN LA BATTLE ROAD!
¡SI QUIERES INTERVENIR EN LA CARRERA, SÓLO HAS DE APRETAR ESTE BOTÓN!
DOMM
Y VENDRÁ EL TIPO DE ANTES...
ESTA CHICA...
OOOOO
SI SIGUE ASÍ, PLUE...
BLIN
PATAM
¡¡PLUE!!

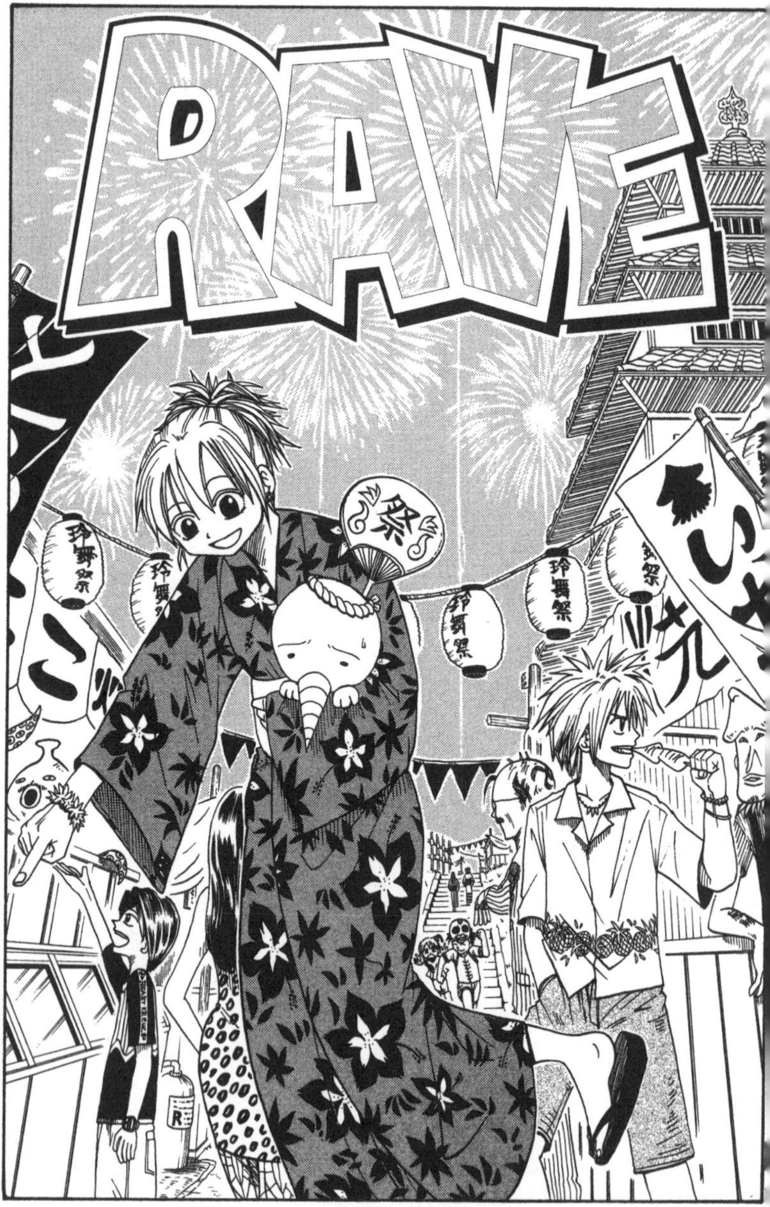
RAVE
祭
玲舞祭

RAVE: 7 ✚ LA VENGANZA DEL TRÍO.

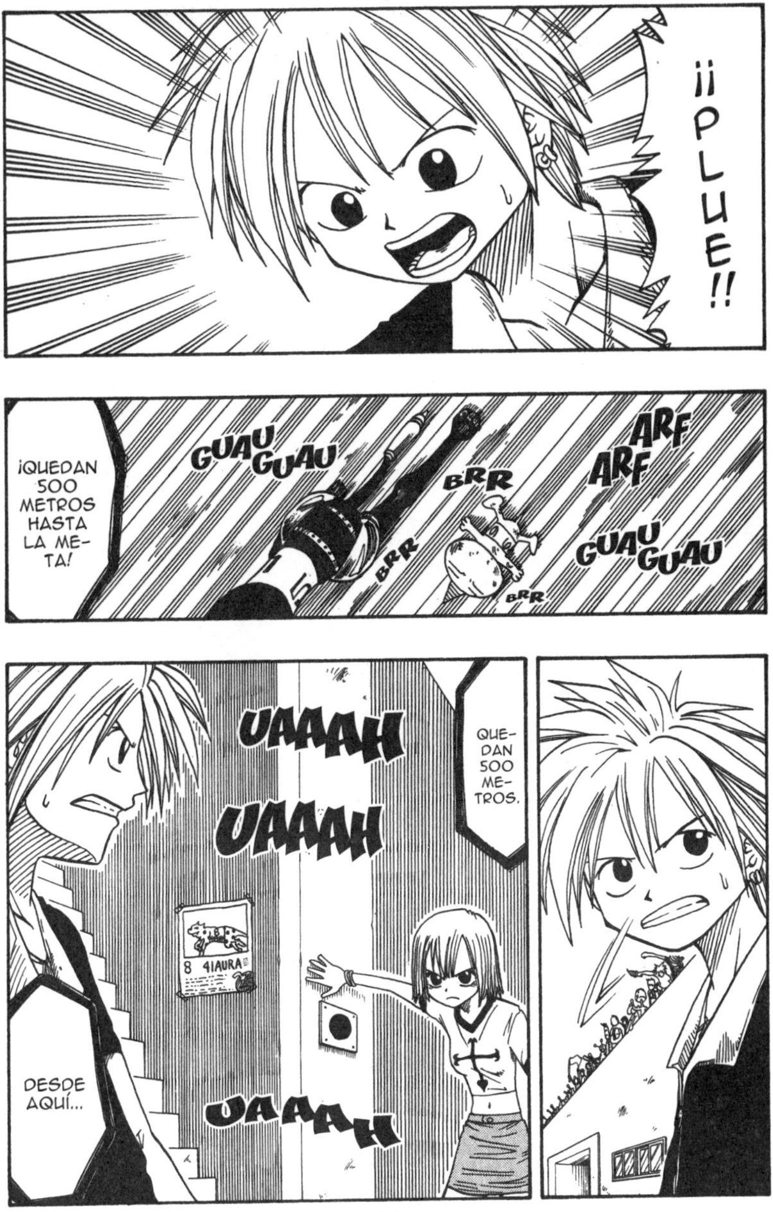
¡¡PLUE!!
ARF ARF
GUAU GUAU
BRR
BRR
BRR
GUAU GUAU
¡QUEDAN 500 METROS HASTA LA META!
QUEDAN 500 METROS.
UAAAH
UAAAH
UAAAH
DESDE AQUÍ...

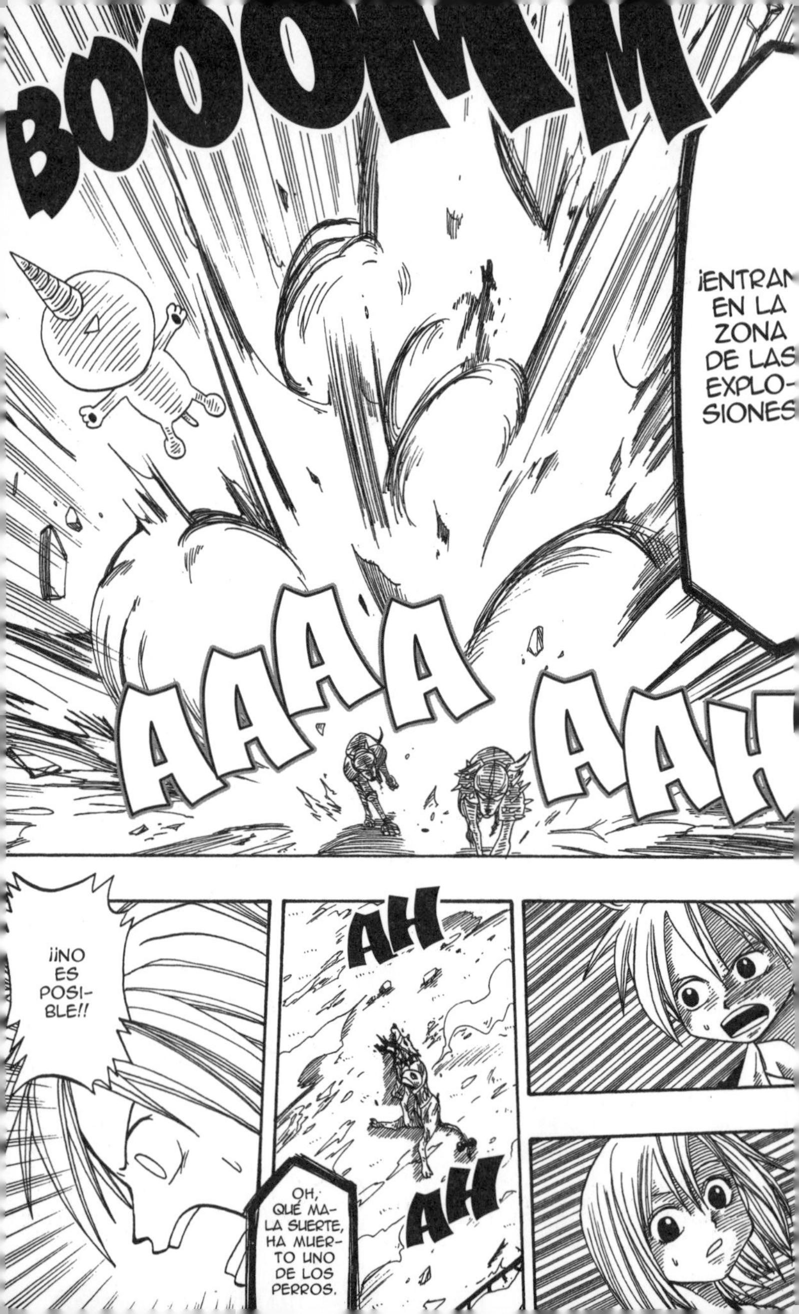
BOOOMM
¡ENTRAN EN LA ZONA DE LAS EXPLOSIONES
AAAAAAAH
AH
AH
OH, QUÉ MALA SUERTE, HA MUERTO UNO DE LOS PERROS.
¡¡NO ES POSIBLE!!

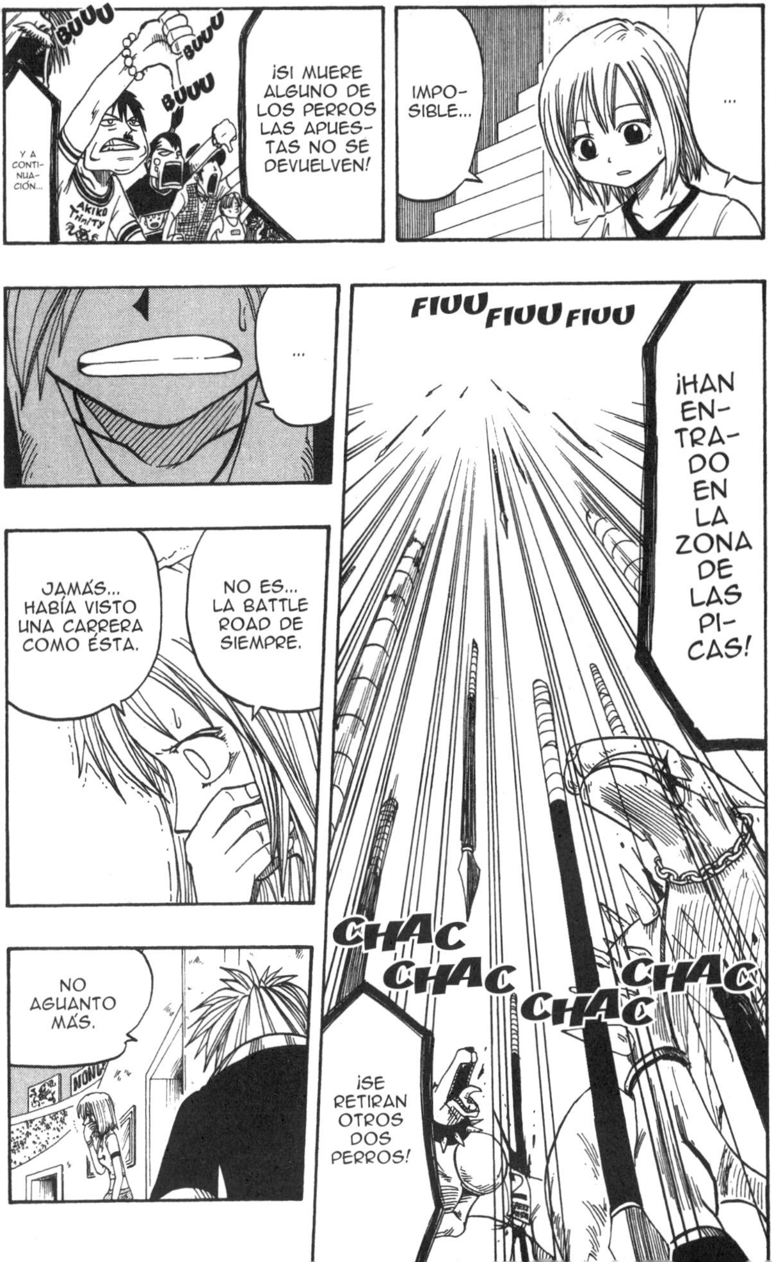
...
IMPOSIBLE...
BUUU BUUU BUUU
¡SI MUERE ALGUNO DE LOS PERROS LAS APUESTAS NO SE DEVUELVEN!
Y A CONTINUACIÓN...
FIUU FIUU FIUU
¡HAN ENTRADO EN LA ZONA DE LAS PICAS!
CHAC CHAC CHAC CHAC
¡SE RETIRAN OTROS DOS PERROS!
...
NO ES... LA BATTLE ROAD DE SIEMPRE.
JAMÁS... HABÍA VISTO UNA CARRERA COMO ÉSTA.
NO AGUANTO MÁS.

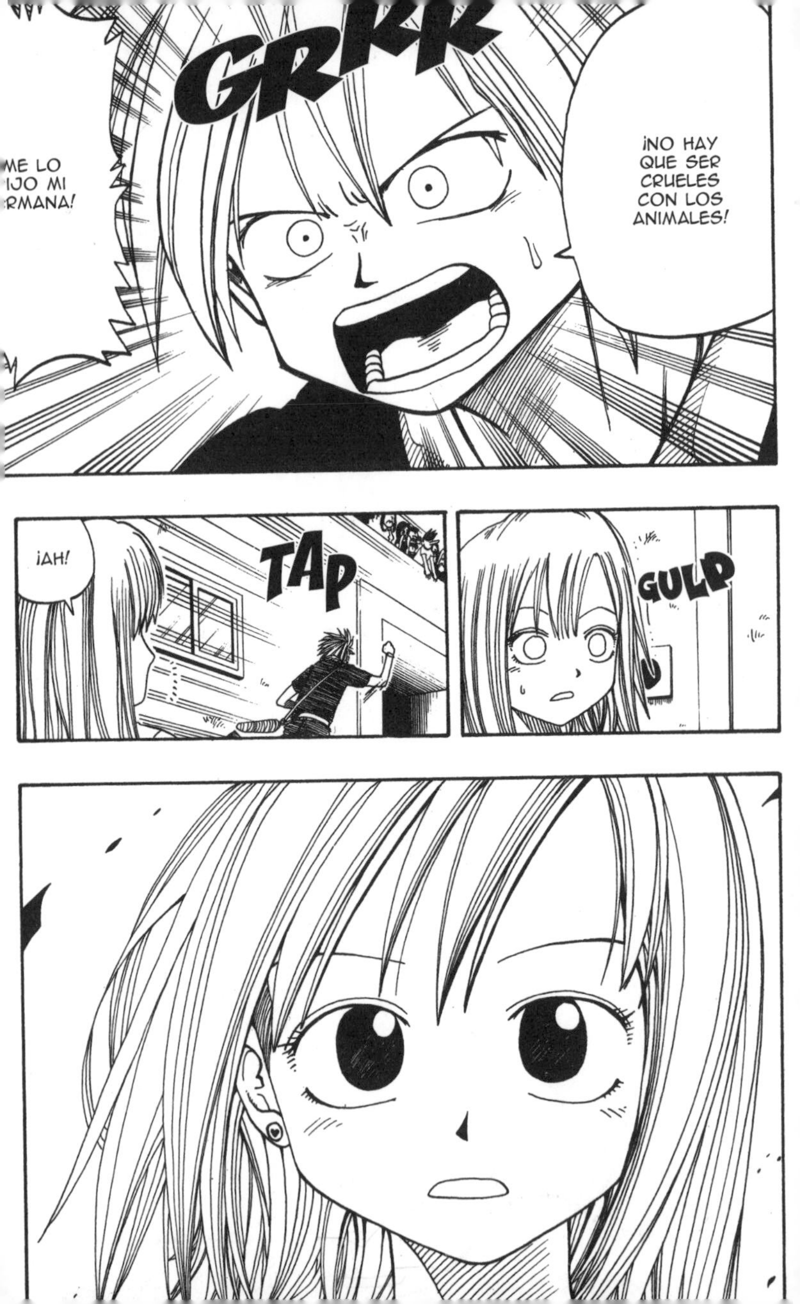
GRRR
¡NO HAY QUE SER CRUELES CON LOS ANIMALES!
ME LO IJO MI RMANA!
GULP
¡AH!
TAP

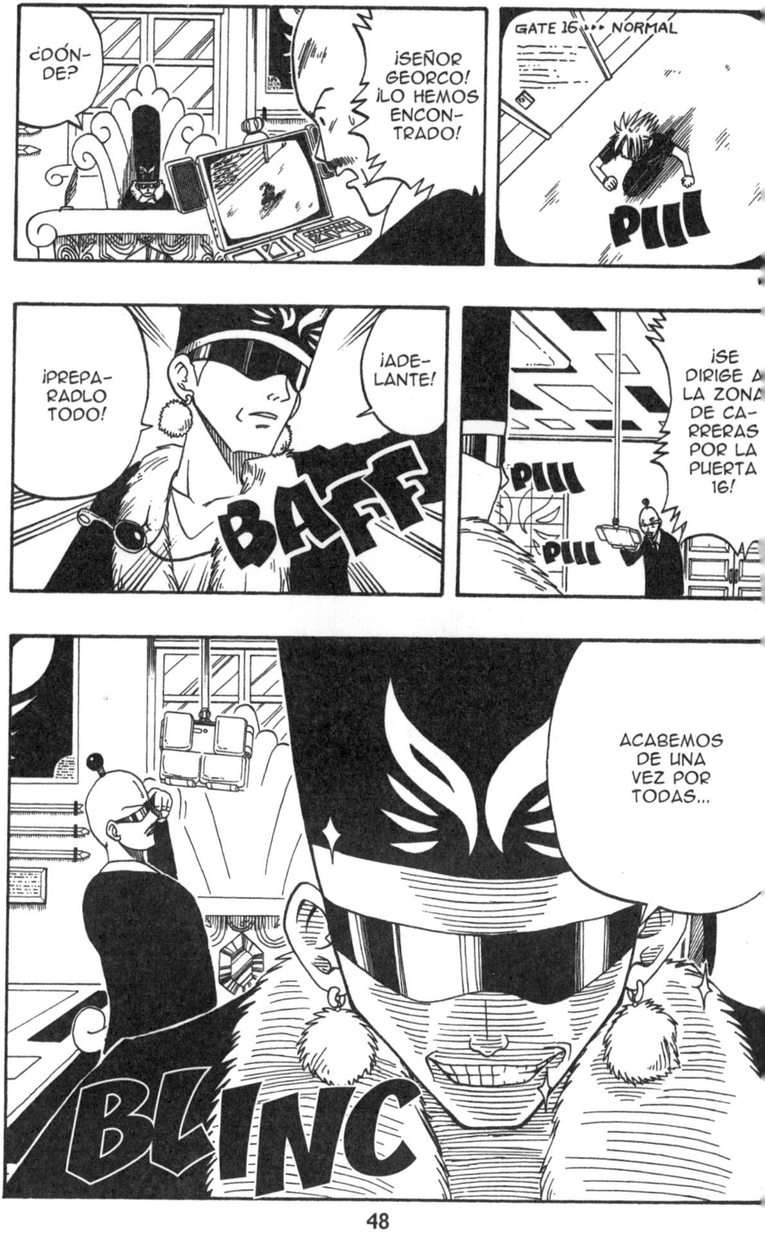
GATE 16 ▸▸▸ NORMAL
PIII
¡SEÑOR GEORCO! ¡LO HEMOS ENCONTRADO!
¿DÓNDE?
¡SE DIRIGE A LA ZONA DE CARRERAS POR LA PUERTA 16!
PIII
PIII
¡ADELANTE!
¡PREPARADLO TODO!
BAFF
ACABEMOS DE UNA VEZ POR TODAS...
BLINC

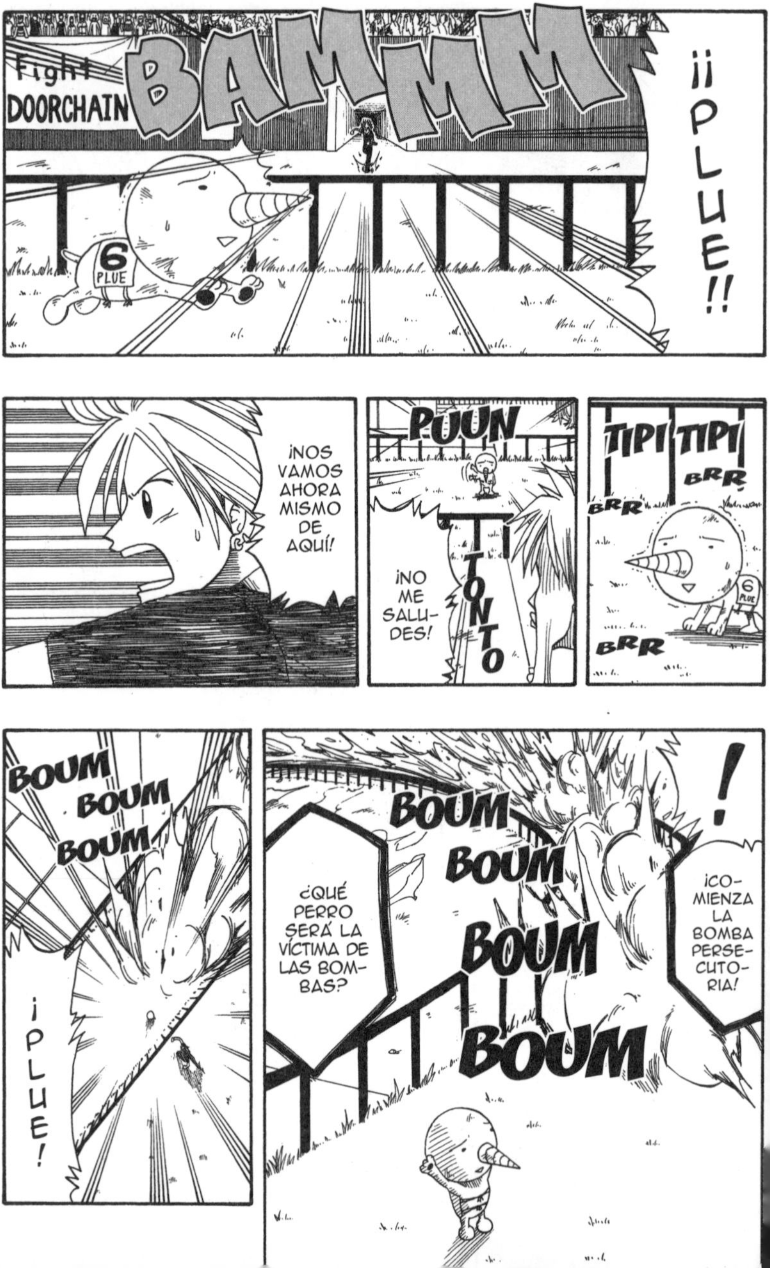
¡¡PLUE!!
BAMMM
Fight DOORCHAIN
TIPI TIPI
BRR
BRR
BRR
PUUN
¡NO ME SALUDES!
TONTO
¡NOS VAMOS AHORA MISMO DE AQUÍ!
!
¡COMIENZA LA BOMBA PERSECUTORIA!
BOUM
BOUM
BOUM
BOUM
¿QUÉ PERRO SERÁ LA VÍCTIMA DE LAS BOMBAS?
BOUM
BOUM
BOUM
¡PLUE!

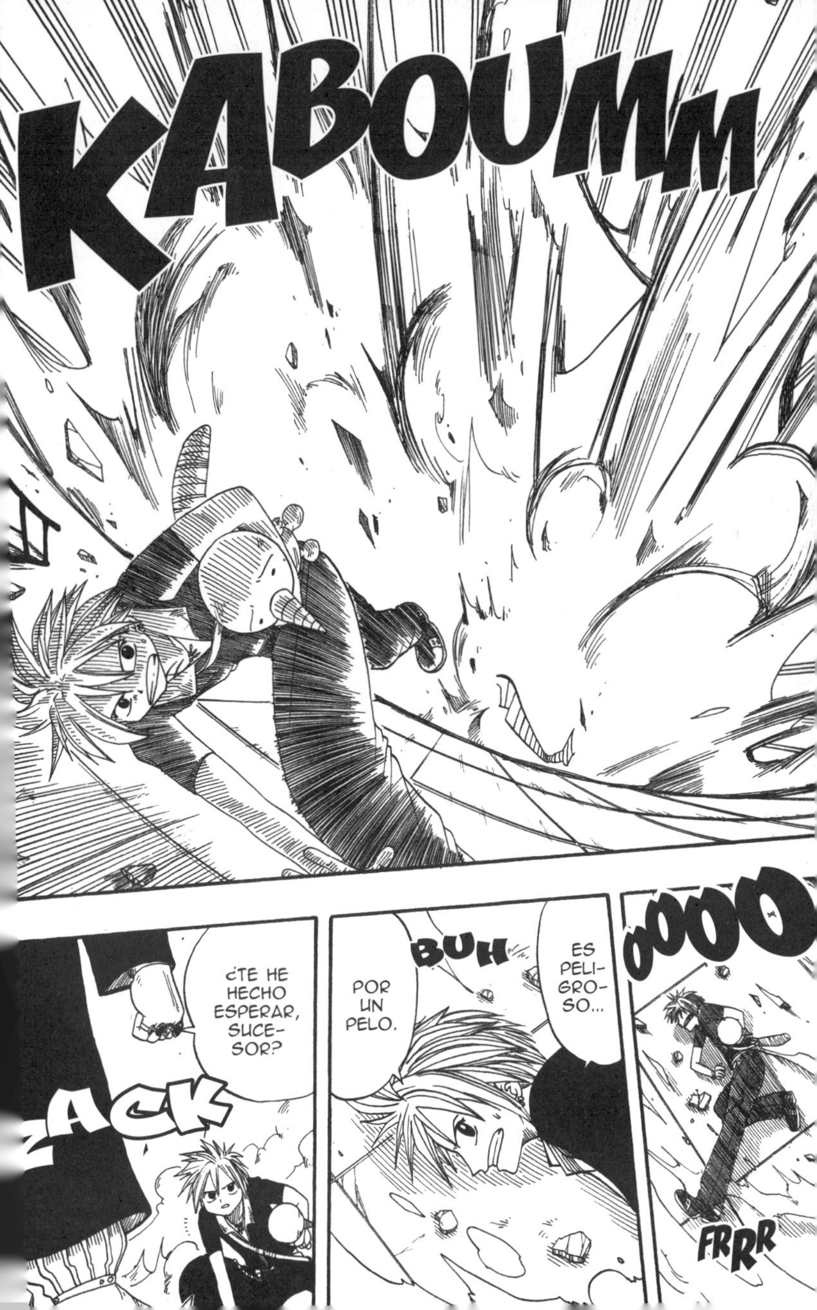
KABOUMM
OOOOO
FRRR
ES PELIGROSO...
BUH
POR UN PELO.
¿TE HE HECHO ESPERAR, SUCESOR?
ZACK

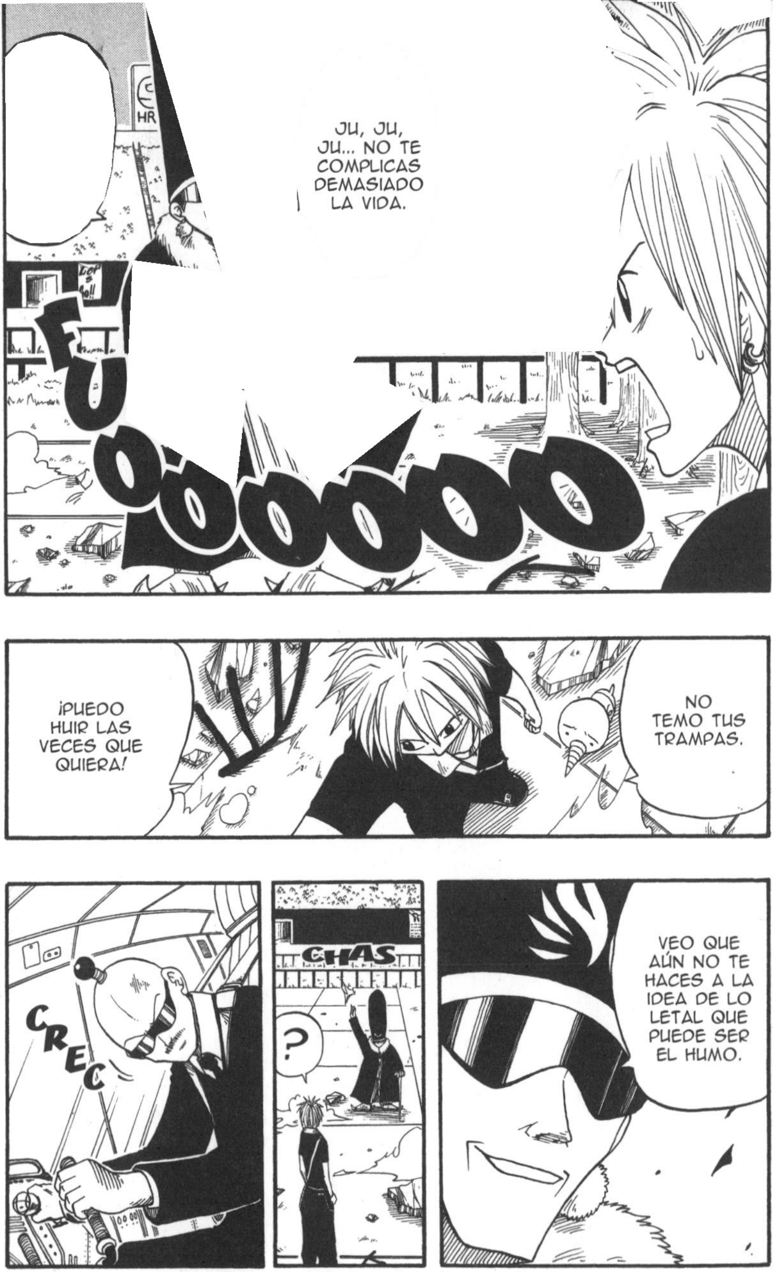
JU, JU, JU... NO TE COMPLICAS DEMASIADO LA VIDA.
FUOOOOOO
NO TEMO TUS TRAMPAS.
¡PUEDO HUIR LAS VECES QUE QUIERA!
VEO QUE AÚN NO TE HACES A LA IDEA DE LO LETAL QUE PUEDE SER EL HUMO.
CHAS
?
CREC

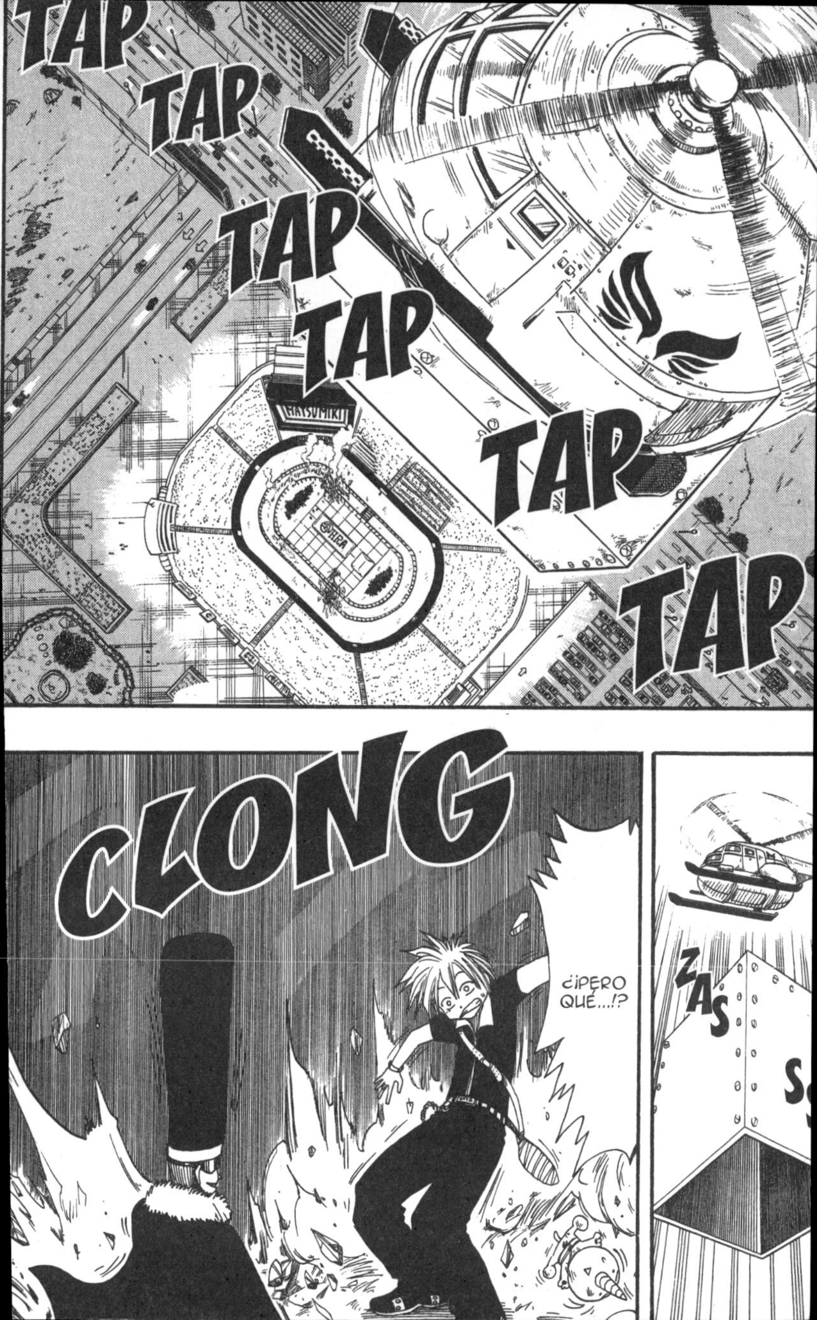
TAP
TAP
TAP
TAP
TAP
TAP
TAP
ZAS
CLONG
¿PERO QUÉ...!?

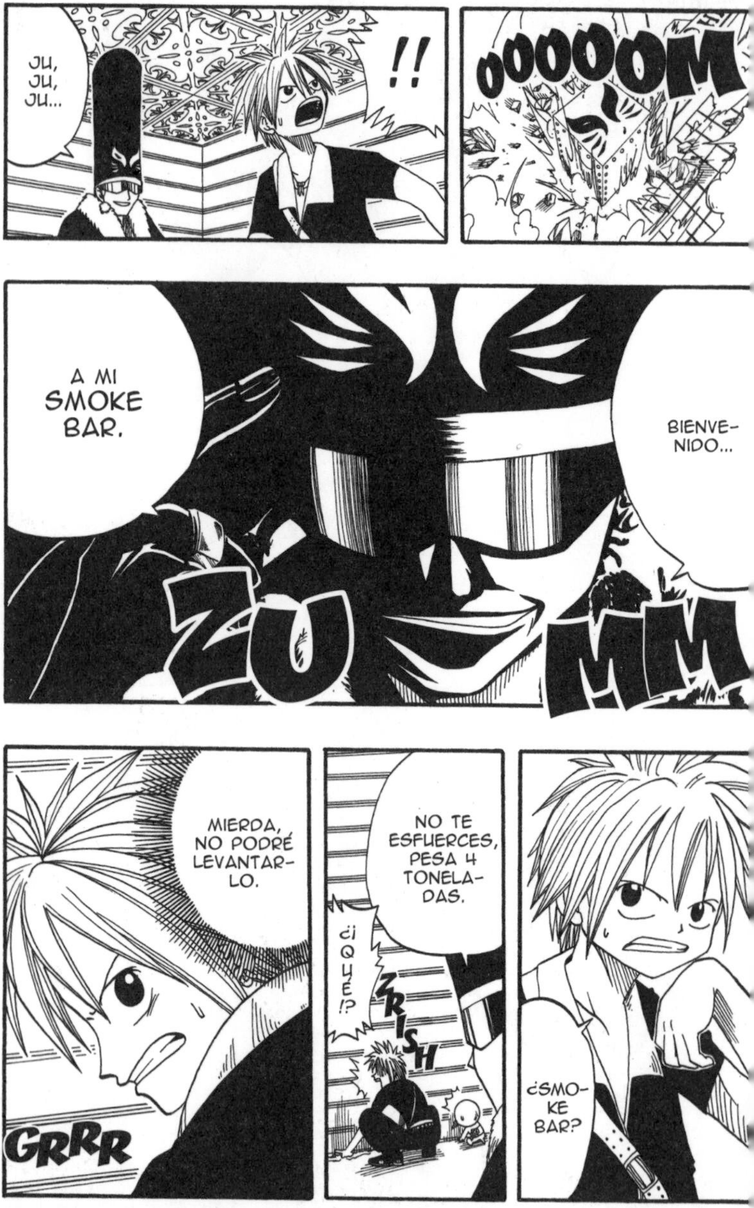
OOOOOM
!!
JU, JU, JU...
BIENVENIDO...
A MI SMOKE BAR.
ZUMM
¿SMOKE BAR?
NO TE ESFUERCES, PESA 4 TONELADAS.
¡¿QUÉ!?
ZRISH
MIERDA, NO PODRÉ LEVANTARLO.
GRRR

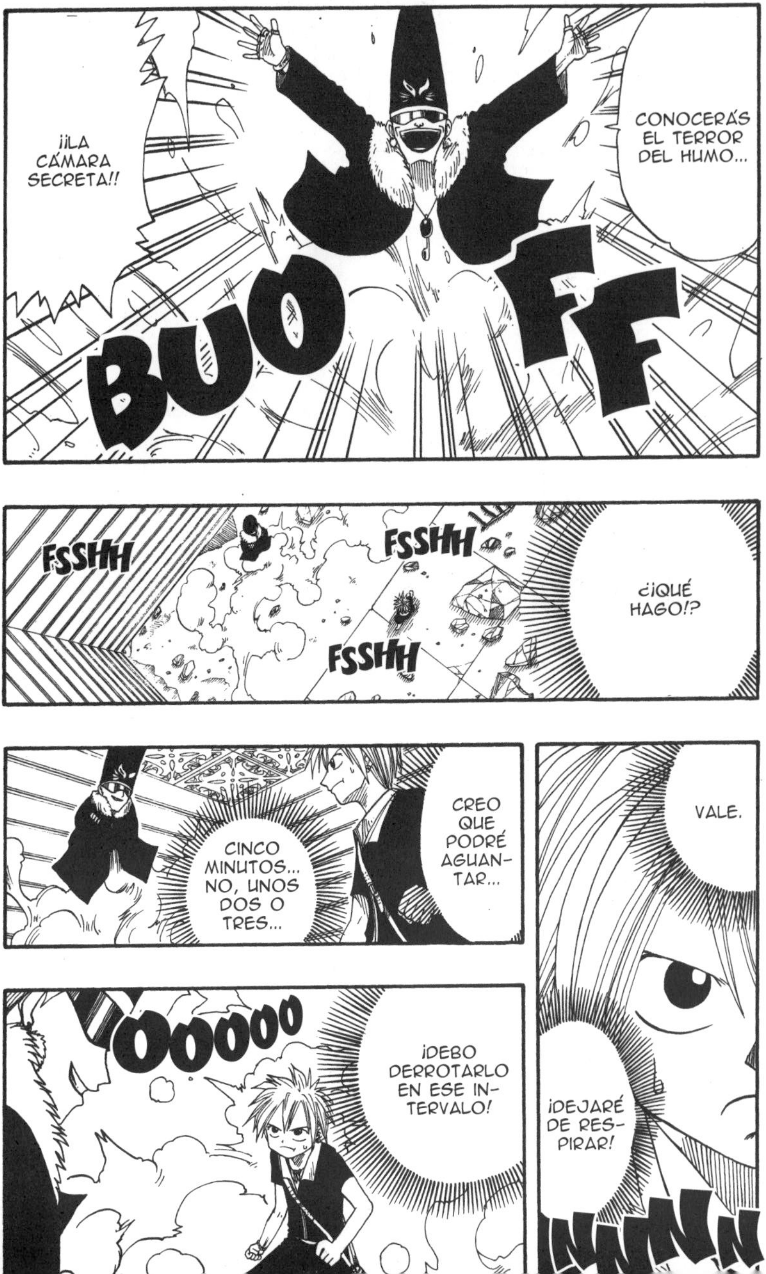
CONOCERÁS EL TERROR DEL HUMO...
¡¡LA CÁMARA SECRETA!!
BUOFF
¿¡QUÉ HAGO!?
FSSHH
FSSHH
FSSHH
VALE.
¡DEJARÉ DE RESPIRAR!
NNNNN
CREO QUE PODRÉ AGUANTAR...
CINCO MINUTOS... NO, UNOS DOS O TRES...
¡DEBO DERROTARLO EN ESE INTERVALO!
OOOOOO

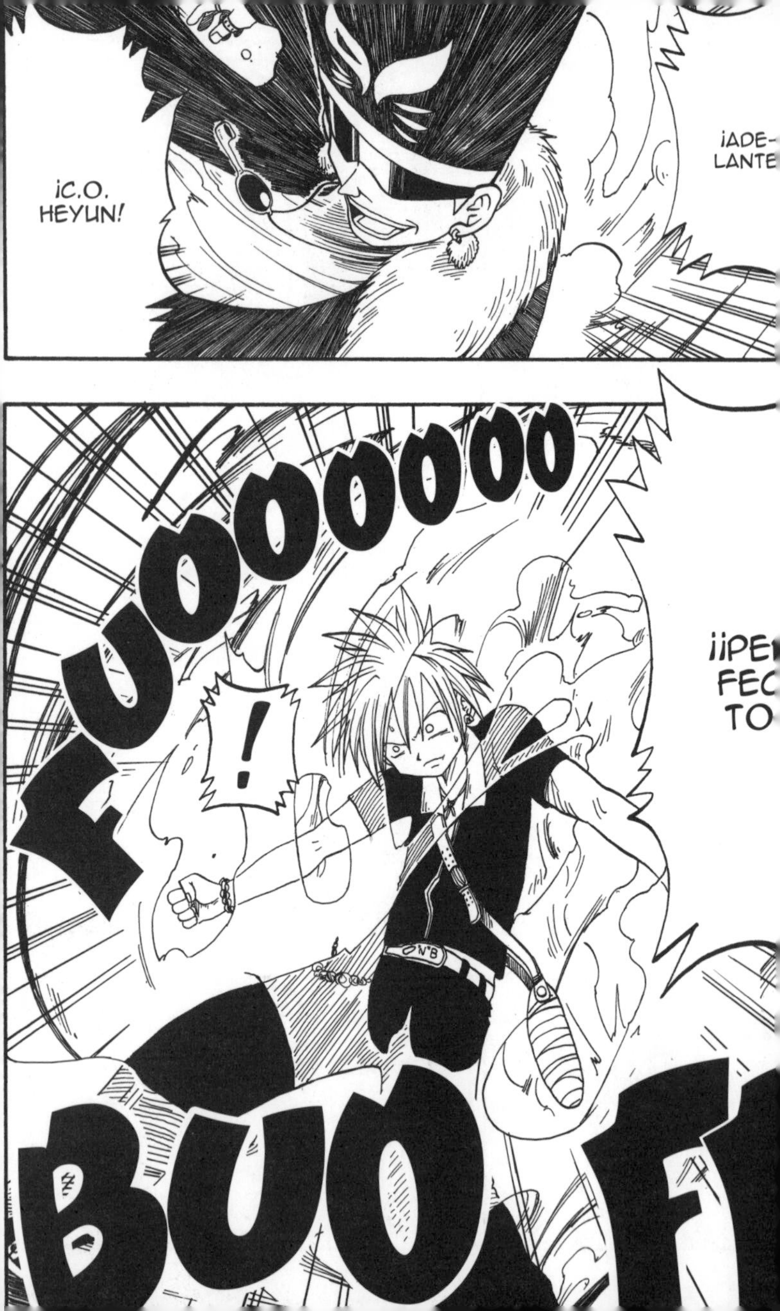
¡ADE-
LANTE
¡C.O.
HEYUN!
¡¡PE
FEC
TO
FUOOOOOOO
!
BUOF

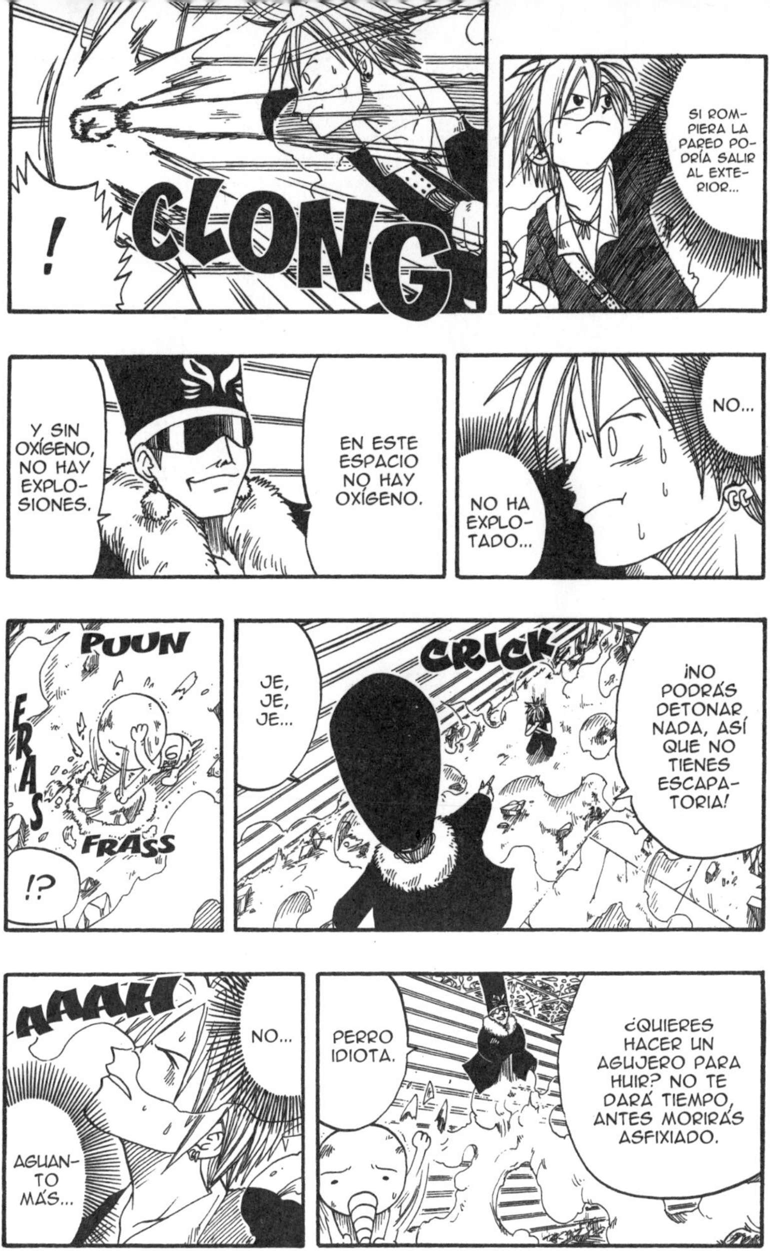
SI ROMPIERA LA PARED PODRÍA SALIR AL EXTERIOR...
CLONG
!
NO...
NO HA EXPLOTADO...
EN ESTE ESPACIO NO HAY OXÍGENO.
Y SIN OXÍGENO, NO HAY EXPLOSIONES.
CRICK
¡NO PODRÁS DETONAR NADA, ASÍ QUE NO TIENES ESCAPATORIA!
JE, JE, JE...
PUUN
FRAS
FRASS
!?
¿QUIERES HACER UN AGUJERO PARA HUIR? NO TE DARÁ TIEMPO, ANTES MORIRÁS ASFIXIADO.
PERRO IDIOTA.
AAAAH
NO...
AGUANTO MÁS...

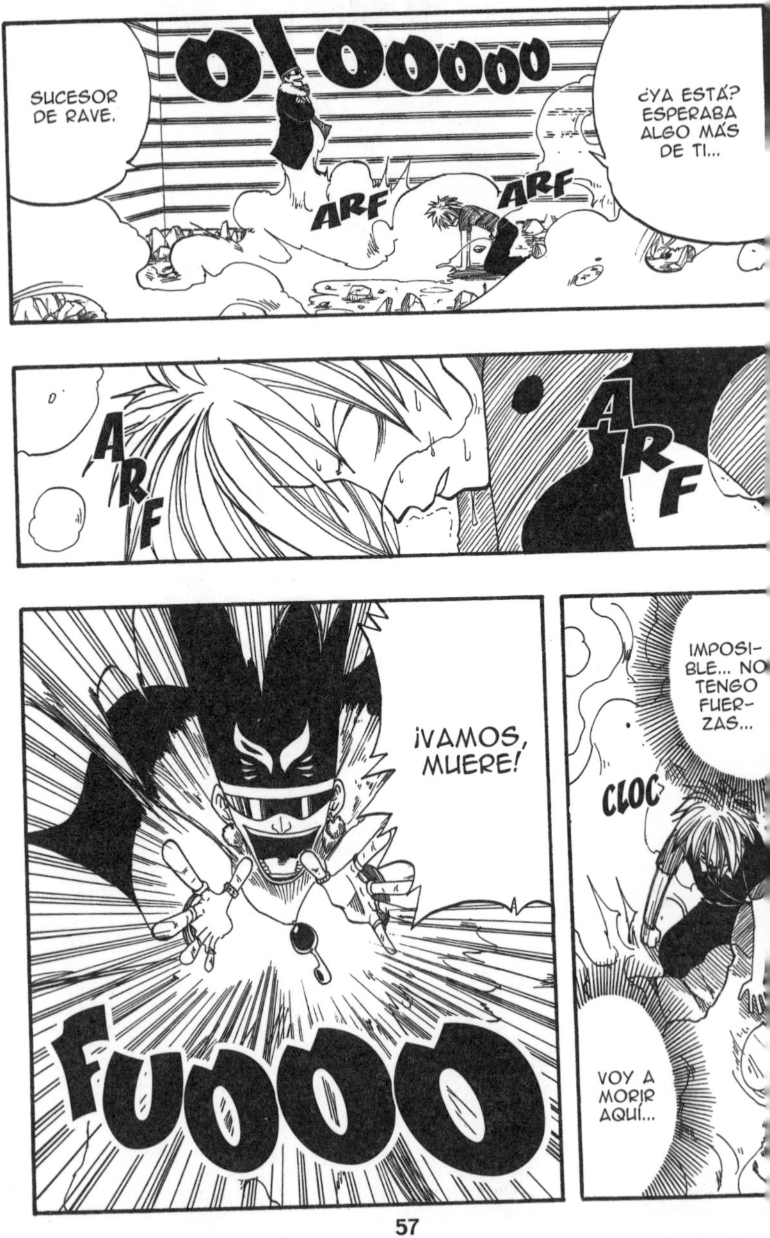
¿YA ESTÁ? ESPERABA ALGO MÁS DE TI...
ARF
ARF
O!OOOOOO
SUCESOR DE RAVE.
ARF
ARF
IMPOSI-BLE... NO TENGO FUER-ZAS...
CLOC
VOY A MORIR AQUÍ...
¡VAMOS, MUERE!
FUOOO

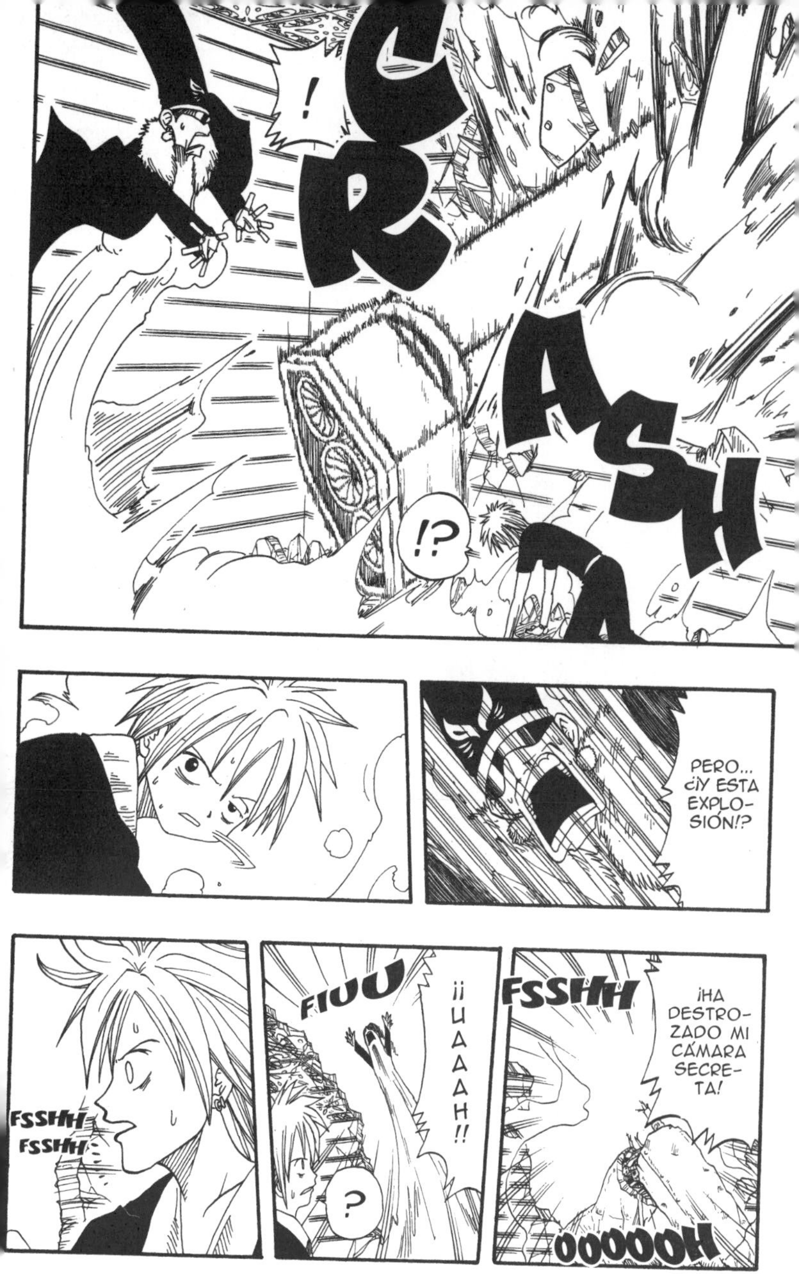
CRASH
!
!?
PERO... ¿¡Y ESTA EXPLOSIÓN!?
FSSHH
¡HA DESTROZADO MI CÁMARA SECRETA!
OOOOOH
FIUU
¡¡UAAAAAH!!
?
FSSHH
FSSHH

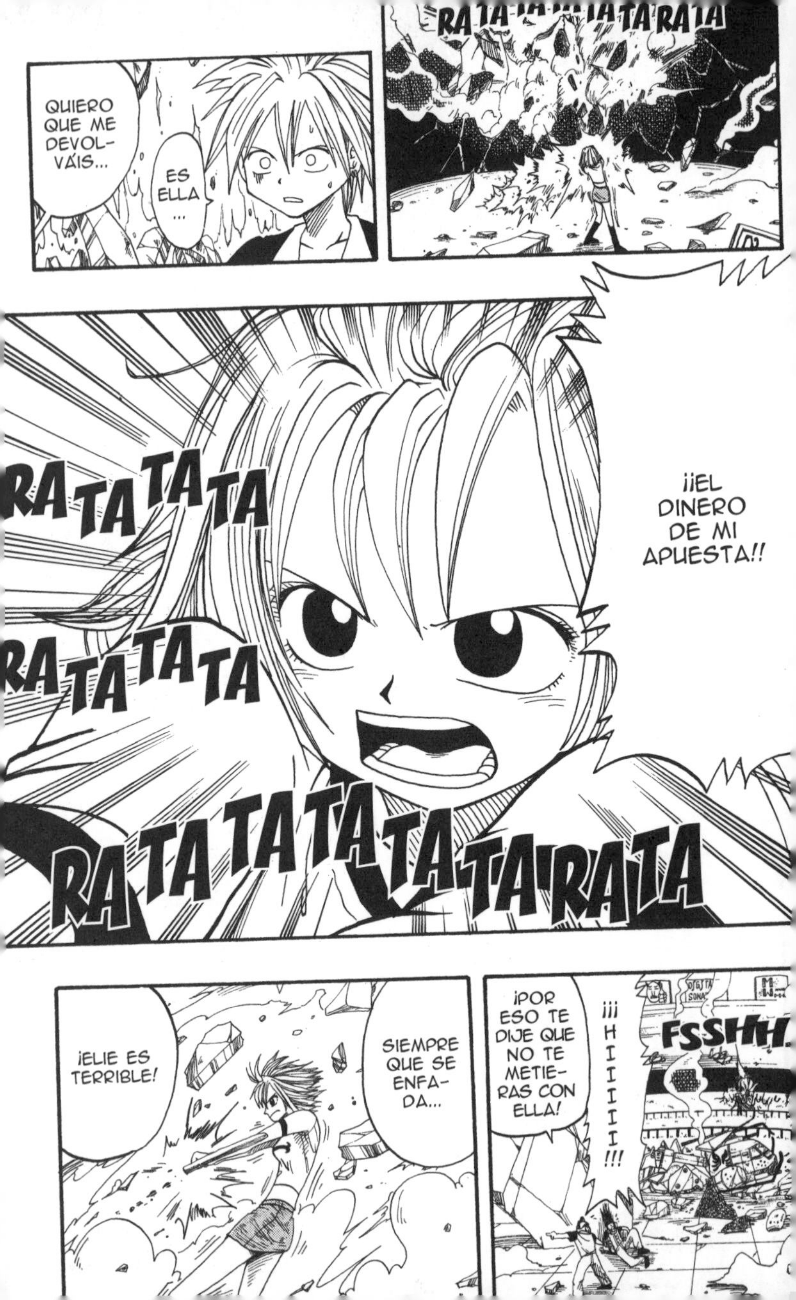
RA-TA-TA-TA-TA-TA-RA-TA
ES ELLA...
QUIERO QUE ME DEVOLVÁIS...
¡¡EL DINERO DE MI APUESTA!!
RATATATA
RATATATA
RATATATATATARATA
FSSHH
¡¡¡HIIIIII!!!
¡POR ESO TE DIJE QUE NO TE METIERAS CON ELLA!
SIEMPRE QUE SE ENFADA...
¡ELIE ES TERRIBLE!

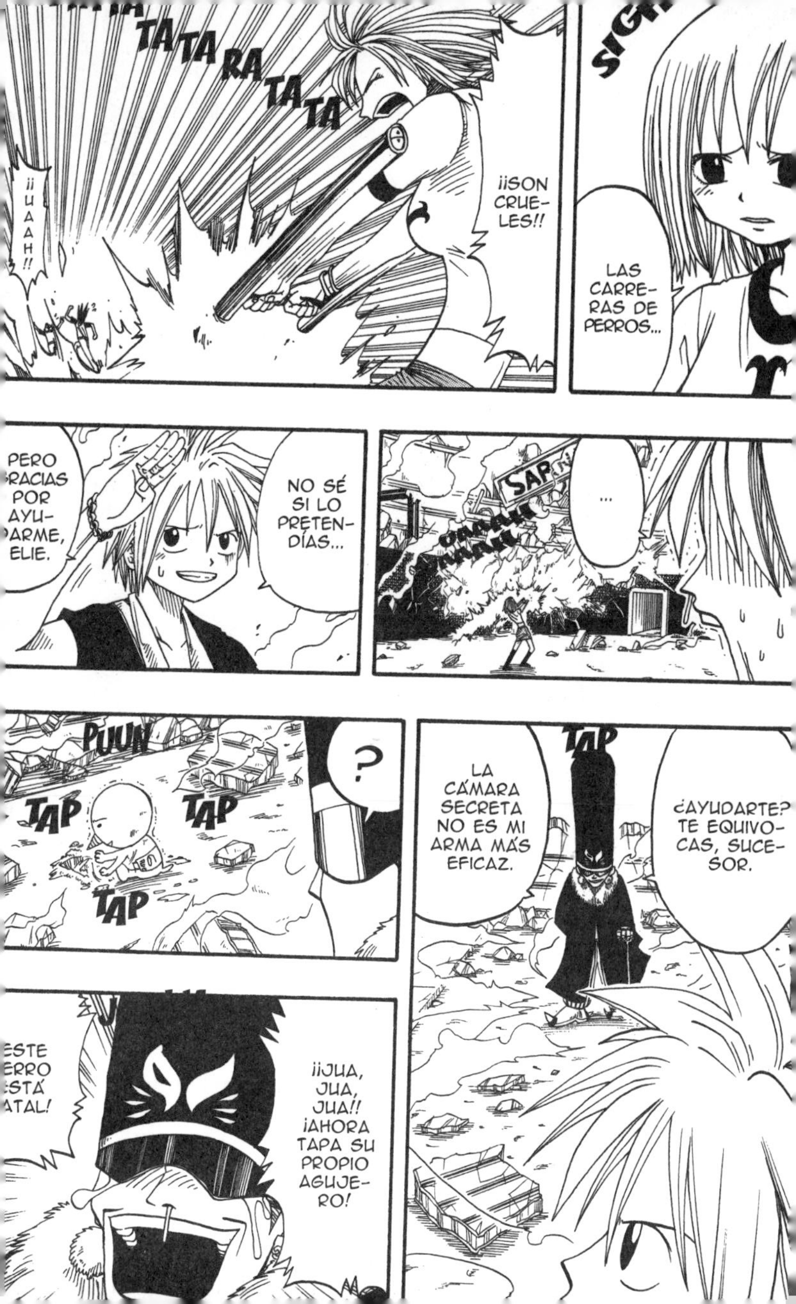

SIG
LAS CARRERAS DE PERROS...
TATARATATA
¡¡SON CRUELES!!
¡¡UAAAH!!
...
SAP
NO SÉ SI LO PRETENDÍAS...
PERO GRACIAS POR AYUDARME, ELIE.
TAP
¿AYUDARTE? TE EQUIVOCAS, SUCESOR.
LA CÁMARA SECRETA NO ES MI ARMA MÁS EFICAZ.
PUUN
TAP
TAP
TAP
?
¡¡JUA, JUA, JUA!! ¡AHORA TAPA SU PROPIO AGUJERO!
ESTE ERRO STÁ ATAL!

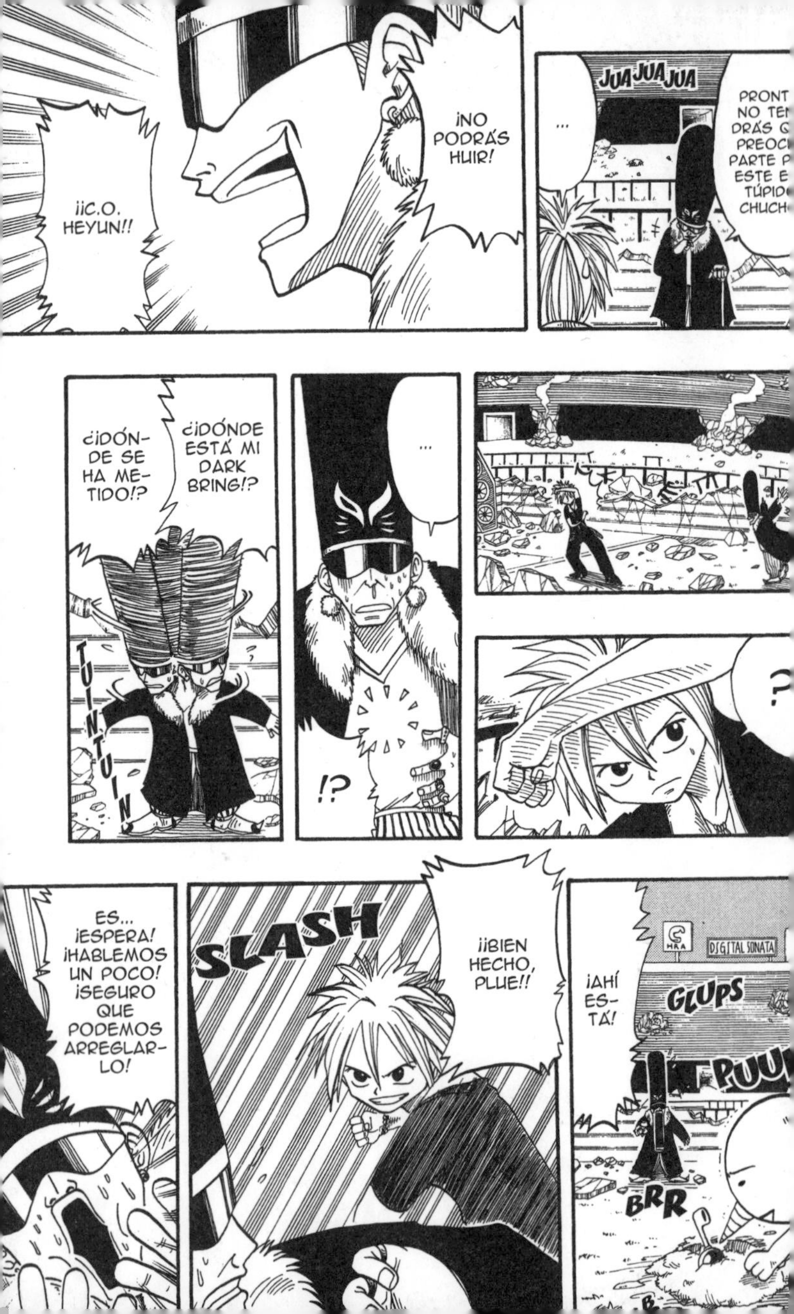
JUA JUA JUA
...
PRONT NO TEN DRÁS Q PREOC PARTE P ESTE E TÚPIDO CHUCH
¡NO PODRÁS HUIR!
¡¡C.O. HEYUN!!
?
...
!?
¿¡DÓNDE ESTÁ MI DARK BRING!?
¿¡DÓN- DE SE HA ME- TIDO!?
TUINTUINTUIN
DIGITAL SONATA
¡AHÍ ES- TÁ!
GLUPS
PUUU
BRR
¡¡BIEN HECHO, PLUE!!
SLASH
ES... ¡ESPERA! ¡HABLEMOS UN POCO! ¡SEGURO QUE PODEMOS ARREGLAR- LO!

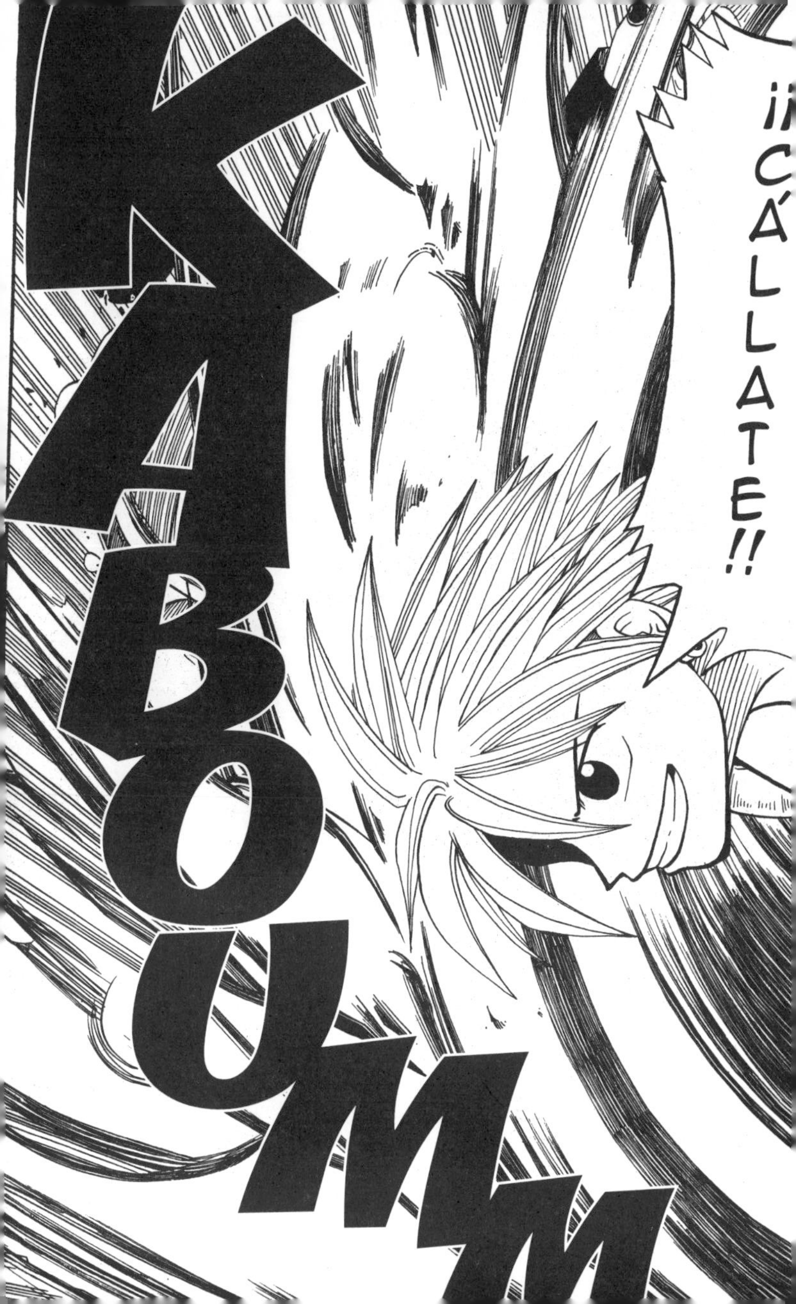
¡¡CÁLLATE!!
KABOUMM

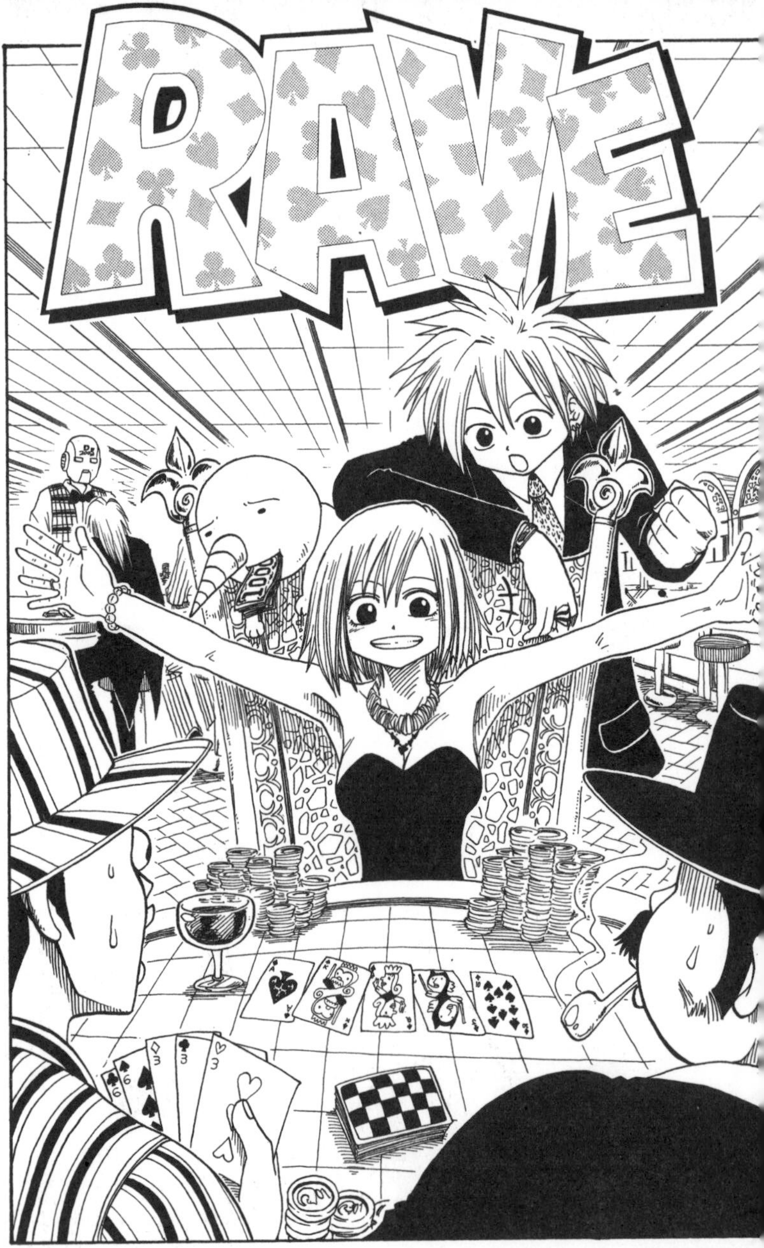
RAVE

RAVE: 8 ✠ LA MAGIA DE LA SONRISA

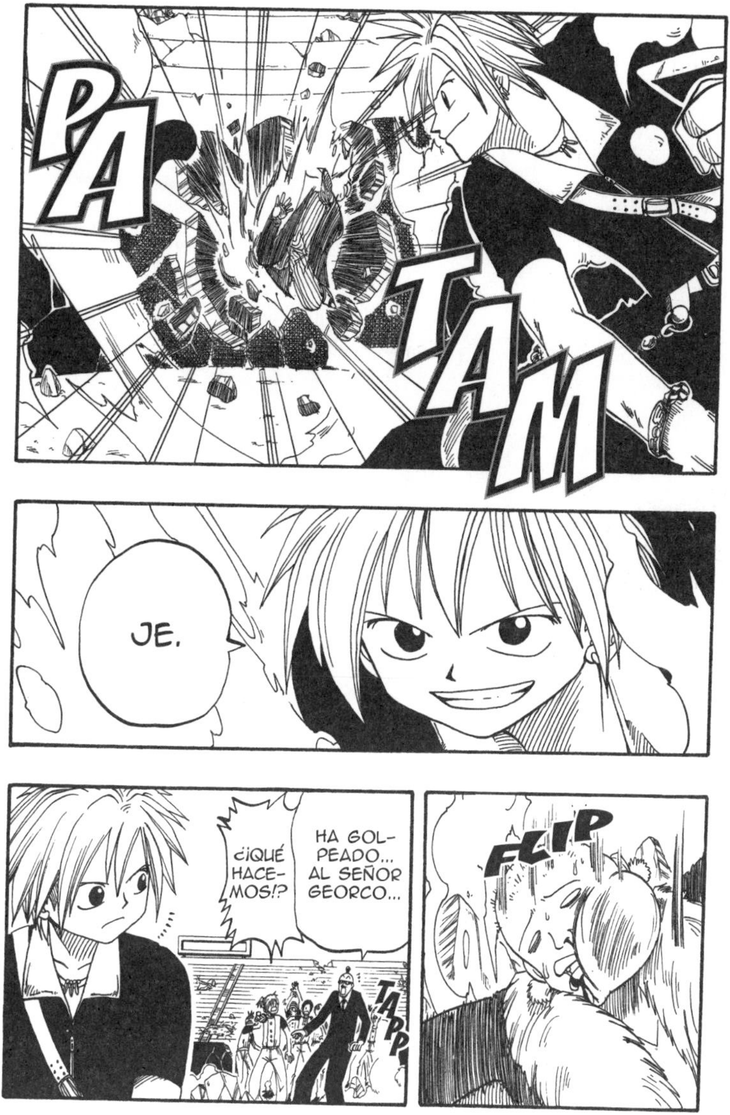
PA
TAM
JE.
FLIP
HA GOLPEADO... AL SEÑOR GEORCO...
¿QUÉ HACEMOS!?
TAPP

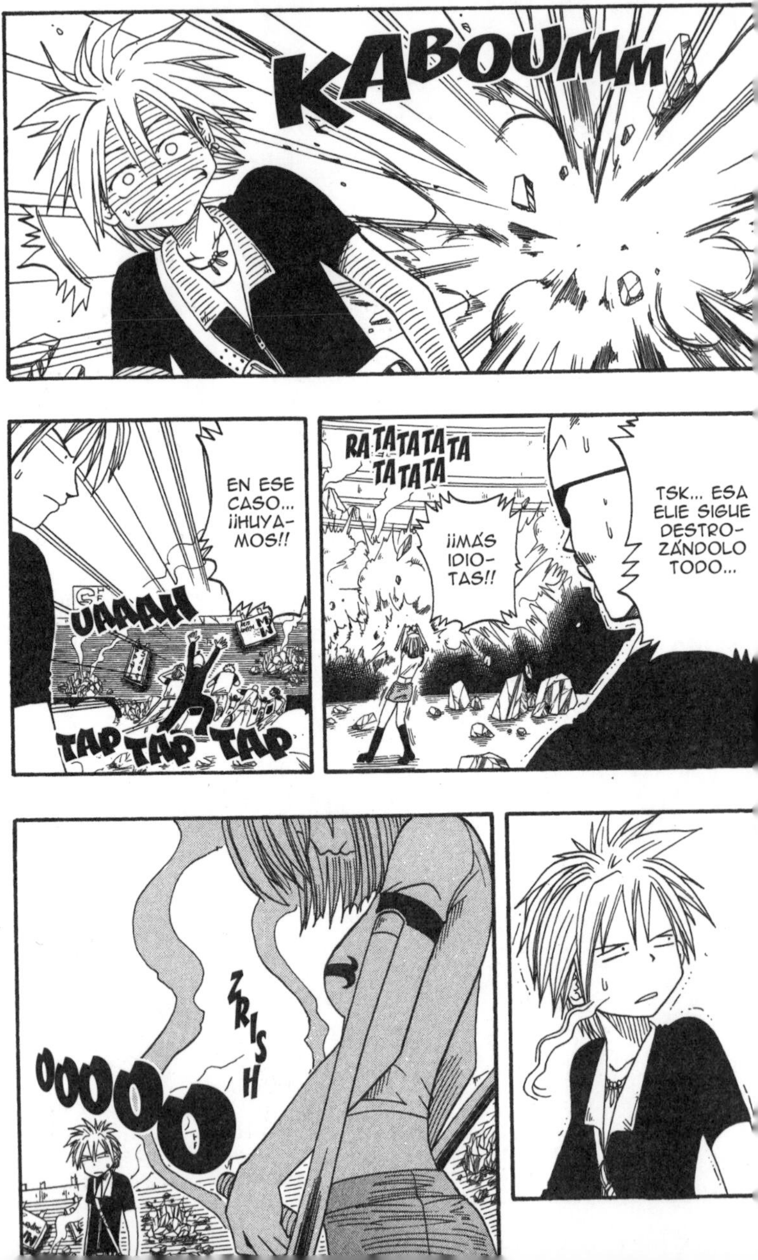
KABOUMM
TSK... ESA ELIE SIGUE DESTROZÁNDOLO TODO...
RATATATATA TATATA
¡¡MÁS IDIOTAS!!
EN ESE CASO... ¡¡HUYAMOS!!
UAAAH
TAP TAP TAP
ZRISH
OOOOO

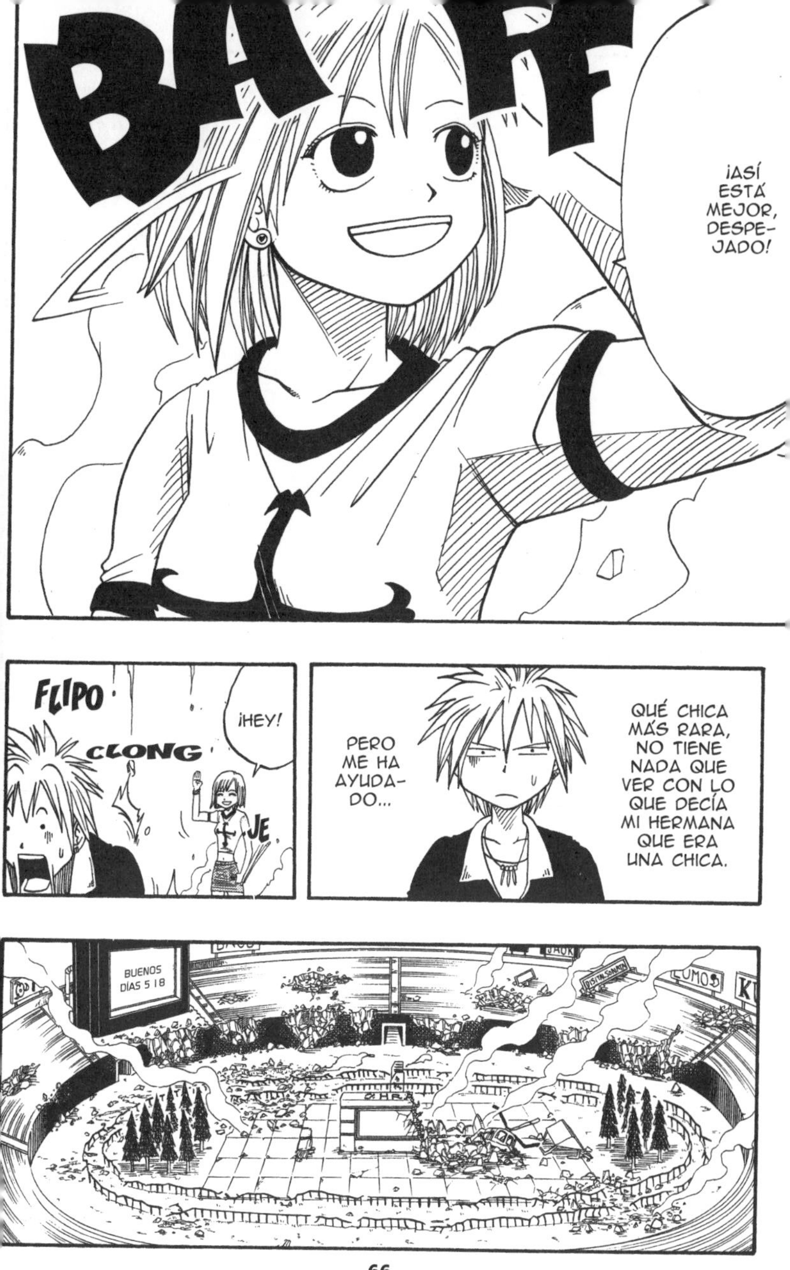
BAFF
¡ASÍ ESTÁ MEJOR, DESPEJADO!
QUÉ CHICA MÁS RARA, NO TIENE NADA QUE VER CON LO QUE DECÍA MI HERMANA QUE ERA UNA CHICA.
PERO ME HA AYUDADO...
¡HEY!
FLIPO
CLONG
JE
BUENOS DÍAS 5 18
LUMOS

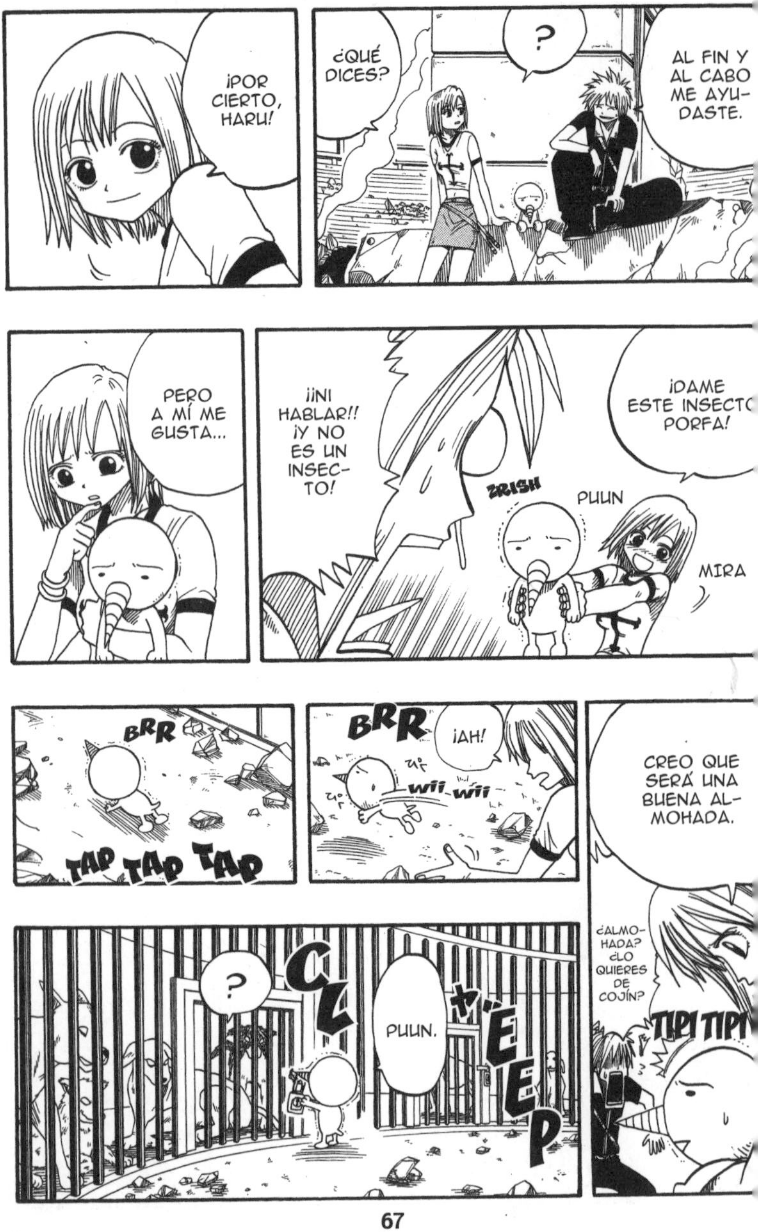
AL FIN Y AL CABO ME AYUDASTE.
?
¿QUÉ DICES?
¡POR CIERTO, HARU!
¡DAME ESTE INSECTO PORFA!
MIRA
PUUN
ZRISH
¡¡NI HABLAR!! ¡Y NO ES UN INSECTO!
PERO A MÍ ME GUSTA...
CREO QUE SERÁ UNA BUENA ALMOHADA.
¿ALMOHADA? ¿LO QUIERES DE COJÍN?
TIPI TIPI
¡AH!
BRR
wii wii
BRR
TAP TAP TAP
?
CLEEP
PUUN.

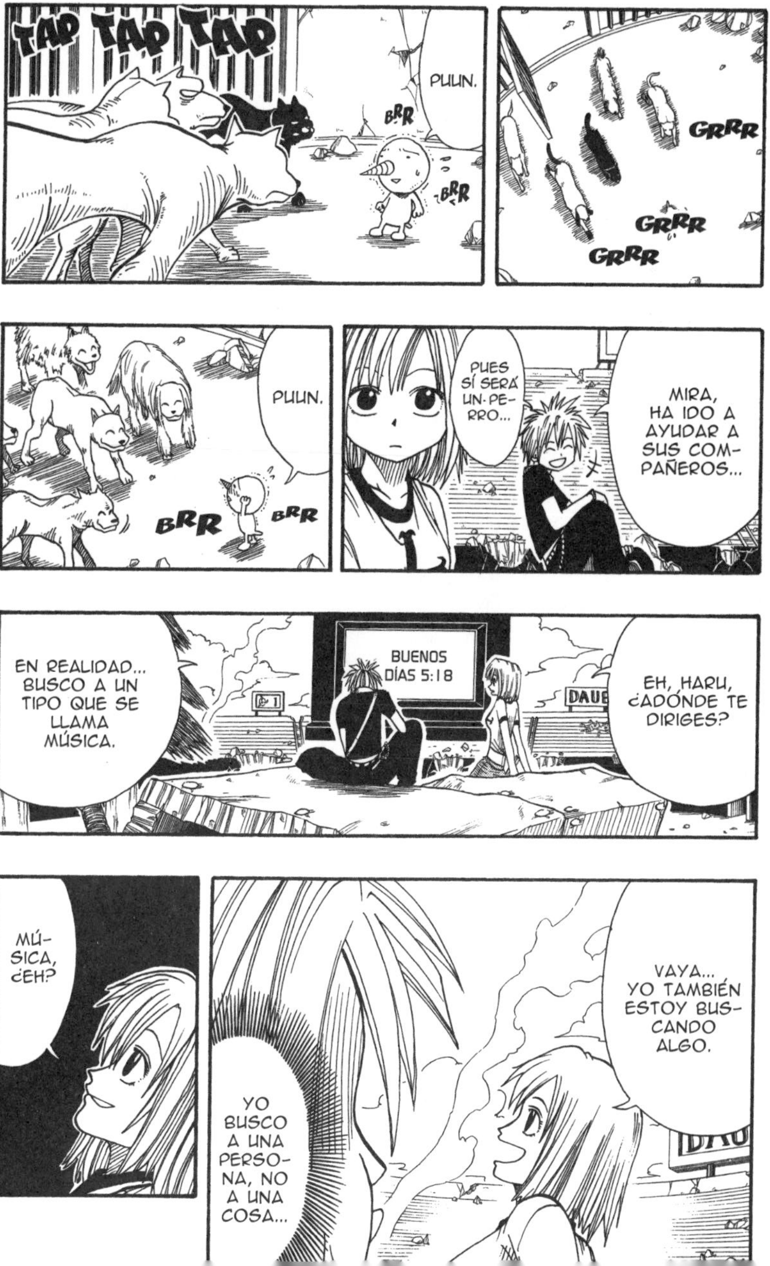
GRRR
GRRR
GRRR
TAP TAP TAP
PUUN.
BRR
BRR
MIRA, HA IDO A AYUDAR A SUS COMPAÑEROS...
PUES SÍ SERÁ UN PERRO...
PUUN.
BRR
BRR
EH, HARU, ¿ADÓNDE TE DIRIGES?
BUENOS DÍAS 5:18
DAUE
EN REALIDAD... BUSCO A UN TIPO QUE SE LLAMA MÚSICA.
VAYA... YO TAMBIÉN ESTOY BUSCANDO ALGO.
YO BUSCO A UNA PERSONA, NO A UNA COSA...
MÚSICA, ¿EH?

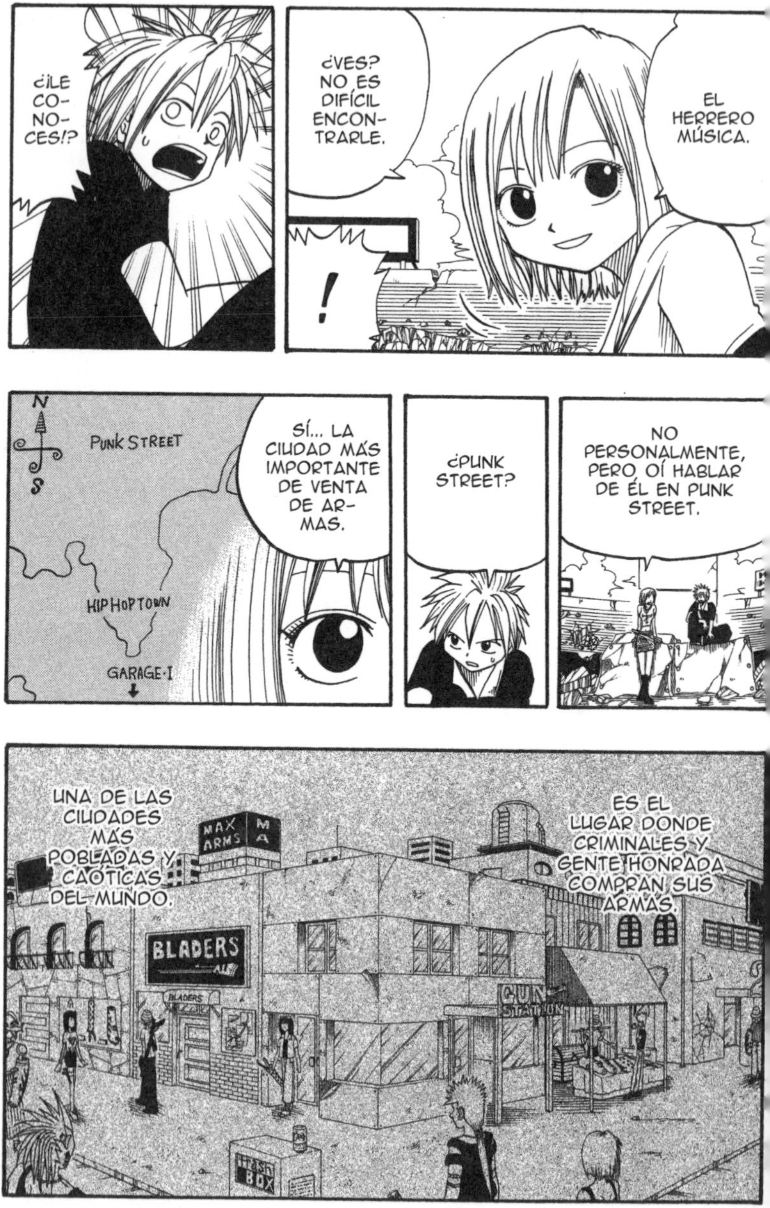
EL HERRERO MÚSICA.
¿VES? NO ES DIFÍCIL ENCON-TRARLE.
!
¿¡LE CO-NO-CES!?
NO PERSONALMENTE, PERO OÍ HABLAR DE ÉL EN PUNK STREET.
¿PUNK STREET?
SÍ... LA CIUDAD MÁS IMPORTANTE DE VENTA DE AR-MAS.
N
S
PUNK STREET
HIPHOPTOWN
GARAGE·I
ES EL LUGAR DONDE CRIMINALES Y GENTE HONRADA COMPRAN SUS ARMAS.
MAX ARMS
MA
UNA DE LAS CIUDADES MÁS POBLADAS Y CAÓTICAS DEL MUNDO.
BLADERS
BLADERS
GUN STATION
TRASH BOX

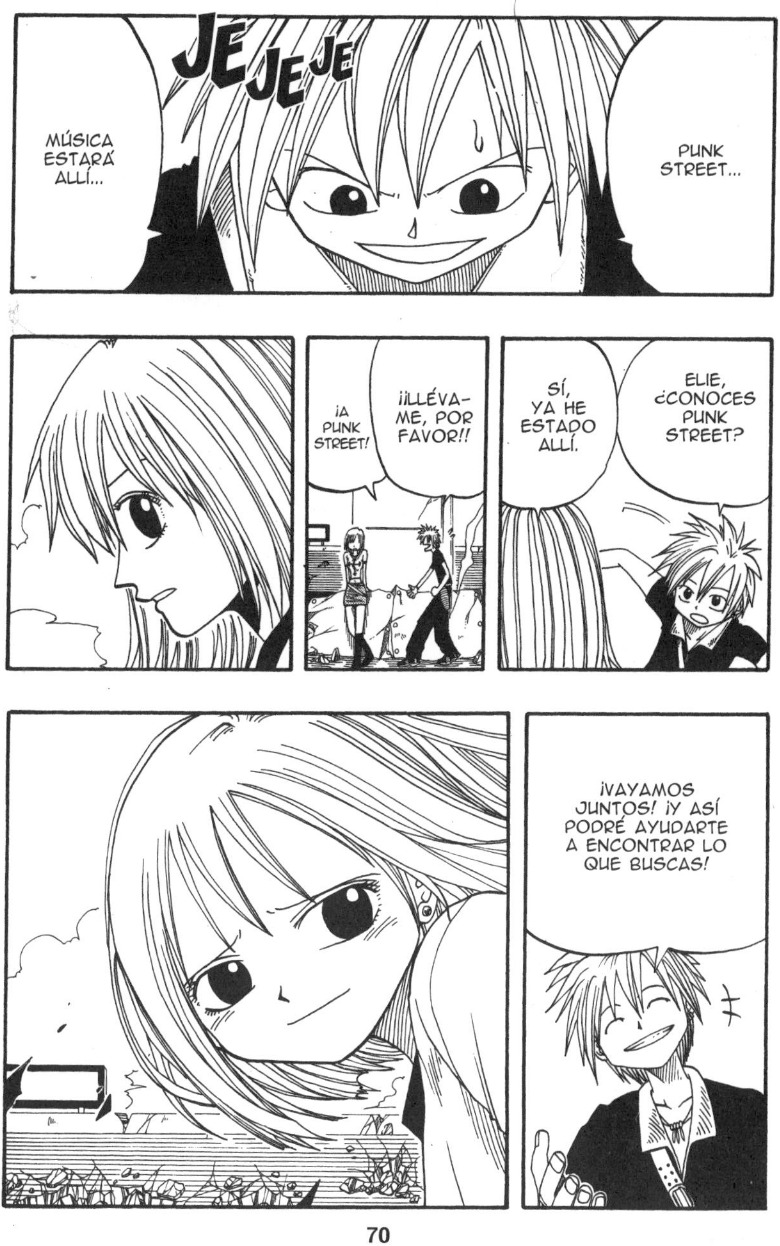
PUNK STREET...
JE JE JE
MÚSICA ESTARÁ ALLÍ...
ELIE, ¿CONOCES PUNK STREET?
SÍ, YA HE ESTADO ALLÍ.
¡¡LLÉVAME, POR FAVOR!!
¡A PUNK STREET!
¡VAYAMOS JUNTOS! ¡Y ASÍ PODRÉ AYUDARTE A ENCONTRAR LO QUE BUSCAS!

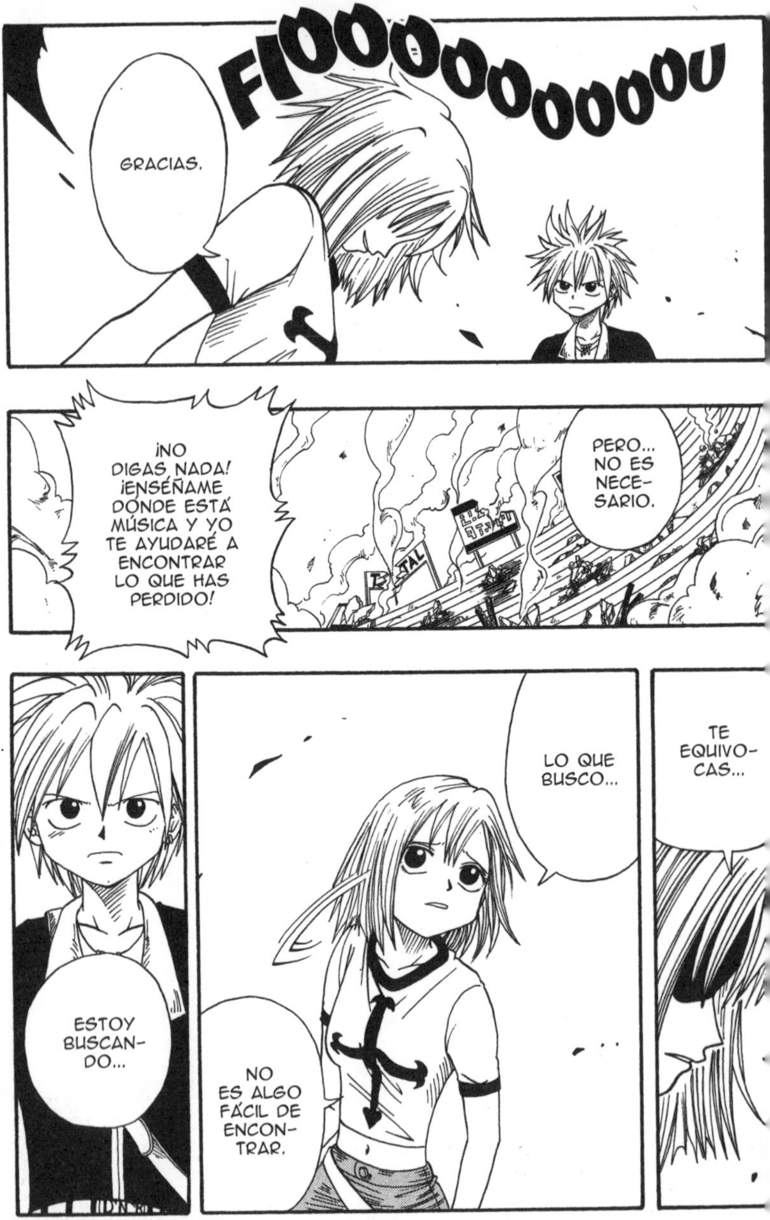
FIOOOOOOOOOOU
GRACIAS.
PERO... NO ES NECESARIO.
¡NO DIGAS NADA! ¡ENSÉÑAME DÓNDE ESTÁ MÚSICA Y YO TE AYUDARÉ A ENCONTRAR LO QUE HAS PERDIDO!
TE EQUIVOCAS...
LO QUE BUSCO...
NO ES ALGO FÁCIL DE ENCONTRAR.
ESTOY BUSCANDO...

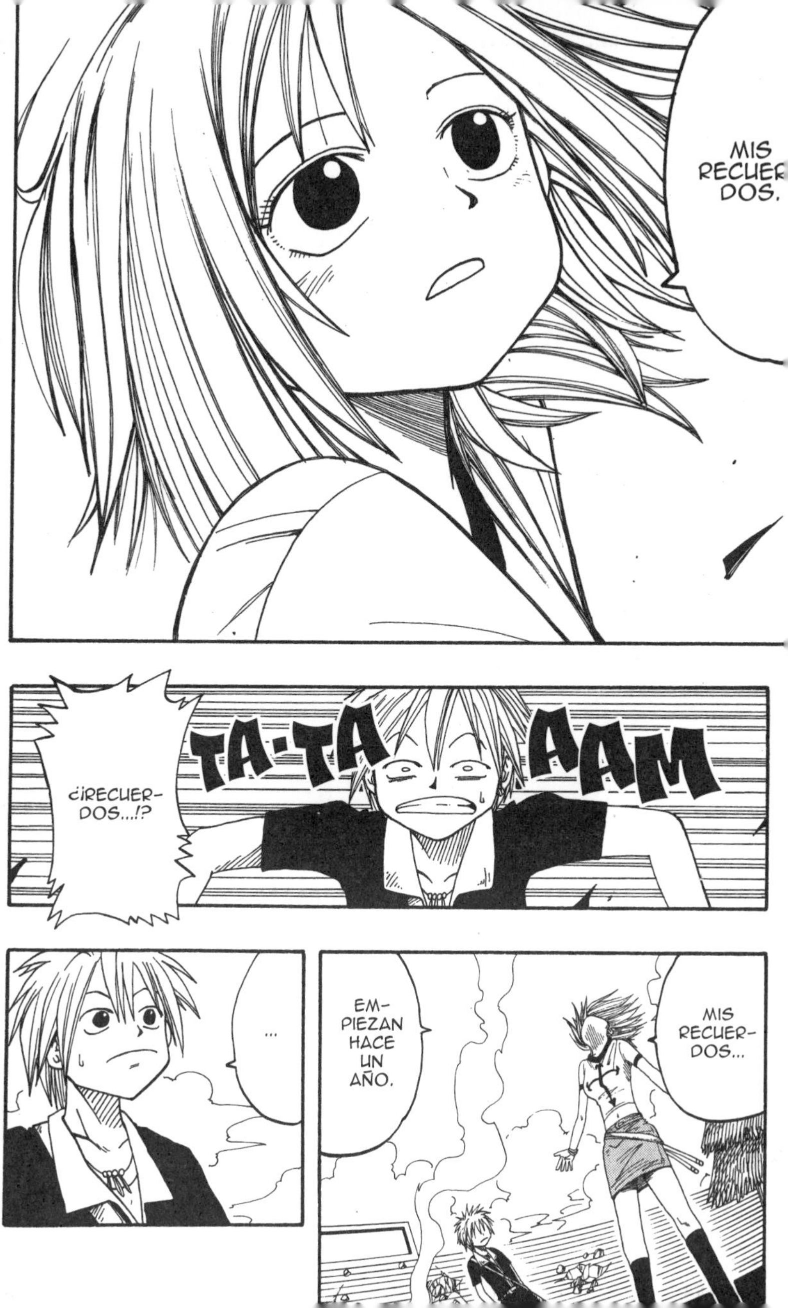
MIS RECUERDOS.
TA-TA-AAM
¿¡RECUER-DOS...!?
MIS RECUER-DOS...
EM-PIEZAN HACE UN AÑO.
...

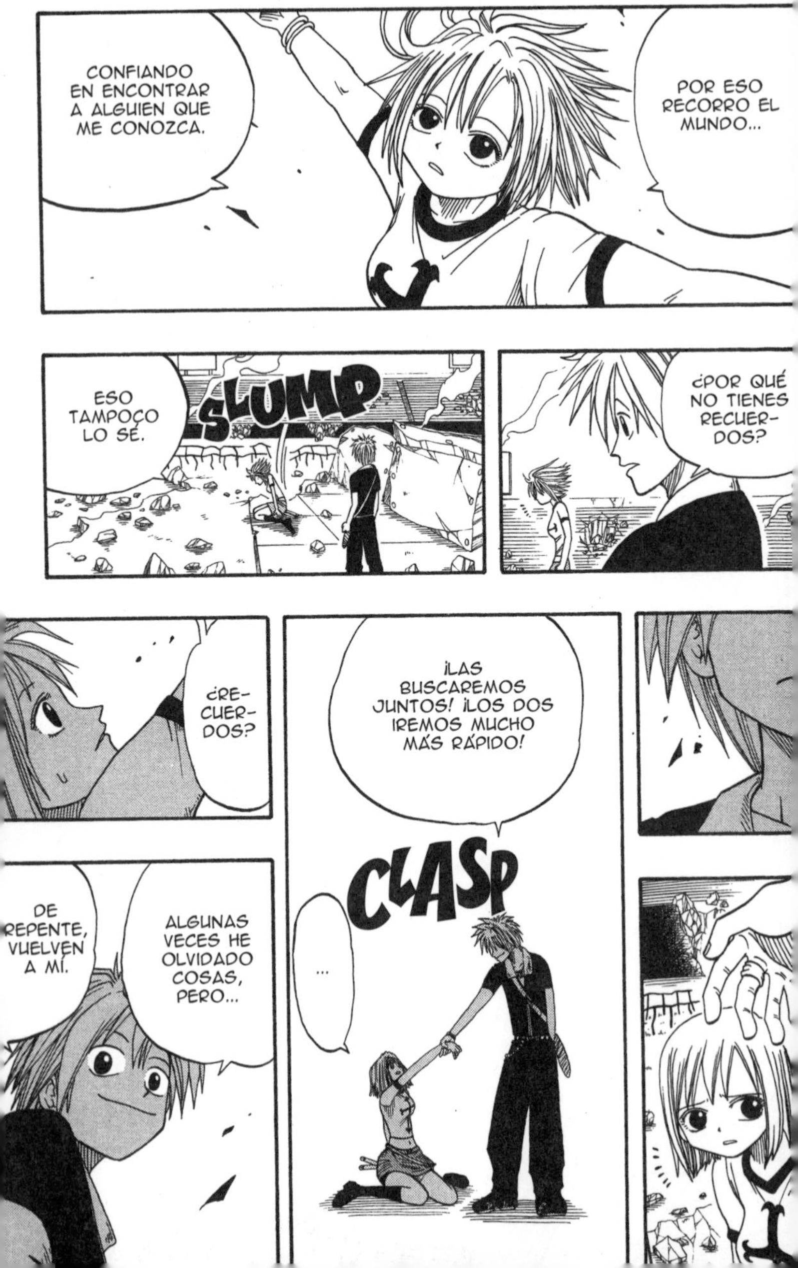
POR ESO RECORRO EL MUNDO...
CONFIANDO EN ENCONTRAR A ALGUIEN QUE ME CONOZCA.
¿POR QUÉ NO TIENES RECUER-DOS?
SLUMP
ESO TAMPOCO LO SÉ.
¡LAS BUSCAREMOS JUNTOS! ¡LOS DOS IREMOS MUCHO MÁS RÁPIDO!
CLASP
...
¿RE-CUER-DOS?
ALGUNAS VECES HE OLVIDADO COSAS, PERO...
DE REPENTE, VUELVEN A MÍ.

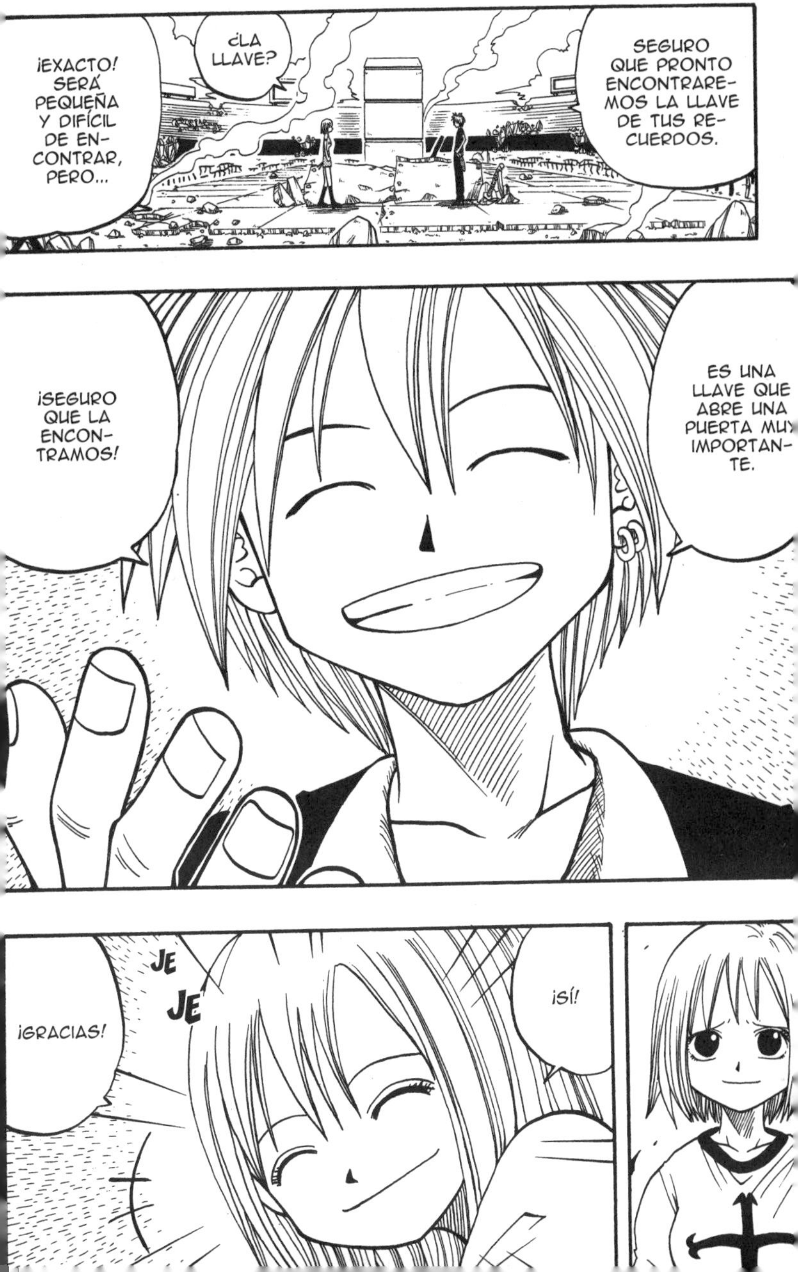
SEGURO QUE PRONTO ENCONTRAREMOS LA LLAVE DE TUS RECUERDOS.
¿LA LLAVE?
¡EXACTO! SERÁ PEQUEÑA Y DIFÍCIL DE ENCONTRAR, PERO...
ES UNA LLAVE QUE ABRE UNA PUERTA MUY IMPORTANTE.
¡SEGURO QUE LA ENCONTRAMOS!
¡SÍ!
JE JE
¡GRACIAS!

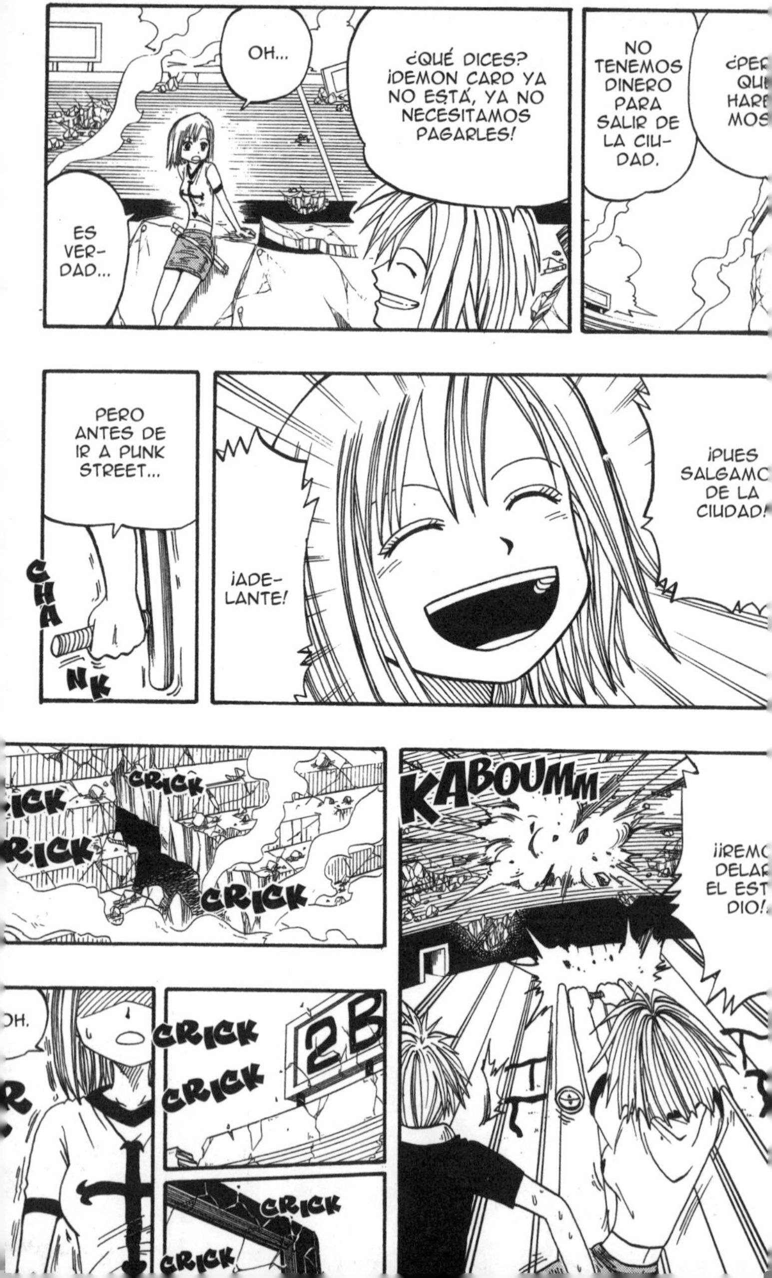

¿PER
QU
HARE
MOS
NO TENEMOS DINERO PARA SALIR DE LA CIUDAD.
¿QUÉ DICES? ¡DEMON CARD YA NO ESTÁ, YA NO NECESITAMOS PAGARLES!
OH...
ES VERDAD...
¡PUES SALGAMO
DE LA CIUDAD!
¡ADELANTE!
PERO ANTES DE IR A PUNK STREET...
CHANK
KABOUMM
¡¡REMO
DELAR
EL EST
DIO!
CRICK
CRICK
CRICK
CRICK
2B
CRICK
CRICK
CRICK
CRICK
OH.

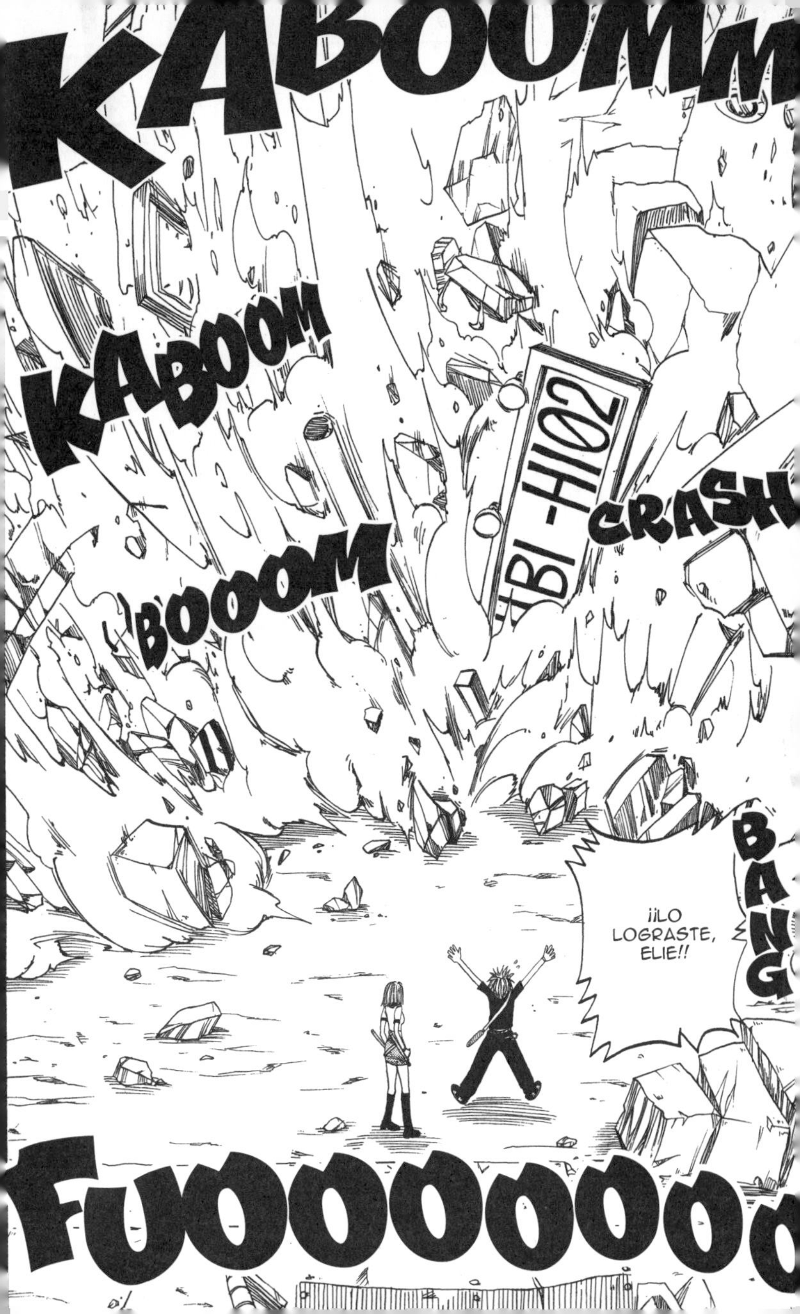
KABOOMM
KABOOM
CRASH
BI-HI02
¡BOOOOM
BANG
¡¡LO LOGRASTE, ELIE!!
FUOOOOOOO

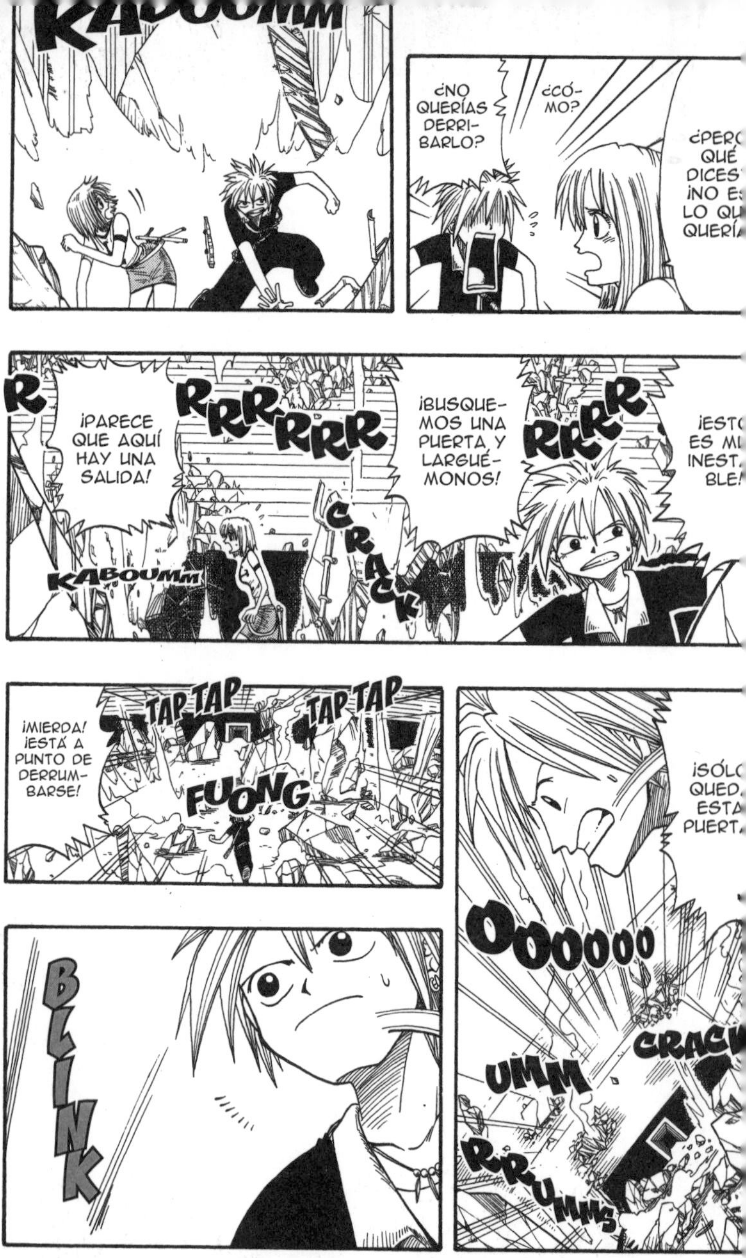

¿PER QUÉ DICES ¡NO E LO QU QUERÍ
¿CÓMO?
¿NO QUERÍAS DERRIBARLO?
KABOUMM
¡EST ES M INEST BLE!
RRRR
CRACK
¡BUSQUEMOS UNA PUERTA Y LARGUÉMONOS!
RRRRRR
KABOUMM
¡PARECE QUE AQUÍ HAY UNA SALIDA!
R
¡SÓL QUED ESTA PUERT
OOOOOO
CRACK
UMM
RRRUMMS
TAP TAP
TAP TAP
FUONG
¡MIERDA! ¡ESTÁ A PUNTO DE DERRUMBARSE!
BLINK

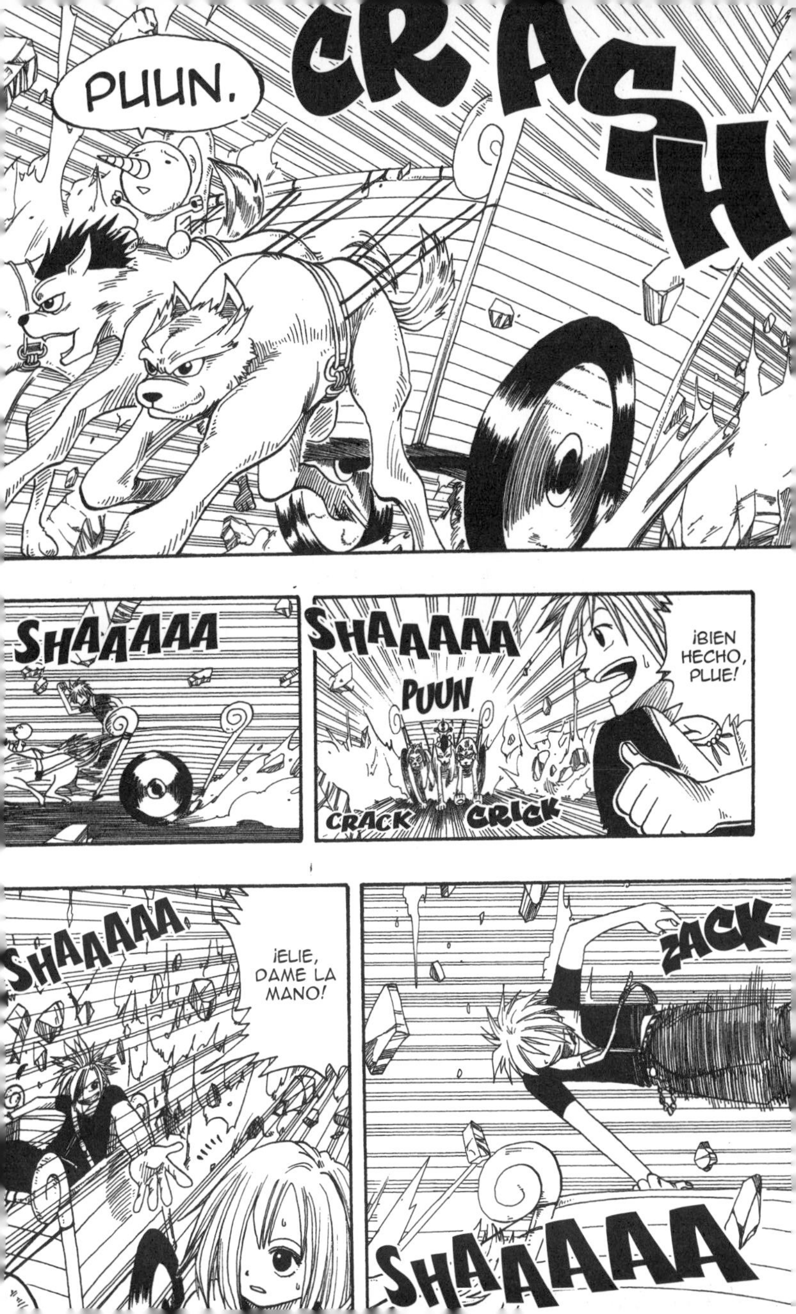
CRASH
PUUN.
¡BIEN HECHO, PLUE!
SHAAAAA
PUUN
CRICK
CRACK
SHAAAAA
ZACK
SHAAAAA
¡ELIE, DAME LA MANO!
SHAAAAA

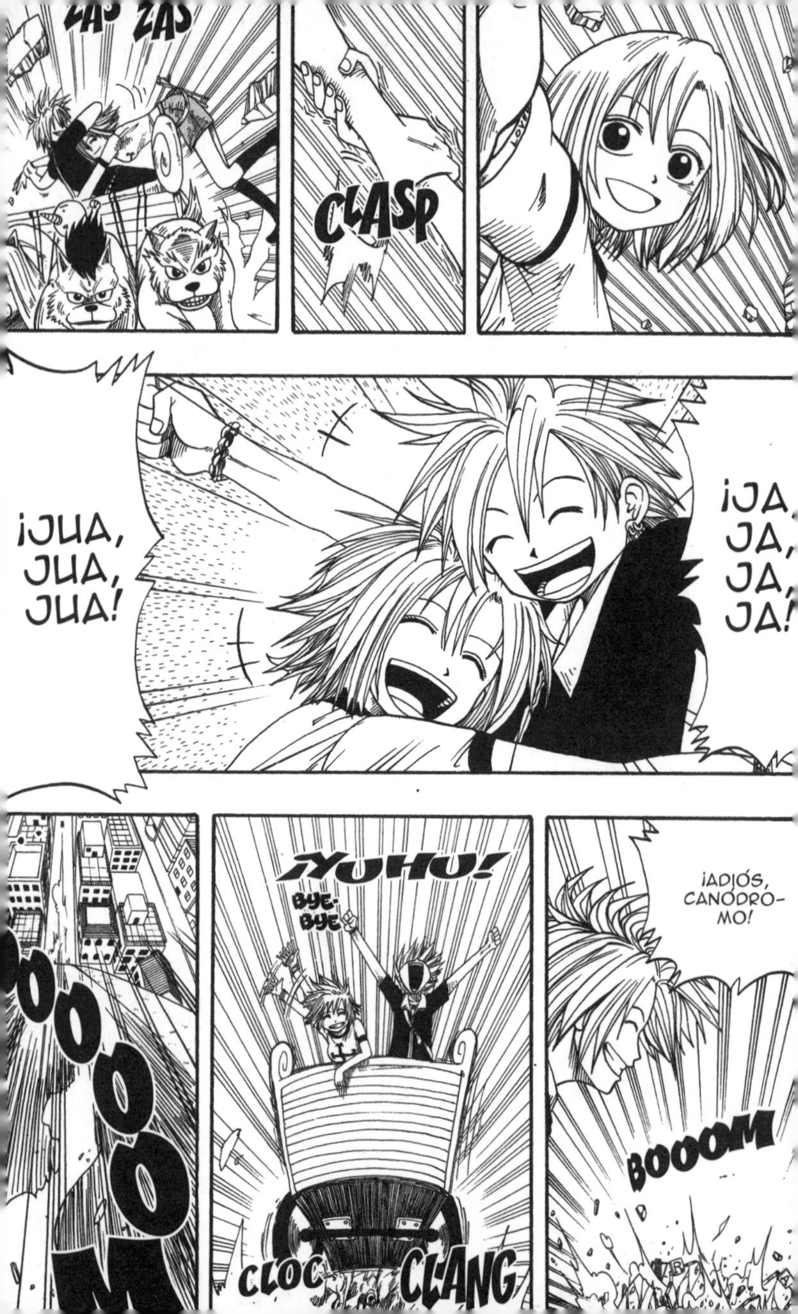
CLASP
ZAS ZAS
¡JA, JA, JA, JA!
¡JUA, JUA, JUA!
¡ADIÓS, CANÓDRO-MO!
BOOOM
¡YUHO!
BYE-BYE
CLOC
CLANG
OOOOOM

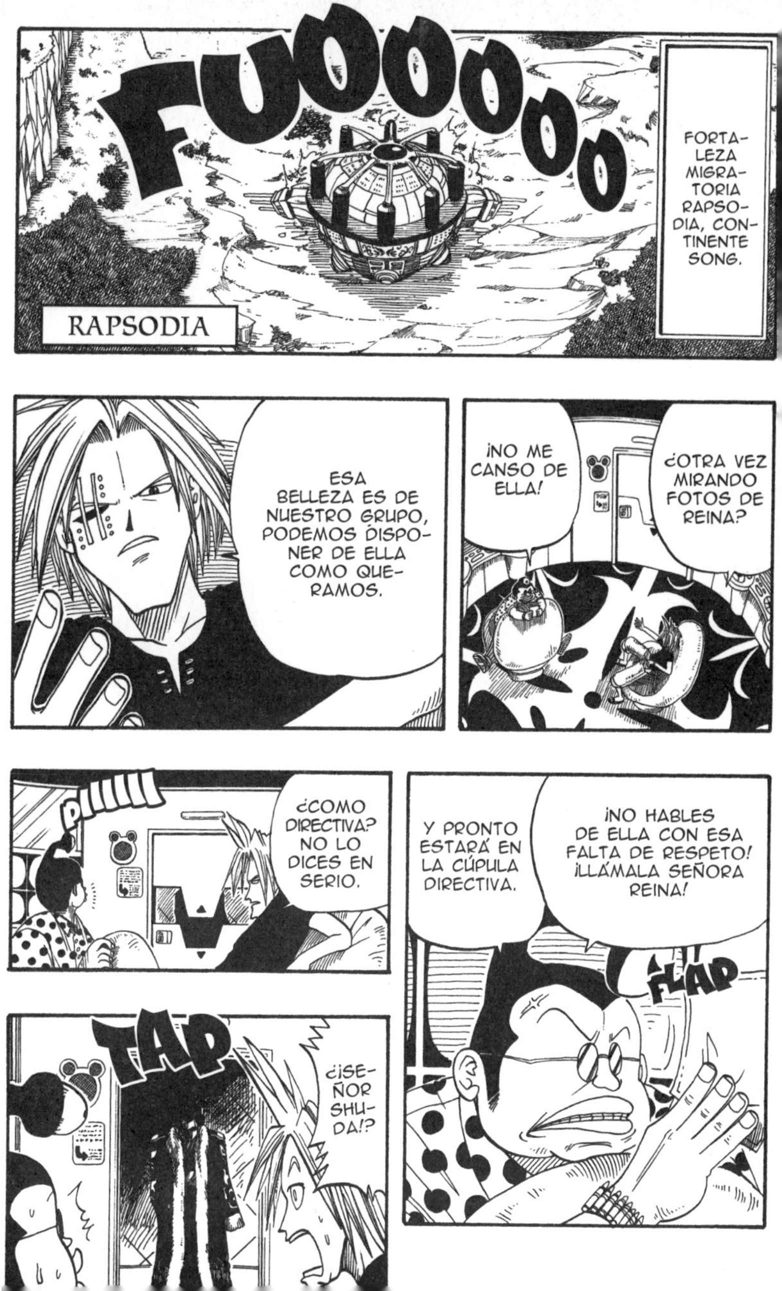

FORTALEZA MIGRATORIA RAPSODIA, CONTINENTE SONG.
FUOOOOOO
RAPSODIA
¿OTRA VEZ MIRANDO FOTOS DE REINA?
¡NO ME CANSO DE ELLA!
ESA BELLEZA ES DE NUESTRO GRUPO, PODEMOS DISPONER DE ELLA COMO QUERAMOS.
¡NO HABLES DE ELLA CON ESA FALTA DE RESPETO! ¡LLÁMALA SEÑORA REINA!
Y PRONTO ESTARÁ EN LA CÚPULA DIRECTIVA.
FLAP
¿COMO DIRECTIVA? NO LO DICES EN SERIO.
PIIIIII
TAP
¿SEÑOR SHUDA!?

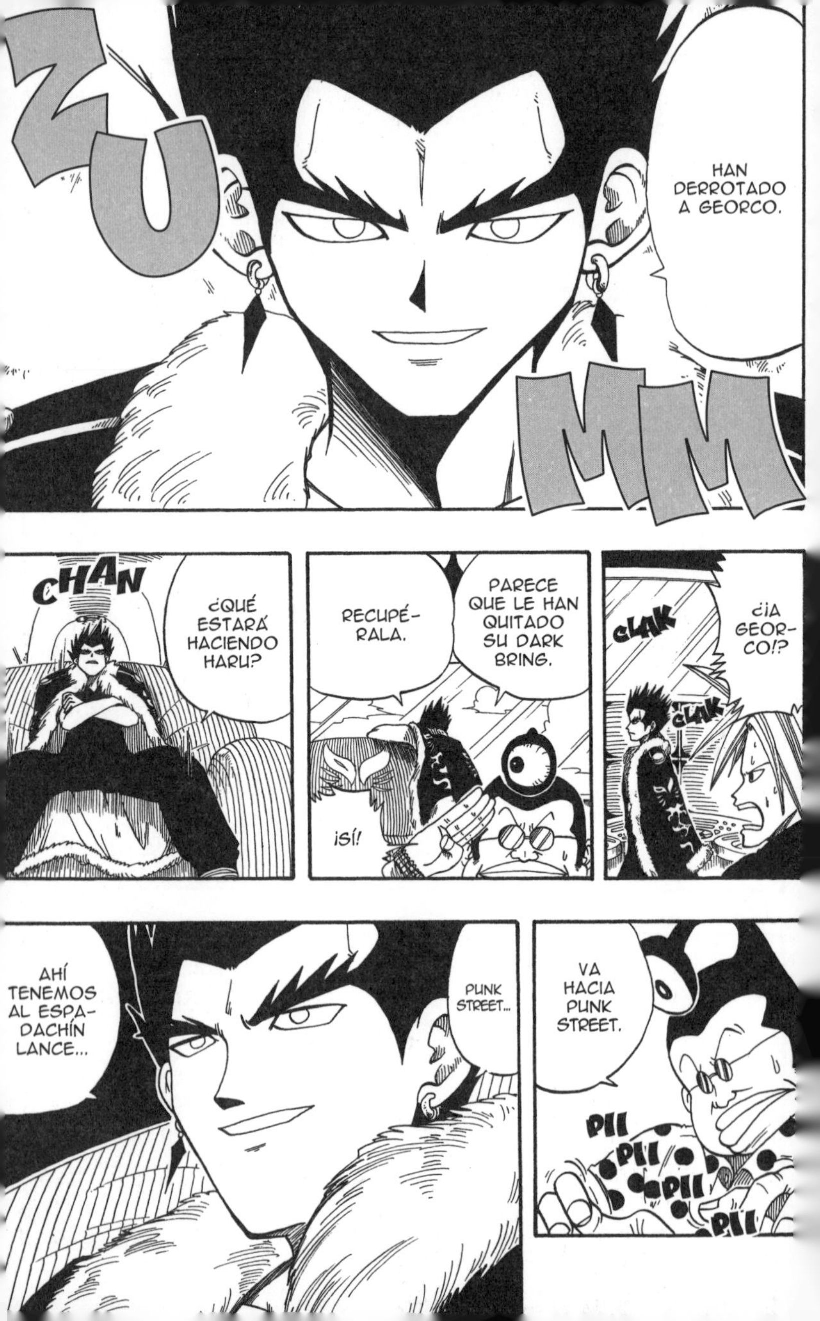
HAN DERROTADO A GEORCO.
ZUMM
¿¡A GEORCO!?
CLAK
CLAK
PARECE QUE LE HAN QUITADO SU DARK BRING.
RECUPÉRALA.
¡SÍ!
CHAN
¿QUÉ ESTARÁ HACIENDO HARU?
VA HACIA PUNK STREET.
PII PII PII PII PII
PUNK STREET...
AHÍ TENEMOS AL ESPADACHÍN LANCE...

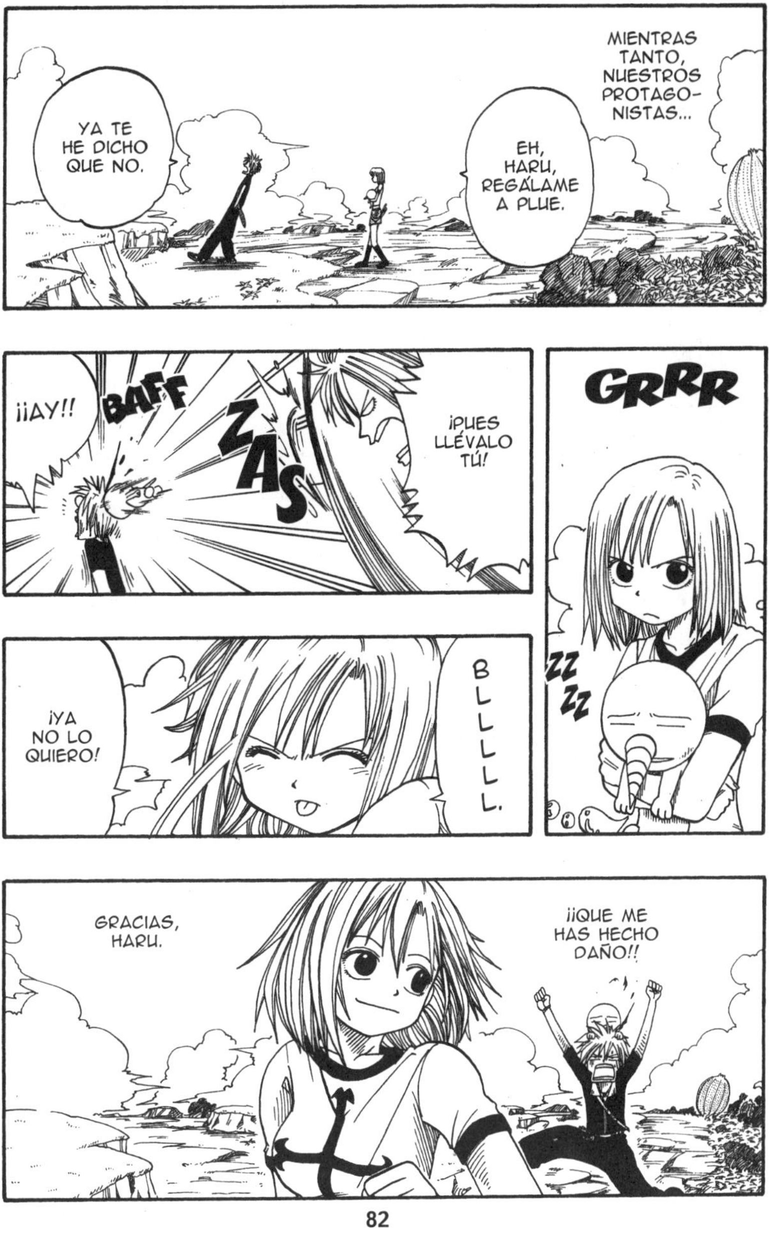
MIENTRAS TANTO, NUESTROS PROTAGONISTAS...
EH, HARU, REGÁLAME A PLUE.
YA TE HE DICHO QUE NO.
GRRR
ZZZZ
¡PUES LLÉVALO TÚ!
ZAS
BAFF
¡¡AY!!
BLLLLLL.
¡YA NO LO QUIERO!
¡¡QUE ME HAS HECHO DAÑO!!
GRACIAS, HARU.

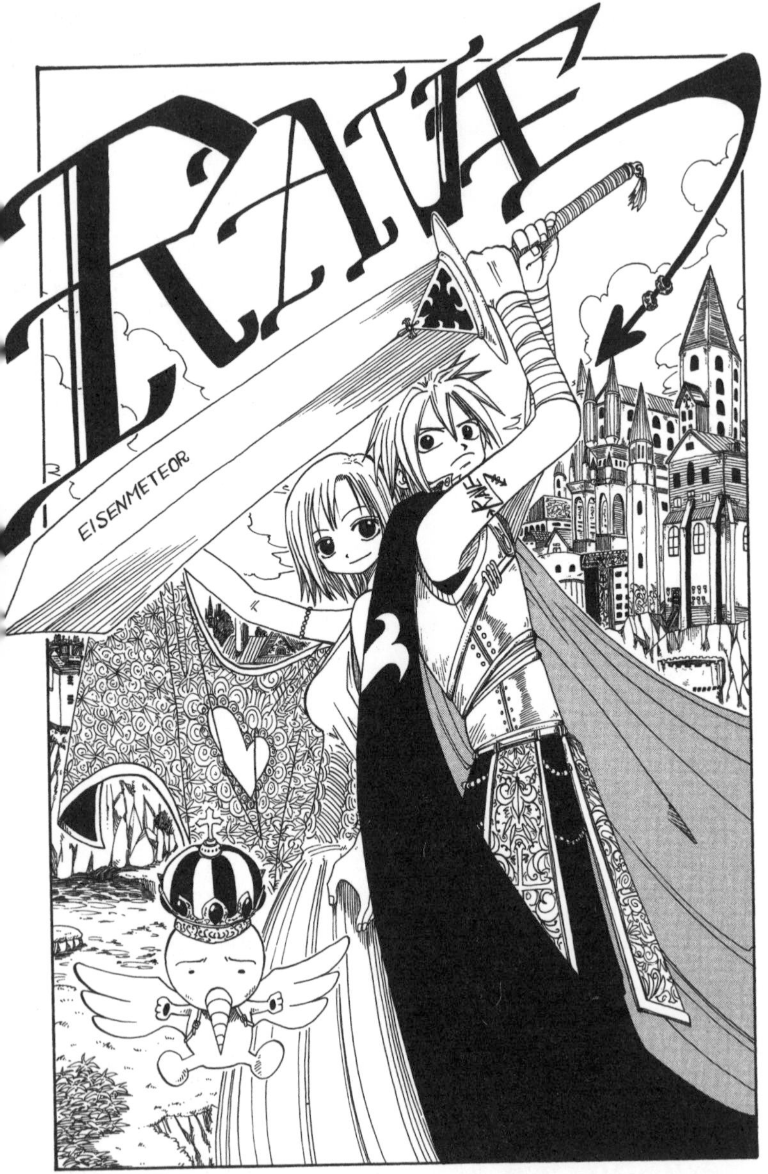
RAVE
EISENMETEOR

RAVE: 9 ✠ EL LEGENDARIO HERRERO

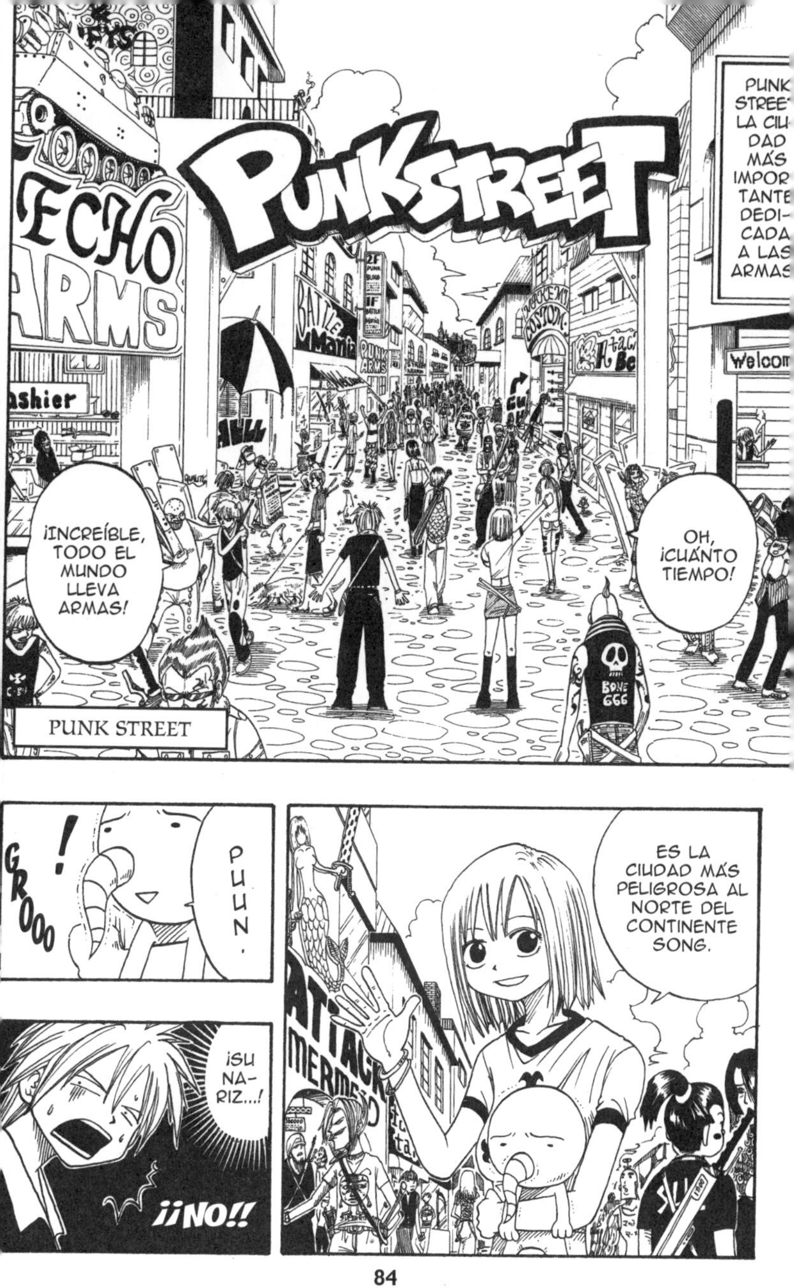
PUNK STREET
PUNK STREET LA CIUDAD MÁS IMPORTANTE DEDICADA A LAS ARMAS
OH, ¡CUÁNTO TIEMPO!
¡INCREÍBLE, TODO EL MUNDO LLEVA ARMAS!
PUNK STREET
ECHO ARMS
Cashier
BATTLE Mania
PUNK ARMS
Welcom
BONE 666
ES LA CIUDAD MÁS PELIGROSA AL NORTE DEL CONTINENTE SONG.
PUUN.
!
GROOO
¡SU NARIZ...!
¡¡NO!!

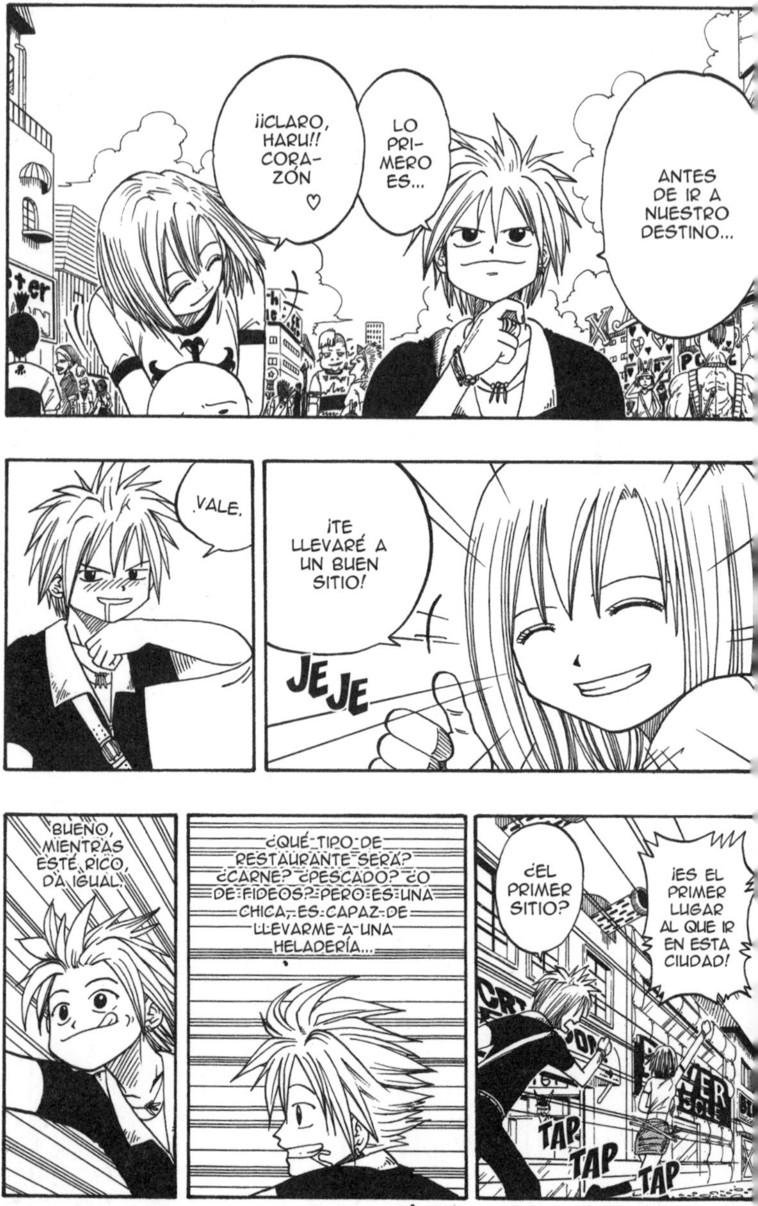
ANTES DE IR A NUESTRO DESTINO...
LO PRI- MERO ES...
¡¡CLARO, HARU!! CORA- ZÓN ♡
¡TE LLEVARÉ A UN BUEN SITIO!
JEJE
VALE.
¡ES EL PRIMER LUGAR AL QUE IR EN ESTA CIUDAD!
¿EL PRIMER SITIO?
TAP TAP TAP
¿QUÉ TIPO DE RESTAURANTE SERÁ? ¿CARNE? ¿PESCADO? ¿O DE FIDEOS? PERO ES UNA CHICA, ES CAPAZ DE LLEVARME A UNA HELADERÍA...
BUENO, MIENTRAS ESTÉ RICO, DA IGUAL.

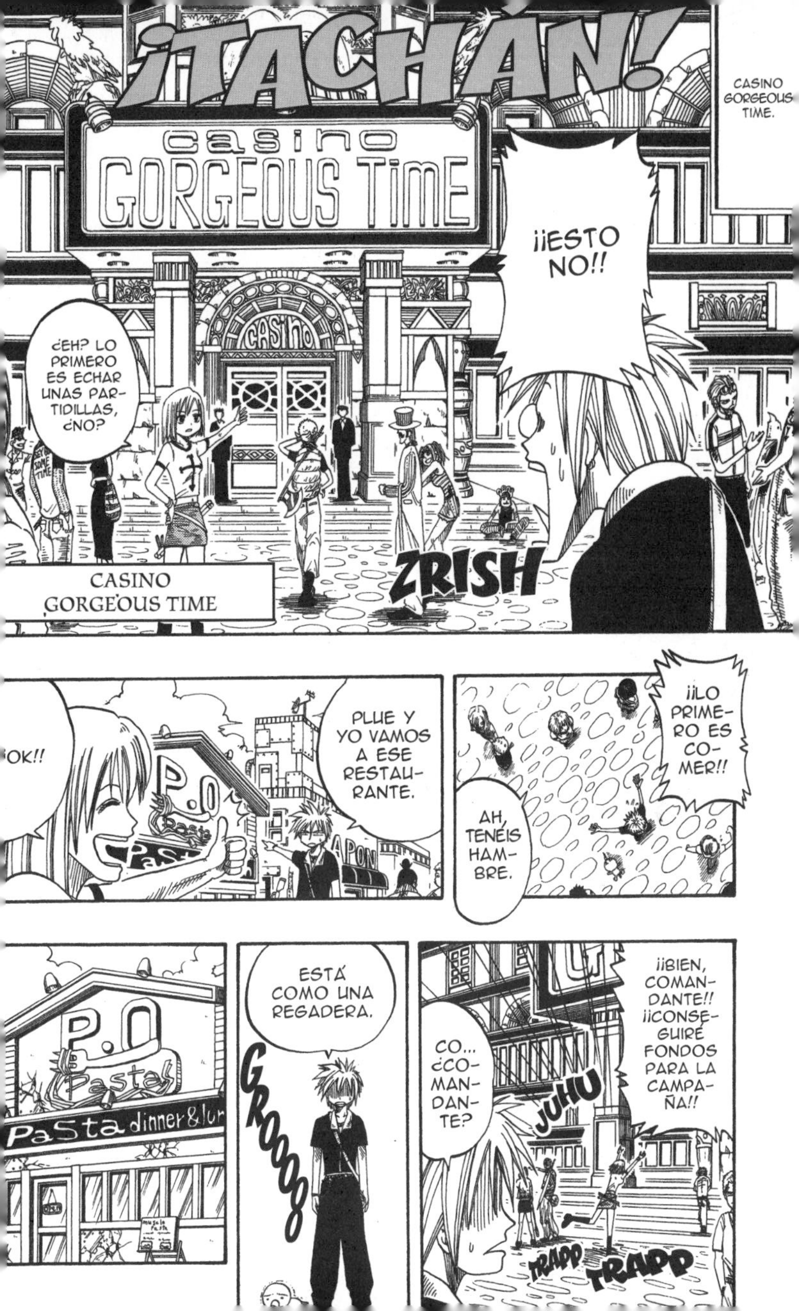
¡TACHÁN!
CASINO GORGEOUS TIME.
casino GORGEOUS TimE
¡¡ESTO NO!!
casino
¿EH? LO PRIMERO ES ECHAR UNAS PARTIDILLAS, ¿NO?
ZRISH
CASINO GORGEOUS TIME
¡¡LO PRIMERO ES COMER!!
AH, TENÉIS HAMBRE.
PLUE Y YO VAMOS A ESE RESTAURANTE.
OK!!
P.O
APON
¡¡BIEN, COMANDANTE!! ¡¡CONSEGUIRÉ FONDOS PARA LA CAMPAÑA!!
CO... ¿COMANDANTE?
JUHU
TRAPP
TRAPP
ESTÁ COMO UNA REGADERA.
GROOOOO
P.O
Pastas

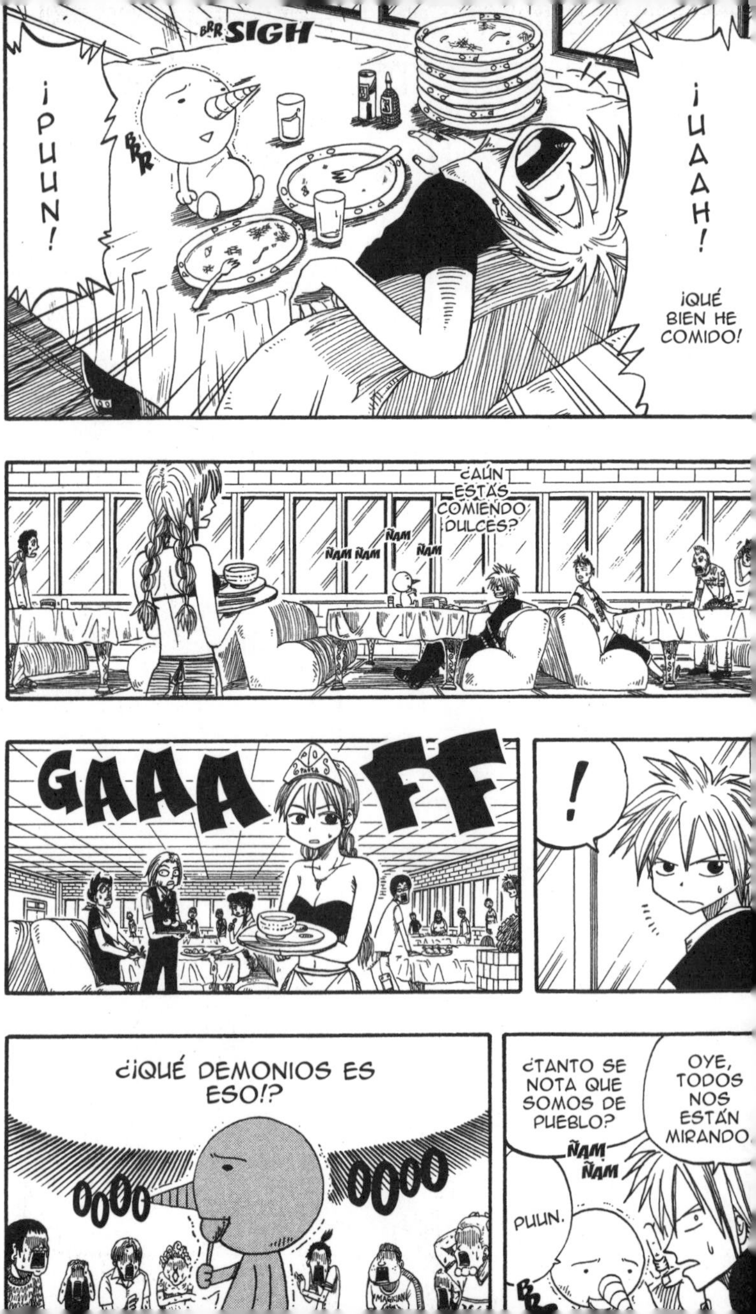

¡UAAAH!
¡QUÉ BIEN HE COMIDO!
BRR SIGH
¡PUUN!
BRR
¿AÚN ESTÁS COMIENDO DULCES?
ÑAM
ÑAM ÑAM ÑAM
ÑAM
!
GAAAFF
OYE, TODOS NOS ESTÁN MIRANDO.
¿TANTO SE NOTA QUE SOMOS DE PUEBLO?
ÑAM ÑAM
PUUN.
BRR
¿QUÉ DEMONIOS ES ESO!?
OOOO
OOOO

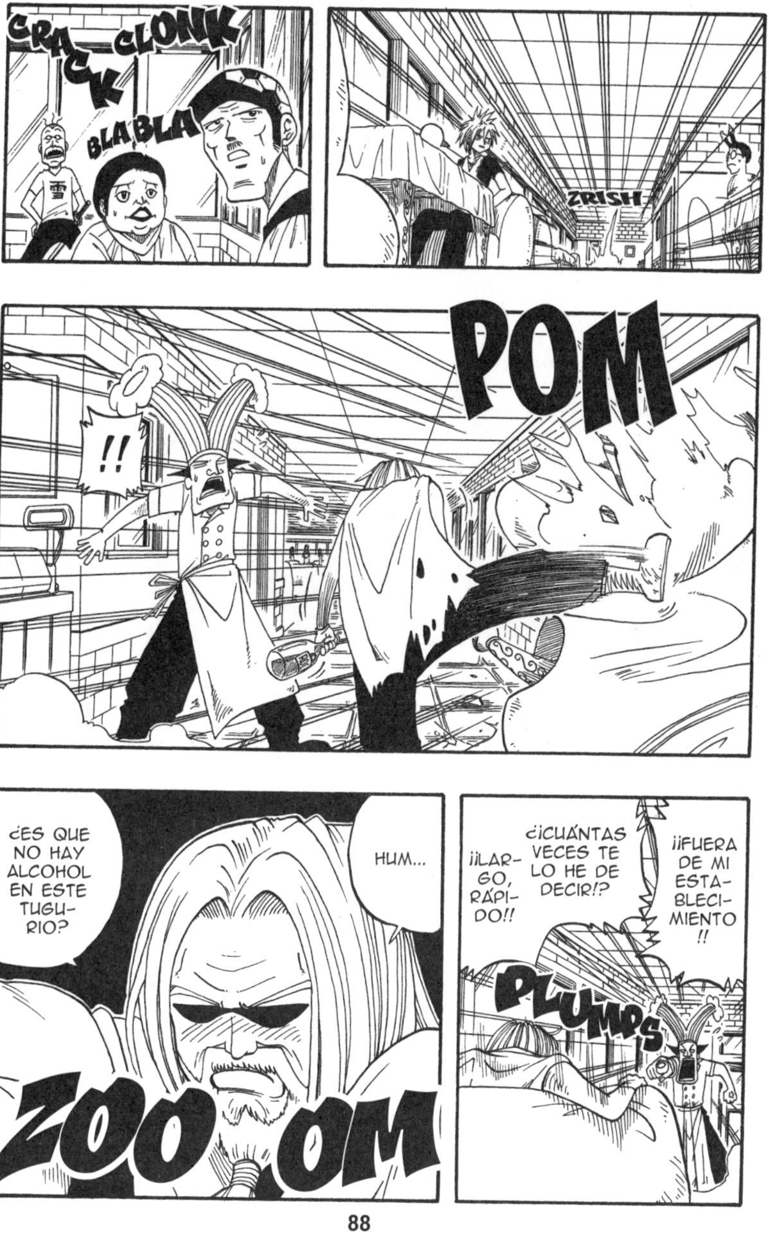
ZRISH
CLONK
CRACK
BLABLA
POM
!!
¡¡FUERA DE MI ESTABLECIMIENTO!!
¿CUÁNTAS VECES TE LO HE DE DECIR!?
¡¡LARGO, RÁPIDO!!
PLUMPS
HUM...
¿ES QUE NO HAY ALCOHOL EN ESTE TUGURIO?
ZOOOM

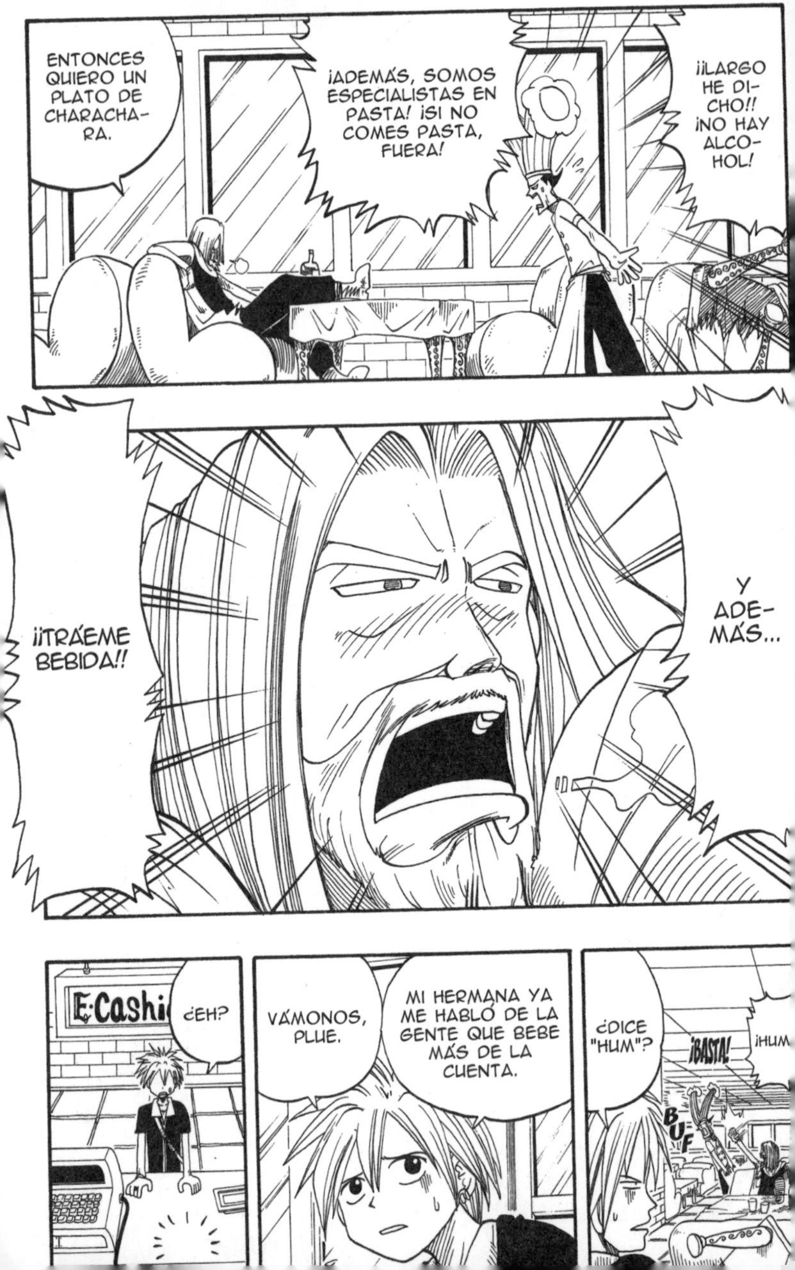
¡¡LARGO HE DICHO!! ¡NO HAY ALCOHOL!
¡ADEMÁS, SOMOS ESPECIALISTAS EN PASTA! ¡SI NO COMES PASTA, FUERA!
ENTONCES QUIERO UN PLATO DE CHARACHARA.
Y ADEMÁS...
¡¡TRÁEME BEBIDA!!
¡BASTA!
BUF
¿DICE "HUM"?
MI HERMANA YA ME HABLÓ DE LA GENTE QUE BEBE MÁS DE LA CUENTA.
VÁMONOS, PLUE.
¿EH?

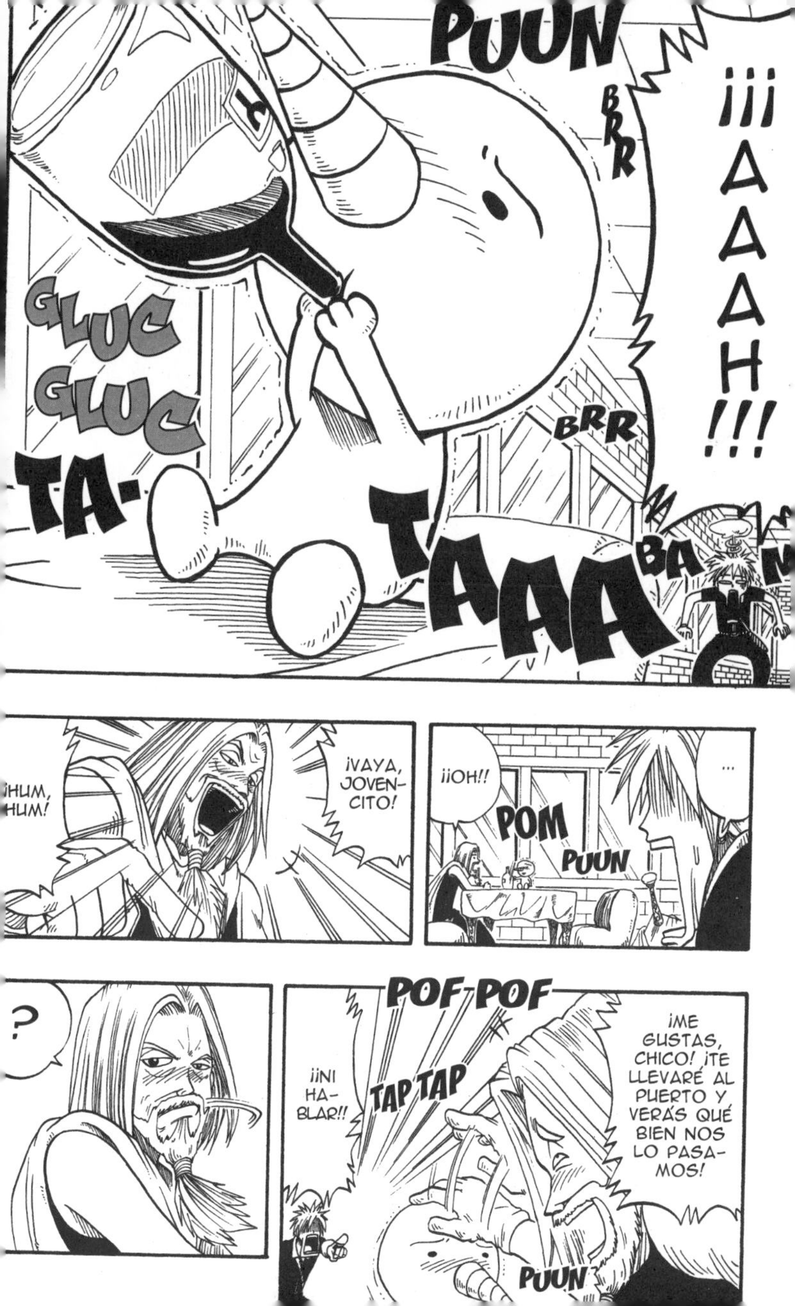
¡¡¡AAAAH!!!
PUUN
BRR
BRR
GLUC GLUC
TA-TAAA
...
¡¡OH!!
POM
PUUN
¡VAYA, JOVENCITO!
¡HUM, HUM!
POF POF
¡ME GUSTAS, CHICO! ¡TE LLEVARÉ AL PUERTO Y VERÁS QUÉ BIEN NOS LO PASAMOS!
¡¡NI HABLAR!!
TAP TAP
PUUN
?

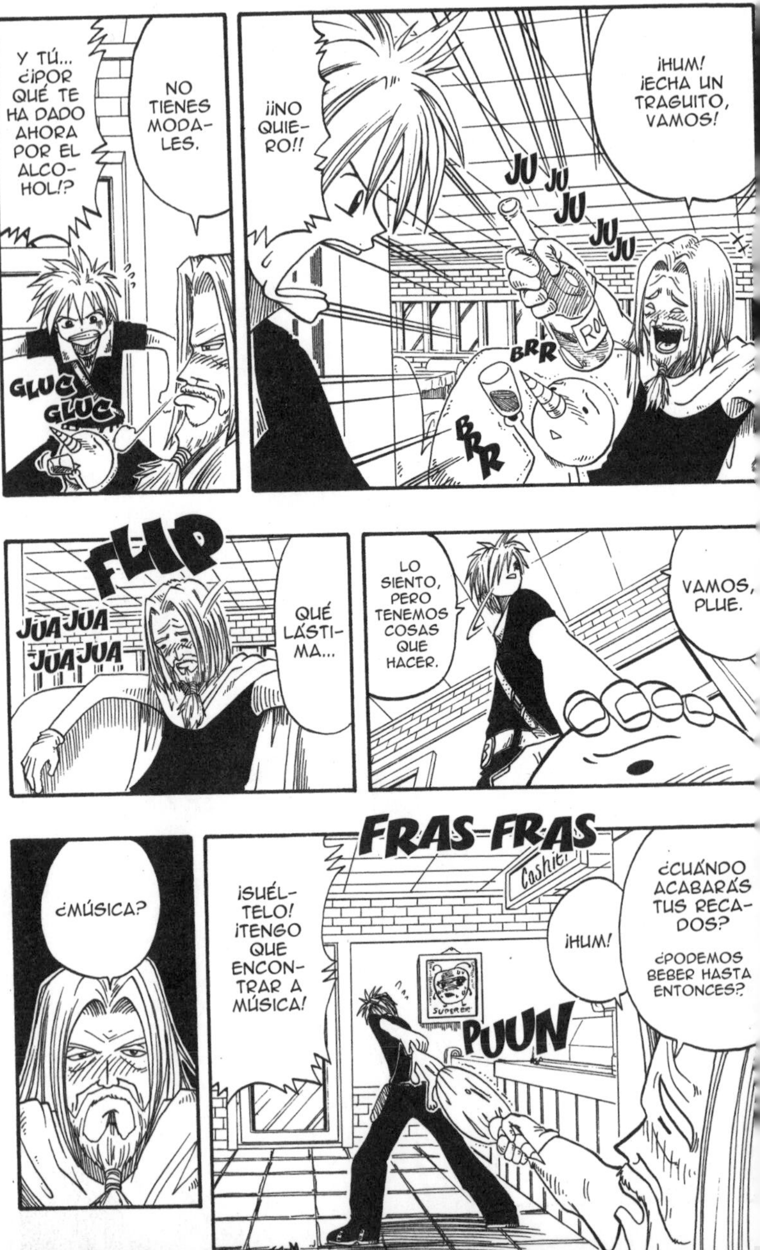
¡HUM! ¡ECHA UN TRAGUITO, VAMOS!
JU JU JU JU JU
BRR
BRR
¡¡NO QUIERO!!
NO TIENES MODALES.
Y TÚ... ¿¡POR QUÉ TE HA DADO AHORA POR EL ALCOHOL!?
GLUC GLUC
VAMOS, PLUE.
LO SIENTO, PERO TENEMOS COSAS QUE HACER.
FLIP
QUÉ LÁSTIMA...
JUA JUA JUA JUA
¿CUÁNDO ACABARÁS TUS RECADOS?
¿PODEMOS BEBER HASTA ENTONCES?
¡HUM!
FRAS-FRAS
PUUN
¡SUÉLTELO! ¡TENGO QUE ENCONTRAR A MÚSICA!
¿MÚSICA?

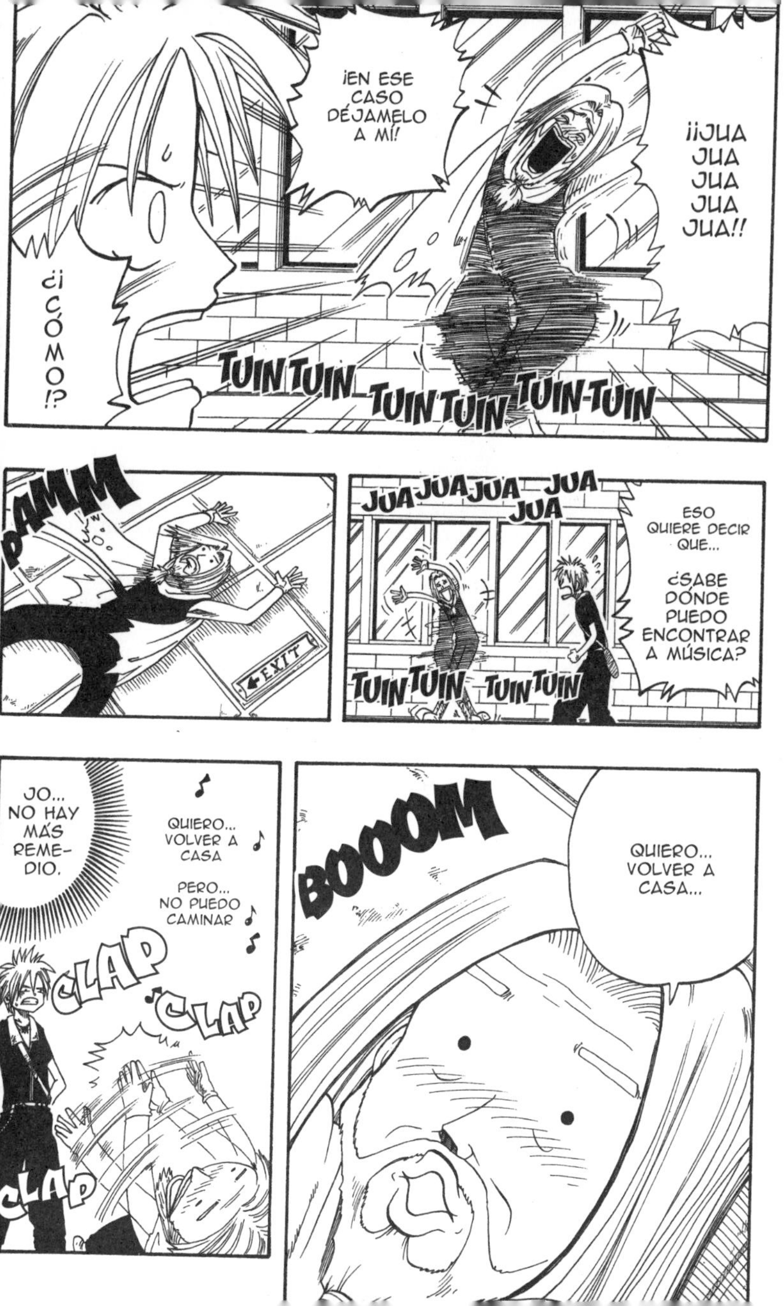
¡¡JUA JUA JUA JUA JUA!!
¡EN ESE CASO DÉJAMELO A MÍ!
¿¡CÓMO!?
TUIN TUIN TUIN TUIN TUIN-TUIN
JUA JUA JUA JUA JUA
ESO QUIERE DECIR QUE...
¿SABE DÓNDE PUEDO ENCONTRAR A MÚSICA?
TUIN TUIN TUIN TUIN
PAMM
EXIT
BOOOM
QUIERO... VOLVER A CASA...
QUIERO... VOLVER A CASA
PERO... NO PUEDO CAMINAR
JO... NO HAY MÁS REMEDIO.
CLAP
CLAP
CLAP

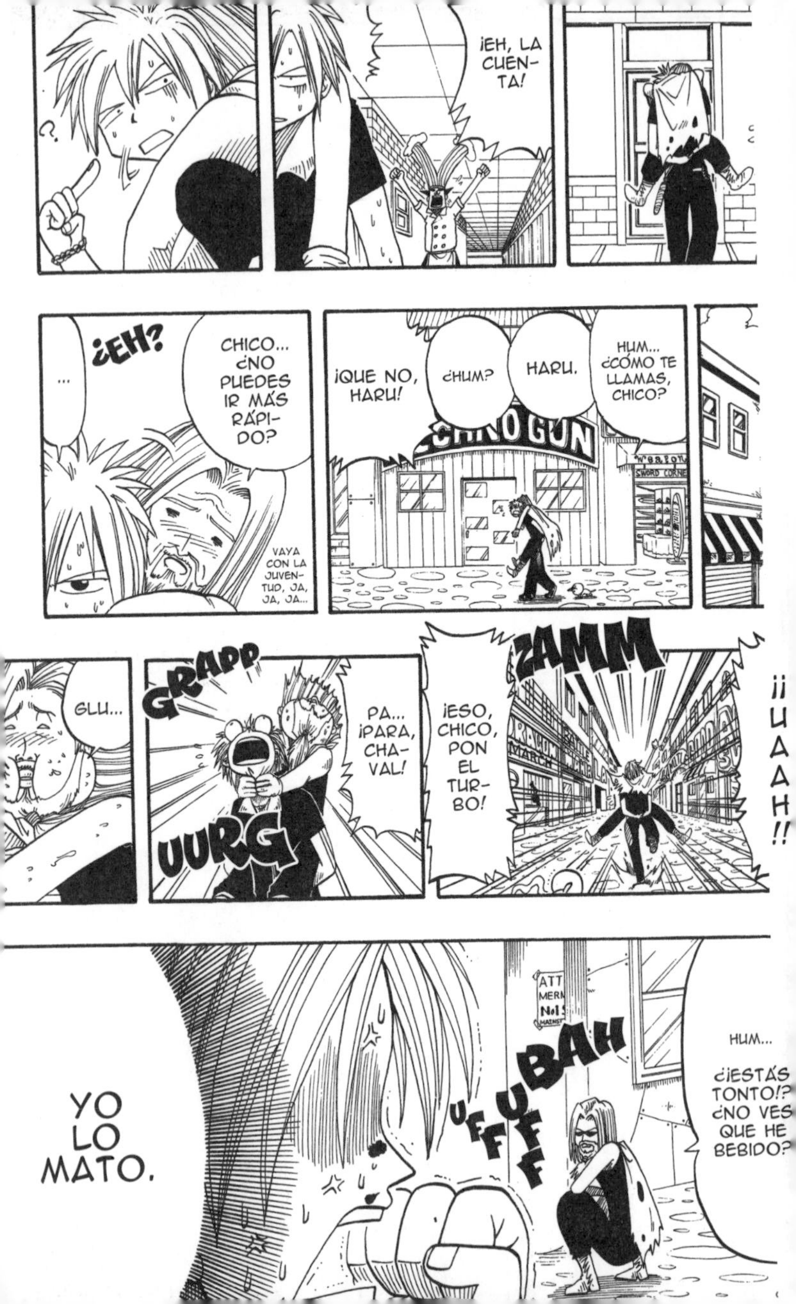
¡EH, LA CUENTA!
HUM... ¿CÓMO TE LLAMAS, CHICO?
HARU.
¿HUM?
¡QUE NO, HARU!
CHICO... ¿NO PUEDES IR MÁS RÁPIDO?
¿EH?
...
VAYA CON LA JUVENTUD, JA, JA, JA...
¡¡UAAAH!!
ZAMM
¡ESO, CHICO, PON EL TURBO!
PA... ¡PARA, CHAVAL!
GRAPP
UURG
GLU...
HUM...
¿¡ESTÁS TONTO!? ¿NO VES QUE HE BEBIDO?
BAH
UFF
UFF
YO LO MATO.

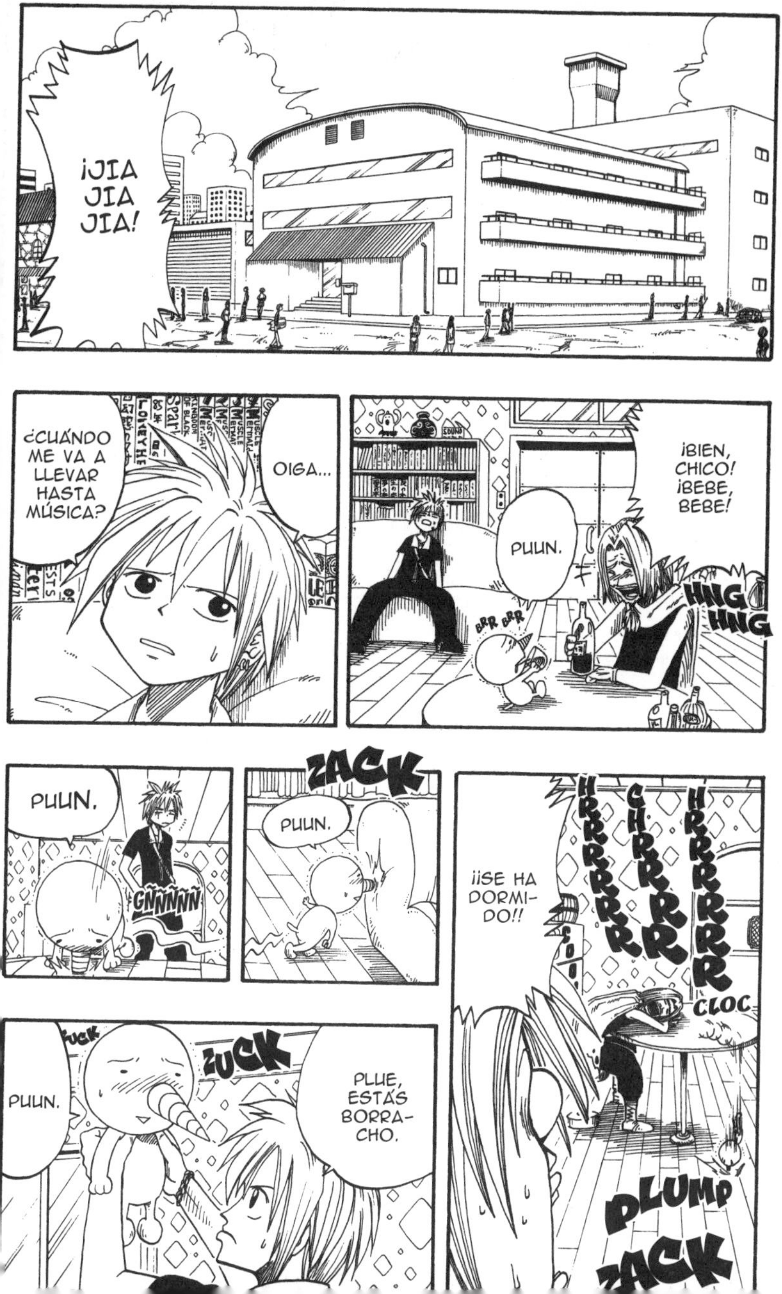
¡JIA JIA JIA!
¡BIEN, CHICO! ¡BEBE, BEBE!
HNG HNG
PUUN.
BRR BRR
OIGA...
¿CUÁNDO ME VA A LLEVAR HASTA MÚSICA?
HRRRRRRR
CHRRRRR
HRRRRRRRR
¡¡SE HA DORMIDO!!
CLOC
PLUMP
ZACK
ZACK
PUUN.
PUUN.
GNNNNN
PLUE, ESTÁS BORRACHO.
ZUCK
ZUCK
PUUN.

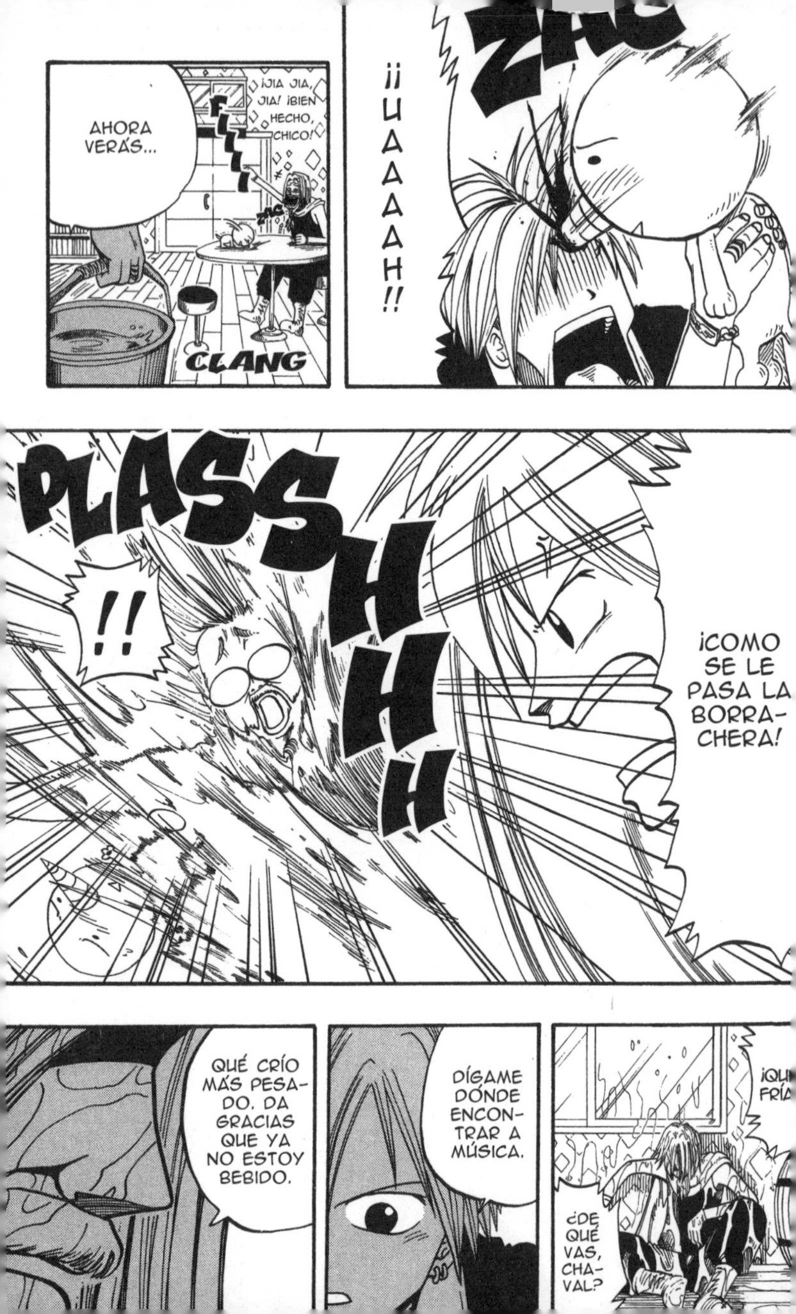
ZAC
¡¡UAAAAH!!
AHORA VERÁS...
¡JIA JIA, JIA! ¡BIEN HECHO, CHICO!
ZAC
CLANG
PLASSHHH
!!
¡COMO SE LE PASA LA BORRACHERA!
¿DE QUÉ VAS, CHAVAL?
DÍGAME DÓNDE ENCONTRAR A MÚSICA.
QUÉ CRÍO MÁS PESADO. DA GRACIAS QUE YA NO ESTOY BEBIDO.

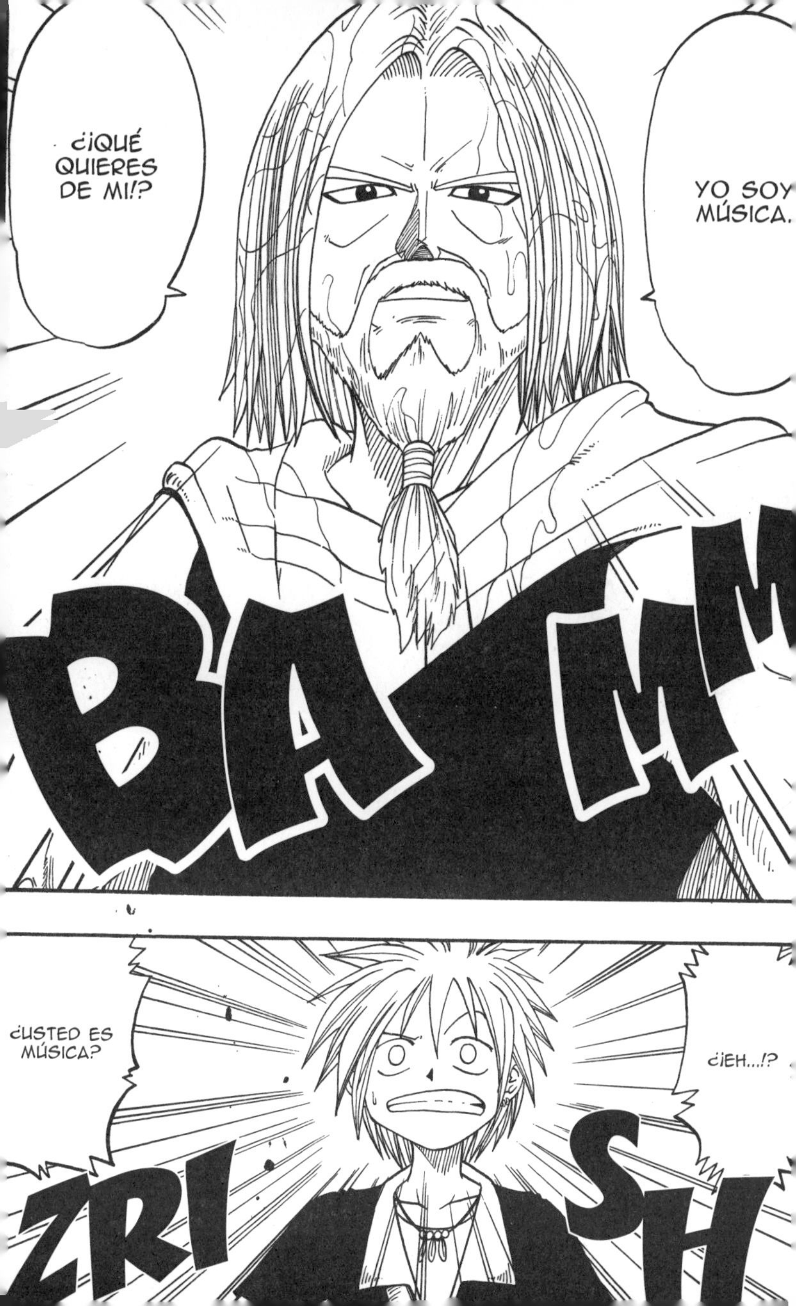
YO SOY MÚSICA.
¿¡QUÉ QUIERES DE MI!?
BAMM
¿EH...!?
¿USTED ES MÚSICA?
ZRISH

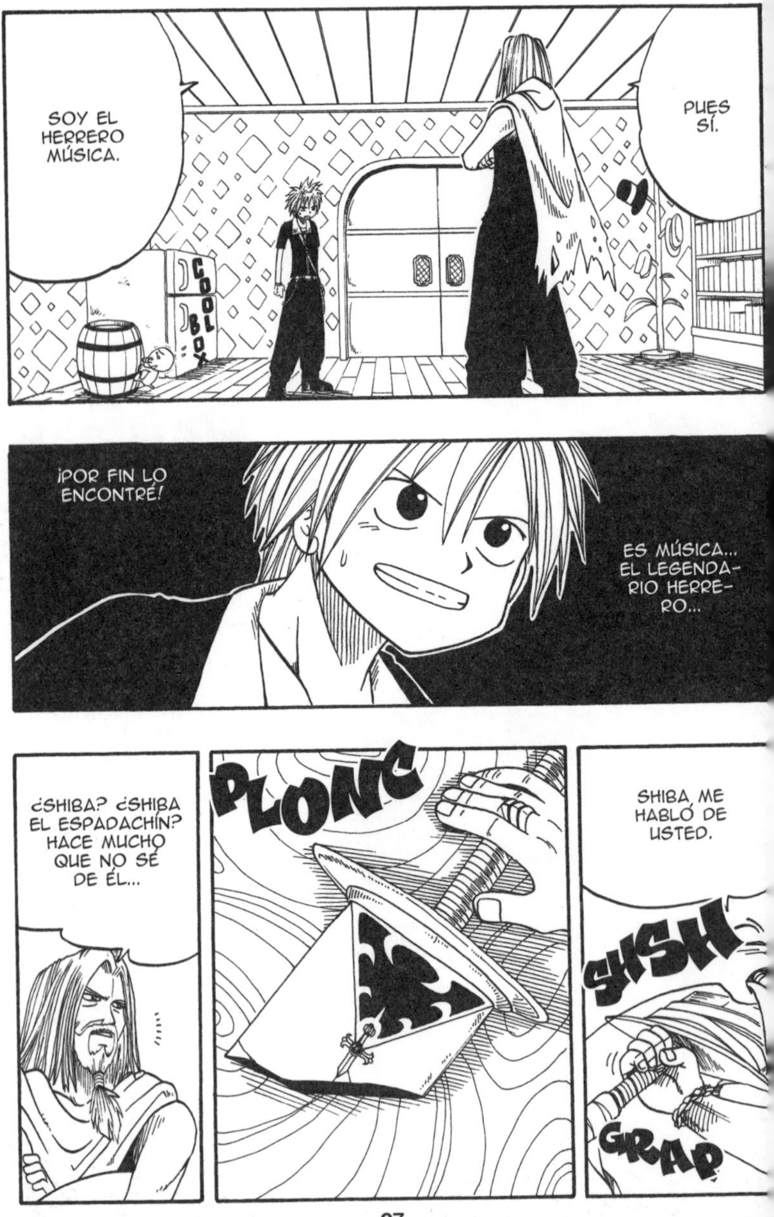

PUES SÍ.
SOY EL HERRERO MÚSICA.
ES MÚSICA... EL LEGENDARIO HERRERO...
¡POR FIN LO ENCONTRÉ!
SHIBA, ME HABLÓ DE USTED.
SHSH
GRAP
PLONC
¿SHIBA? ¿SHIBA EL ESPADACHÍN? HACE MUCHO QUE NO SÉ DE ÉL...

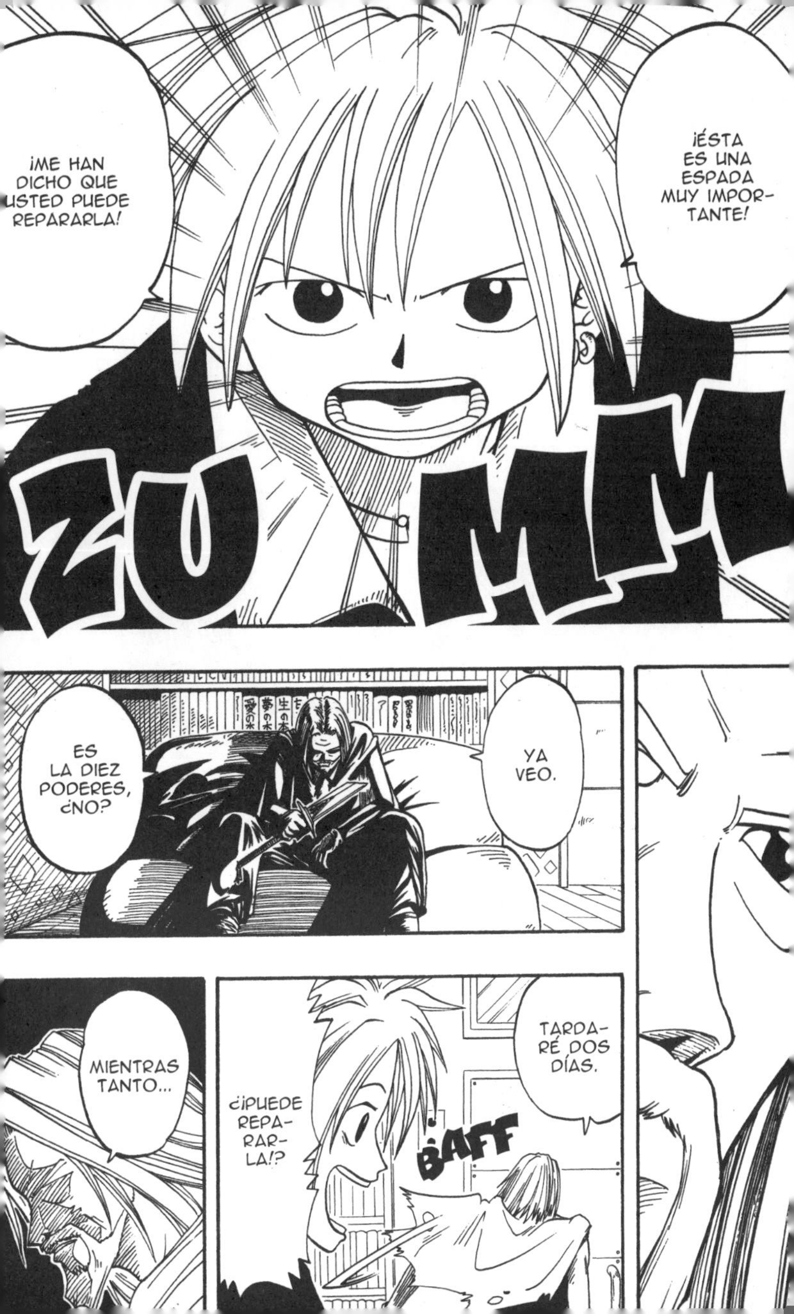
¡ÉSTA ES UNA ESPADA MUY IMPORTANTE!
¡ME HAN DICHO QUE USTED PUEDE REPARARLA!
ZUMM
YA VEO.
ES LA DIEZ PODERES, ¿NO?
TARDARÉ DOS DÍAS.
¿¡PUEDE REPARARLA!?
BAFF
MIENTRAS TANTO...

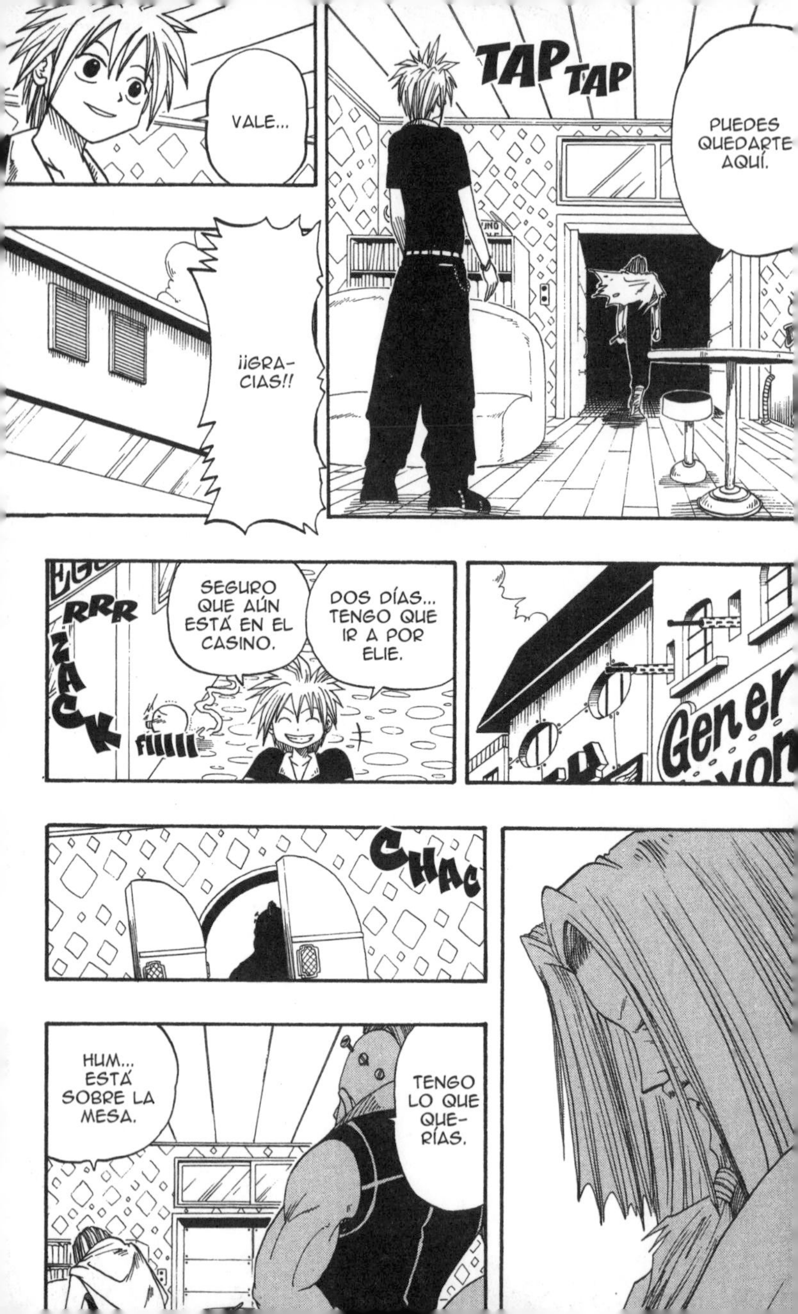
PUEDES QUEDARTE AQUÍ.
TAP TAP
VALE...
¡¡GRACIAS!!
DOS DÍAS... TENGO QUE IR A POR ELIE.
SEGURO QUE AÚN ESTÁ EN EL CASINO.
RRR
ZACK
FIIIII
CHAC
TENGO LO QUE QUERÍAS.
HUM... ESTÁ SOBRE LA MESA.

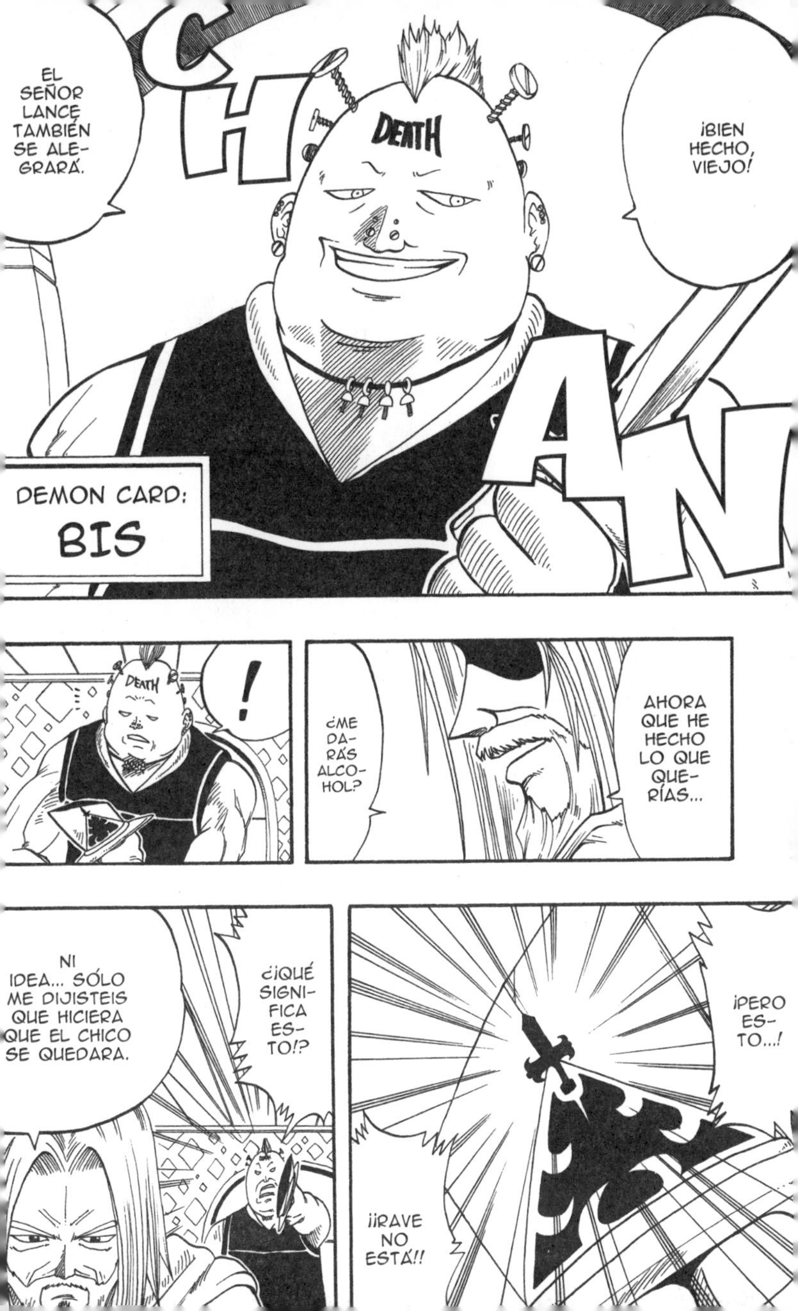
¡BIEN HECHO, VIEJO!
EL SEÑOR LANCE TAMBIÉN SE ALEGRARÁ.
DEATH
CH
AN
DEMON CARD: BIS
AHORA QUE HE HECHO LO QUE QUERÍAS...
¿ME DARÁS ALCOHOL?
DEATH
!
¡PERO ESTO...!
¡¡RAVE NO ESTÁ!!
¿¡QUÉ SIGNIFICA ESTO!?
NI IDEA... SÓLO ME DIJISTEIS QUE HICIERA QUE EL CHICO SE QUEDARA.

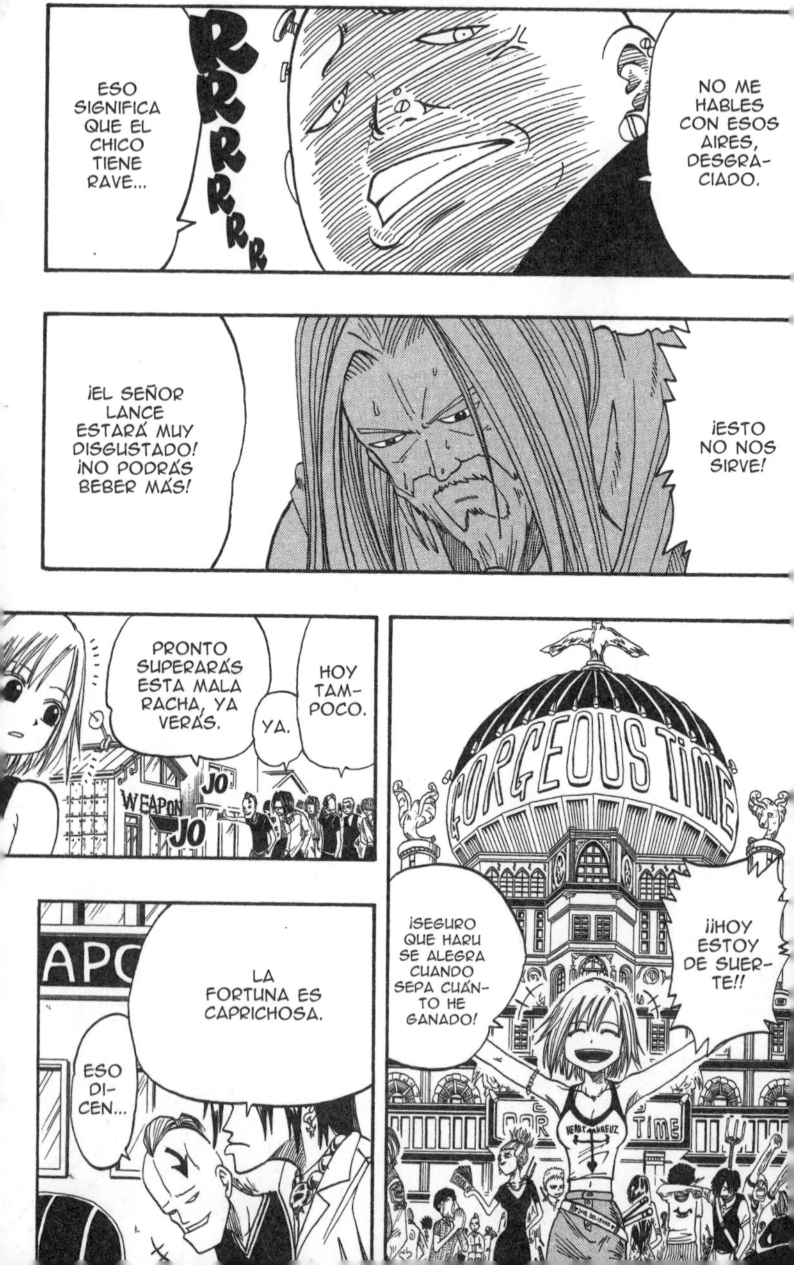
NO ME HABLES CON ESOS AIRES, DESGRACIADO.
RRRRRRR
ESO SIGNIFICA QUE EL CHICO TIENE RAVE...
¡ESTO NO NOS SIRVE!
¡EL SEÑOR LANCE ESTARÁ MUY DISGUSTADO! ¡NO PODRÁS BEBER MÁS!
GORGEOUS TIME
¡¡HOY ESTOY DE SUERTE!!
¡SEGURO QUE HARU SE ALEGRA CUANDO SEPA CUÁNTO HE GANADO!
HEART KREUZ
TIME
HOY TAMPOCO.
YA.
PRONTO SUPERARÁS ESTA MALA RACHA, YA VERÁS.
JO
WEAPON
JO
LA FORTUNA ES CAPRICHOSA.
ESO DICEN...
APO

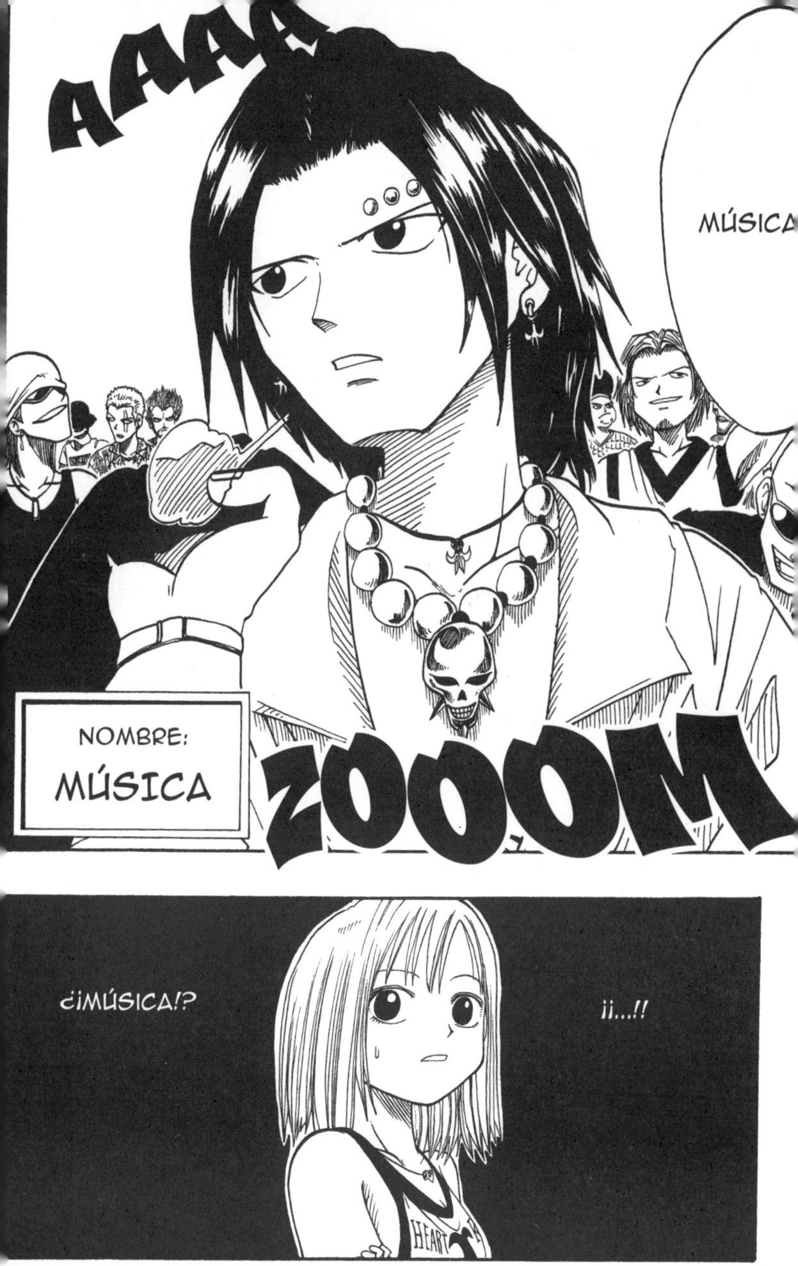
MÚSICA
AAAA
ZOOOM
NOMBRE:
MÚSICA
¡¡...!!
¿¡MÚSICA!?

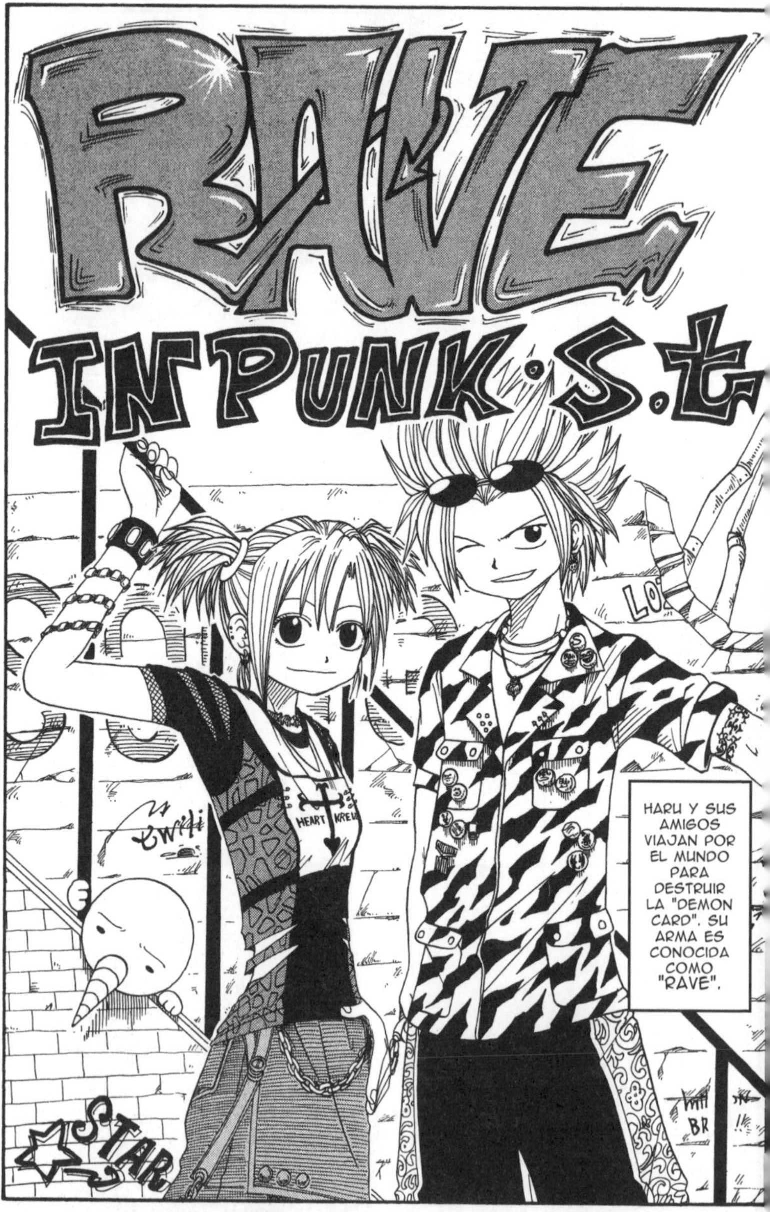
RAVE
IN PUNK S.t
HEART
HARU Y SUS AMIGOS VIAJAN POR EL MUNDO PARA DESTRUIR LA "DEMON CARD". SU ARMA ES CONOCIDA COMO "RAVE".
STAR

RAVE: 10 ✚ EL DESCENSO DEL ÁNGEL ERRANTE.

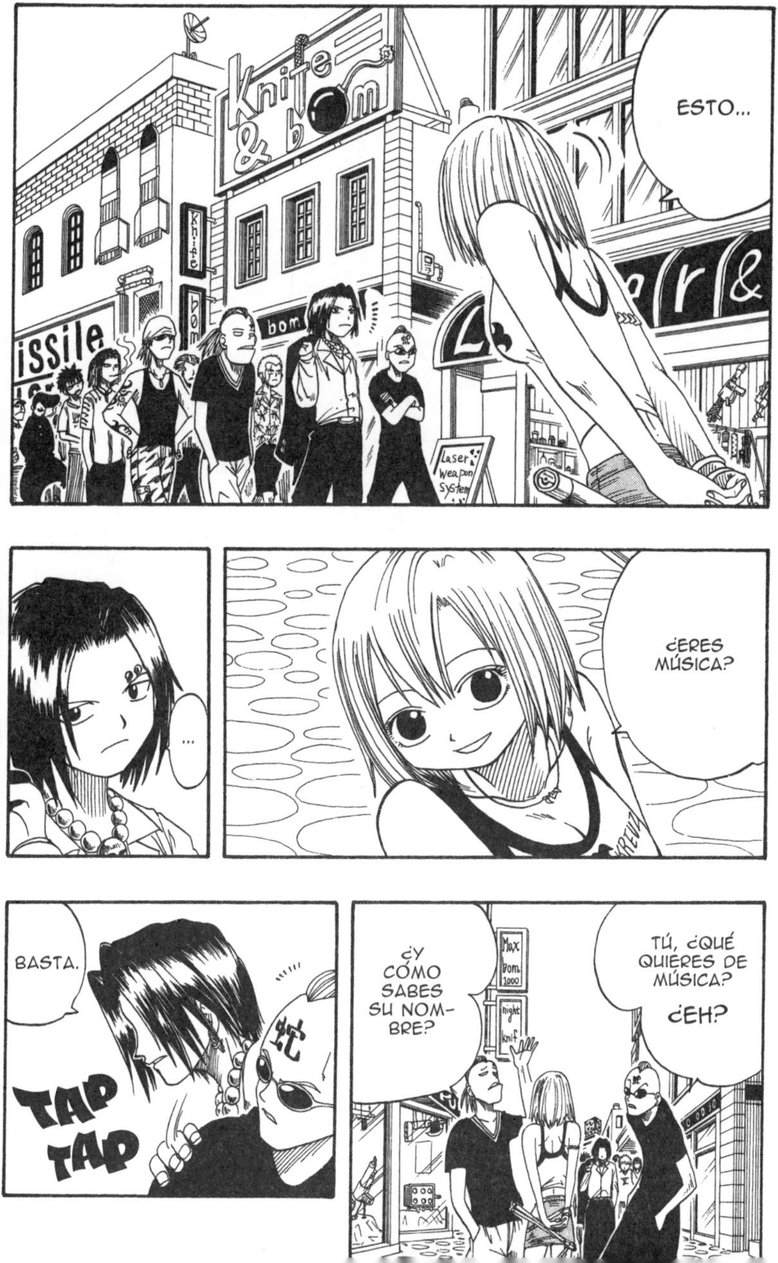
ESTO...
Knife & bom
Knife
bom
bom
issile
Laser weapon system
¿ERES MÚSICA?
...
TÚ, ¿QUÉ QUIERES DE MÚSICA?
¿EH?
¿Y CÓMO SABES SU NOM-BRE?
Max bom 1000
night knif
BASTA.
TAP TAP

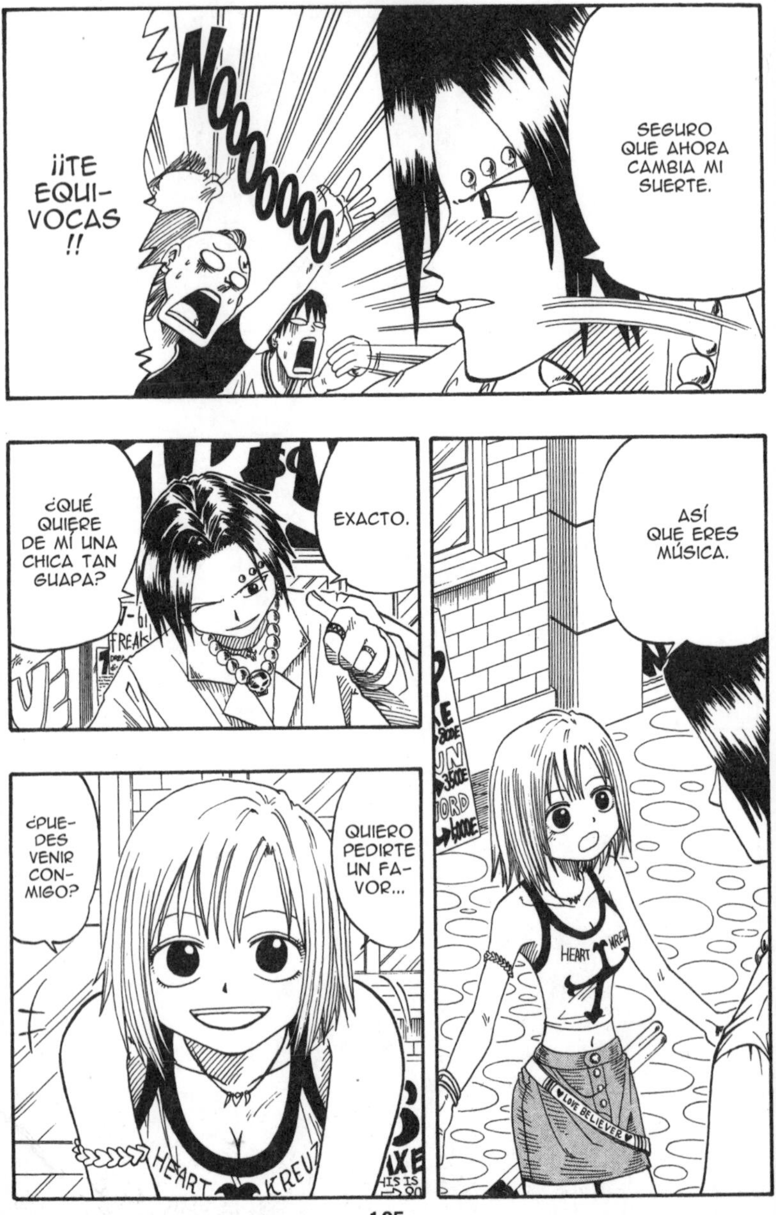
SEGURO QUE AHORA CAMBIA MI SUERTE.
NOOOOOOOO
¡¡TE EQUIVOCAS!!
ASÍ QUE ERES MÚSICA.
HEART KREUZ
LOVE BELIEVER
EXACTO.
¿QUÉ QUIERE DE MÍ UNA CHICA TAN GUAPA?
FREAK
QUIERO PEDIRTE UN FAVOR...
¿PUEDES VENIR CONMIGO?
HEART KREUZ

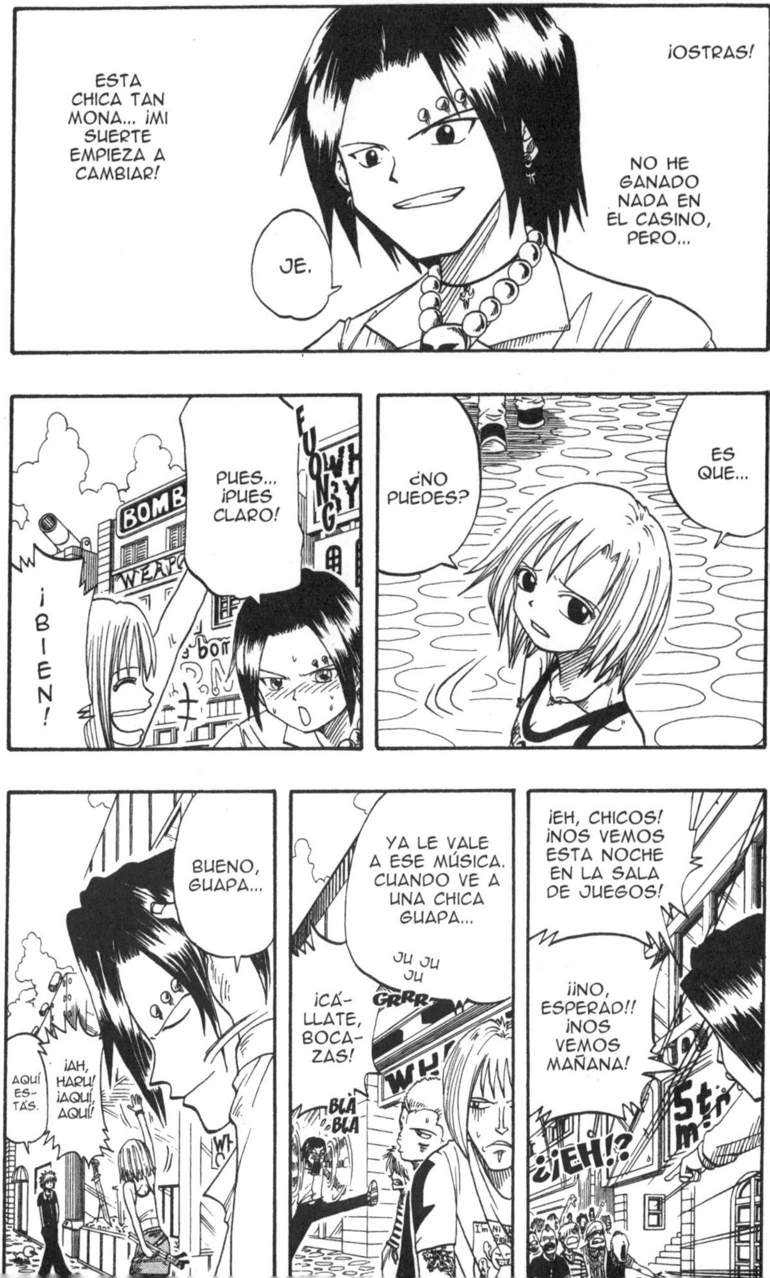
¡OSTRAS!
NO HE GANADO NADA EN EL CASINO, PERO...
JE.
ESTA CHICA TAN MONA... ¡MI SUERTE EMPIEZA A CAMBIAR!
ES QUE...
¿NO PUEDES?
PUES... ¡PUES CLARO!
BOMB
¡BIEN!
¡EH, CHICOS! ¡NOS VEMOS ESTA NOCHE EN LA SALA DE JUEGOS!
¡¡NO, ESPERAD!! ¡NOS VEMOS MAÑANA!
¿¡EH!?
YA LE VALE A ESE MÚSICA. CUANDO VE A UNA CHICA GUAPA...
JU JU JU
GRRR
¡CÁLLATE, BOCAZAS!
BLÁ BLÁ
BUENO, GUAPA...
¡AH, HARU! ¡AQUÍ, AQUÍ!
AQUÍ ESTÁS.

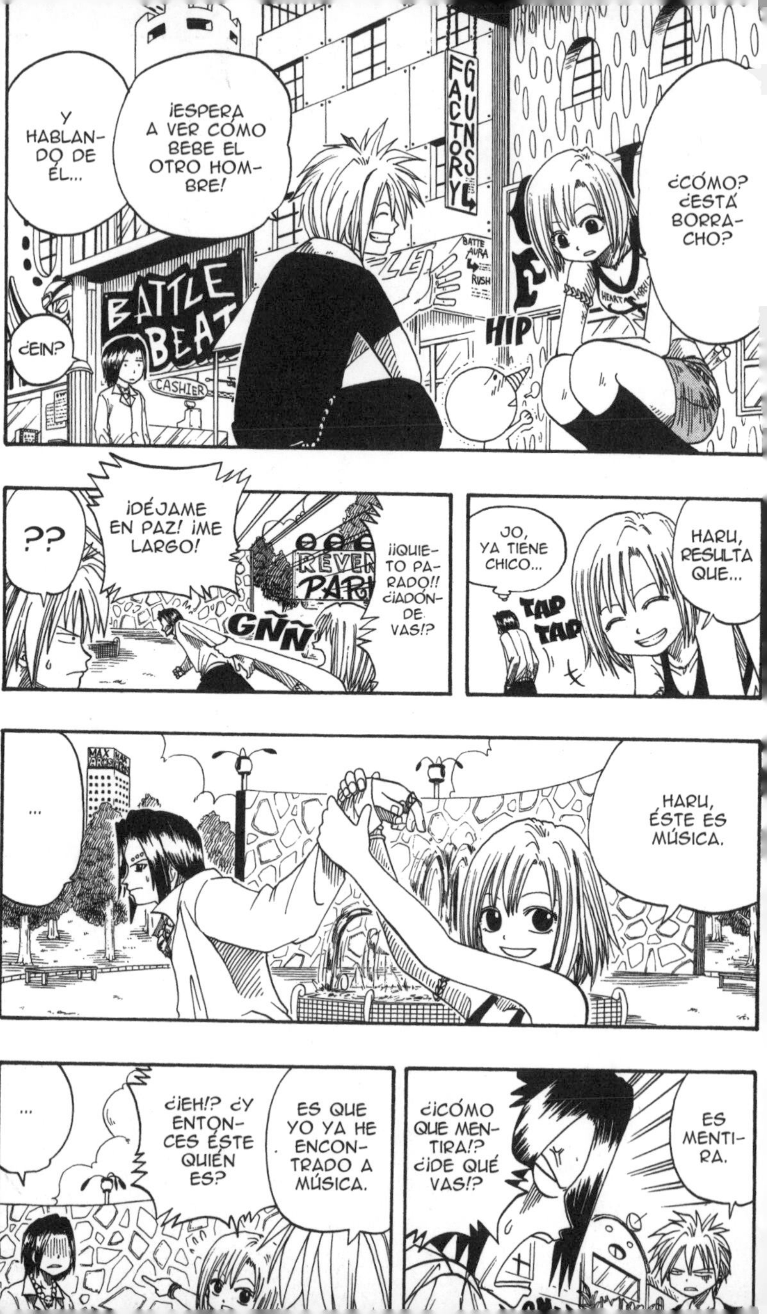
¿CÓMO? ¿ESTÁ BORRACHO?
HIP
GUNS
FACTORY
¡ESPERA A VER CÓMO BEBE EL OTRO HOMBRE!
Y HABLANDO DE ÉL...
BATTLE BEAT
CASHIER
¿EIN?
HARU, RESULTA QUE...
JO, YA TIENE CHICO...
TAP TAP
¡¡QUIETO PARADO!! ¡¿ADÓNDE VAS!?
¡DÉJAME EN PAZ! ¡ME LARGO!
GÑÑ
??
HARU, ÉSTE ES MÚSICA.
...
ES MENTIRA.
¡¿CÓMO QUE MENTIRA!? ¡¿DE QUÉ VAS!?
ES QUE YO YA HE ENCONTRADO A MÚSICA.
¿¡EH!? ¿Y ENTONCES ÉSTE QUIÉN ES?
...

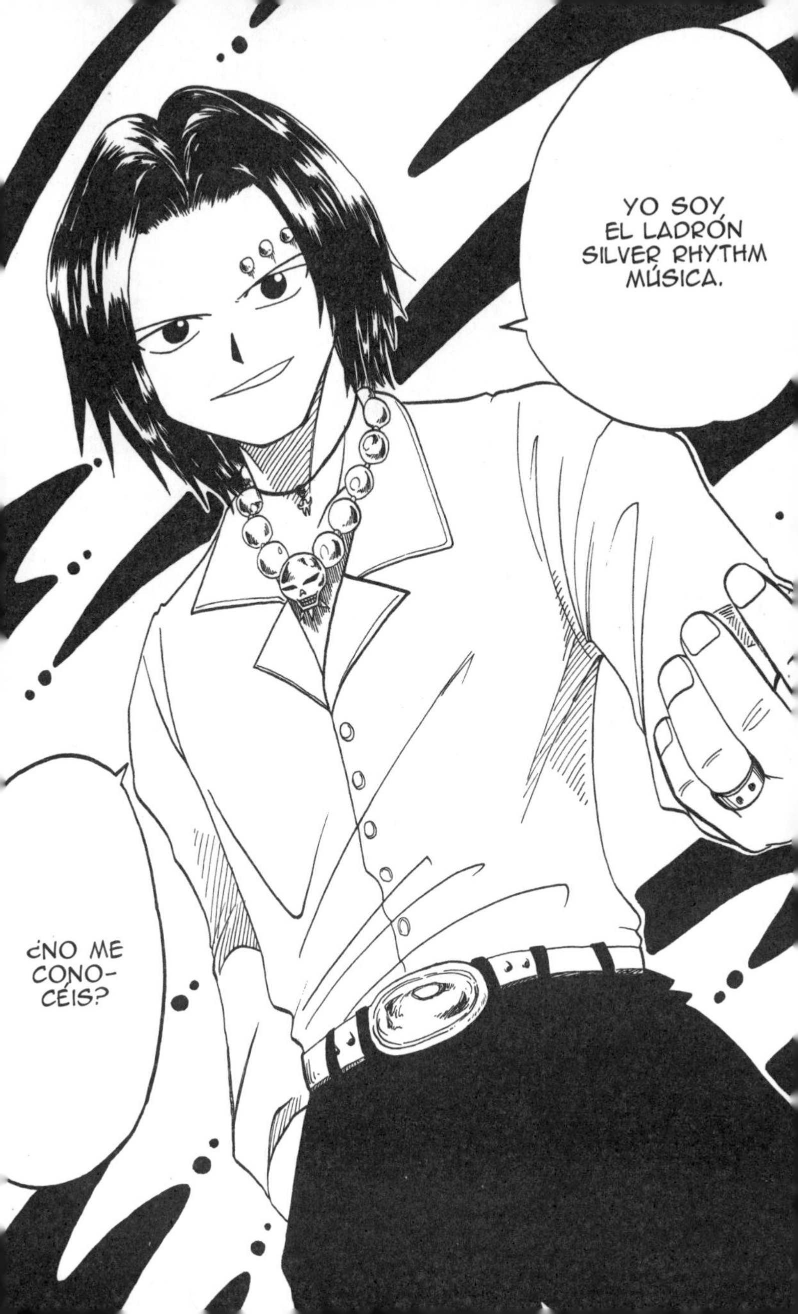
YO SOY, EL LADRÓN SILVER RHYTHM MÚSICA.
¿NO ME CONOCÉIS?

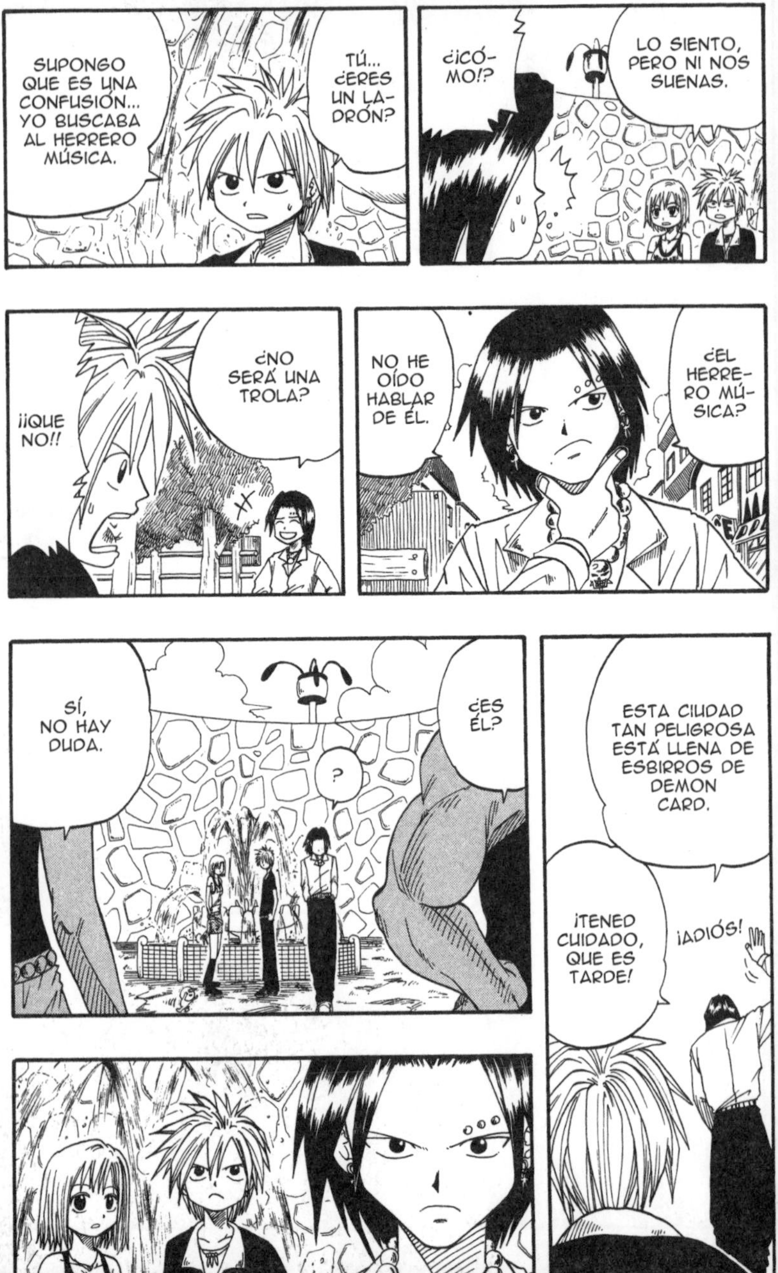
LO SIENTO, PERO NI NOS SUENAS.
¿¡CÓMO!?
TÚ... ¿ERES UN LADRÓN?
SUPONGO QUE ES UNA CONFUSIÓN... YO BUSCABA AL HERRERO MÚSICA.
¿EL HERRERO MÚSICA?
NO HE OÍDO HABLAR DE ÉL.
¿NO SERÁ UNA TROLA?
¡¡QUE NO!!
ESTA CIUDAD TAN PELIGROSA ESTÁ LLENA DE ESBIRROS DE DEMON CARD.
¡TENED CUIDADO, QUE ES TARDE!
¡ADIÓS!
¿ES ÉL?
?
SÍ, NO HAY DUDA.

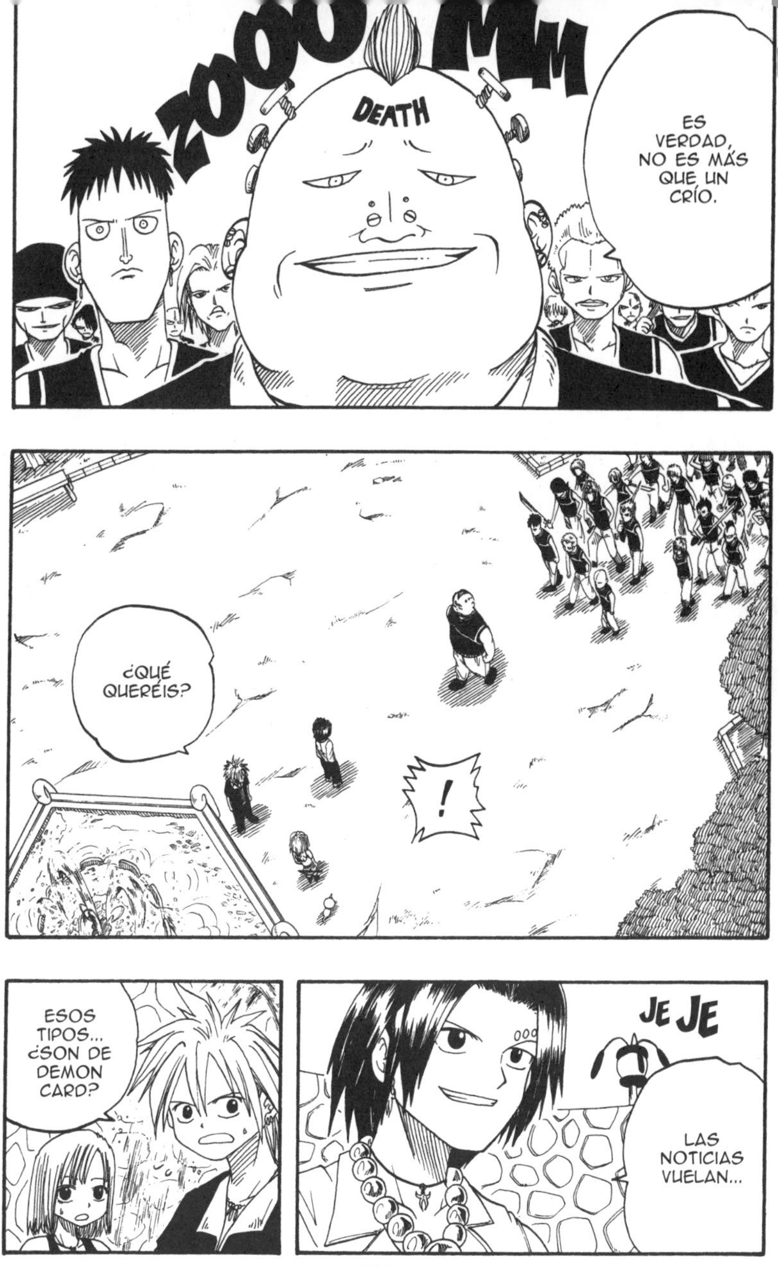
ES VERDAD, NO ES MÁS QUE UN CRÍO.
ZOOOMMM
DEATH
¿QUÉ QUERÉIS?
!
JE JE
LAS NOTICIAS VUELAN...
ESOS TIPOS... ¿SON DE DEMON CARD?

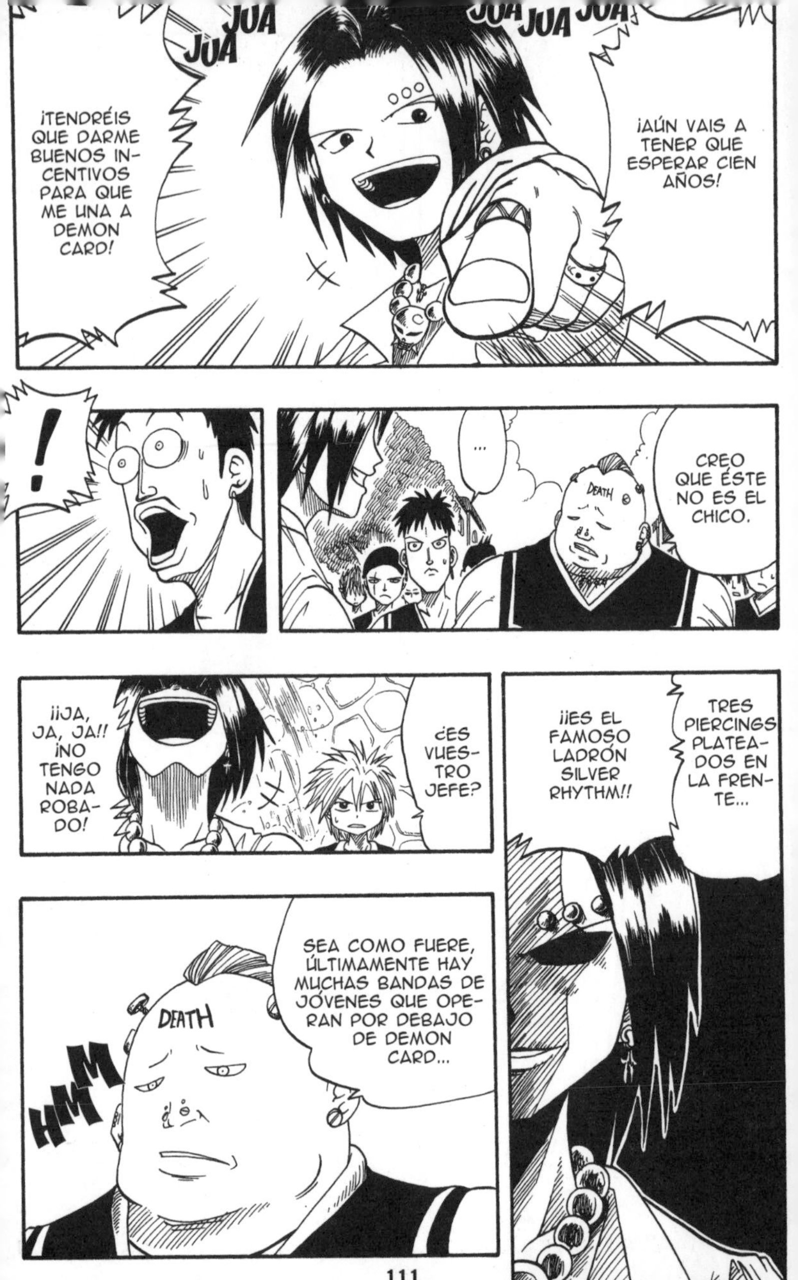
JUA JUA JUA
JUA JUA
¡AÚN VAIS A TENER QUE ESPERAR CIEN AÑOS!
¡TENDRÉIS QUE DARME BUENOS INCENTIVOS PARA QUE ME UNA A DEMON CARD!
CREO QUE ÉSTE NO ES EL CHICO.
...
!
TRES PIERCINGS PLATEADOS EN LA FRENTE...
¡¡ES EL FAMOSO LADRÓN SILVER RHYTHM!!
¿ES VUESTRO JEFE?
¡¡JA, JA, JA!! ¡NO TENGO NADA ROBADO!
SEA COMO FUERE, ÚLTIMAMENTE HAY MUCHAS BANDAS DE JÓVENES QUE OPERAN POR DEBAJO DE DEMON CARD...
HMM

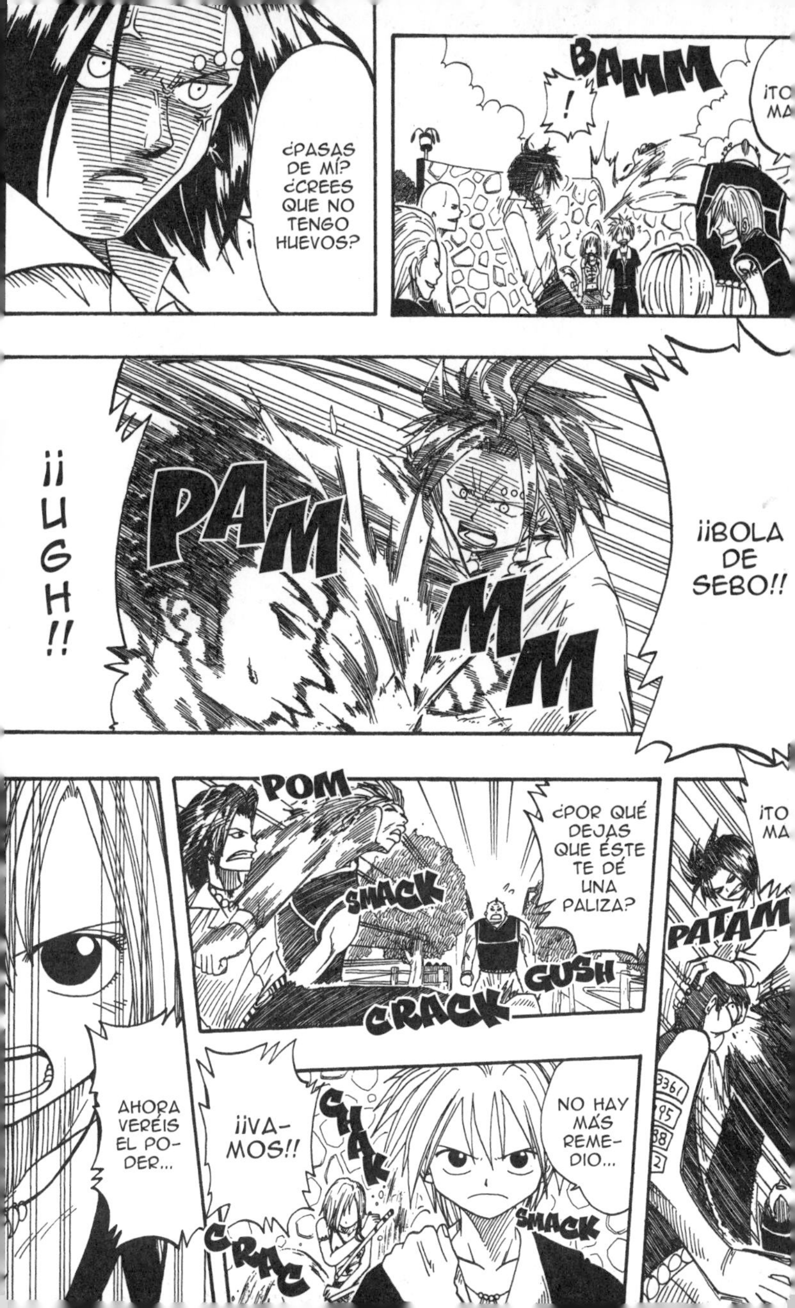
¡TO
MA
BAMM
!
¿PASAS DE MÍ? ¿CREES QUE NO TENGO HUEVOS?
¡¡BOLA DE SEBO!!
PAMMM
¡¡UGH!!
¡TO
MA
PATAM
¿POR QUÉ DEJAS QUE ÉSTE TE DÉ UNA PALIZA?
POM
SMACK
GUSH
CRACK
NO HAY MÁS REME-DIO...
SMACK
CHAK
¡¡VA-MOS!!
CRAC
AHORA VERÉIS EL PO-DER...

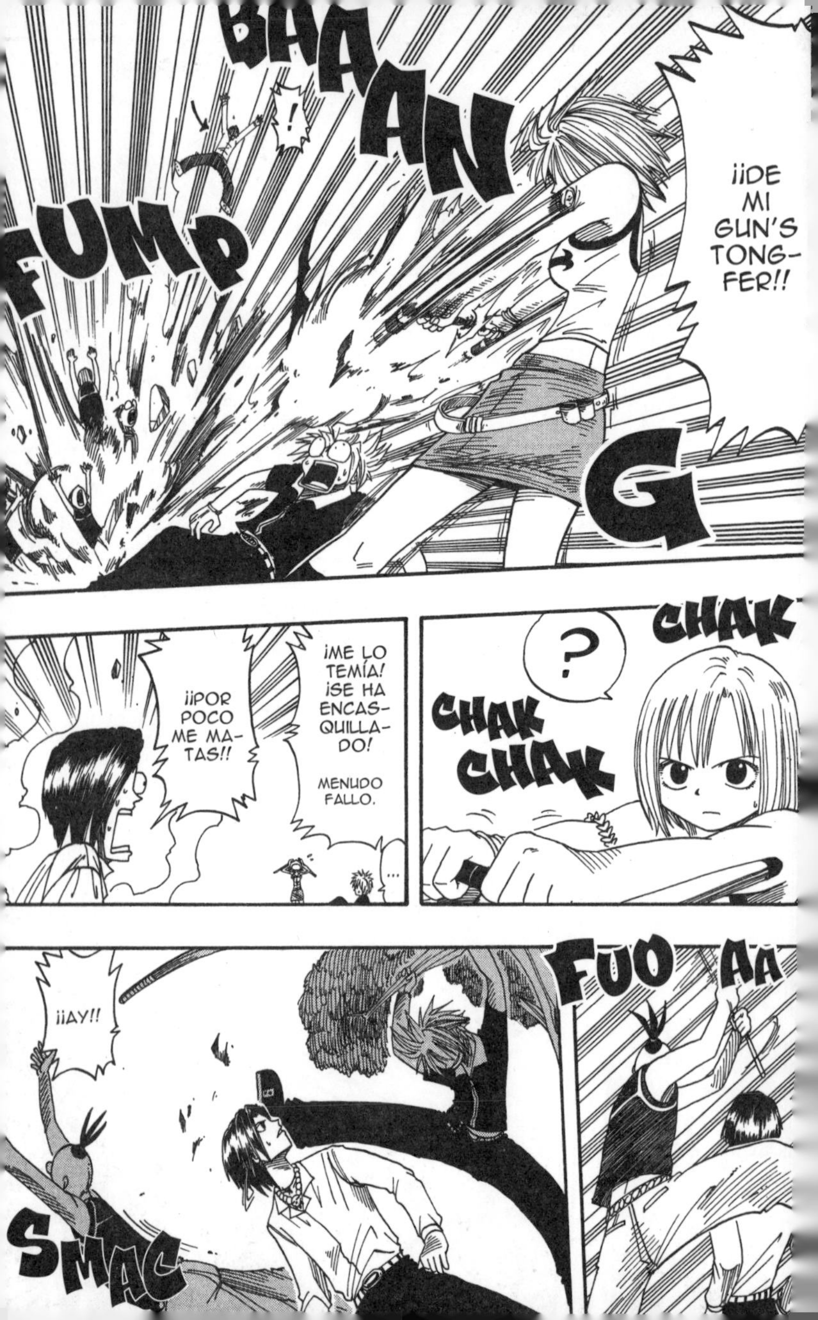
¡¡DE MI GUN'S TONGFER!!
BAAAN
G
!
FUMP
CHAK
?
CHAK CHAK
¡ME LO TEMÍA! ¡SE HA ENCASQUILLADO!
MENUDO FALLO.
¡¡POR POCO ME MATAS!!
...
FUOAA
¡¡AY!!
SMAC

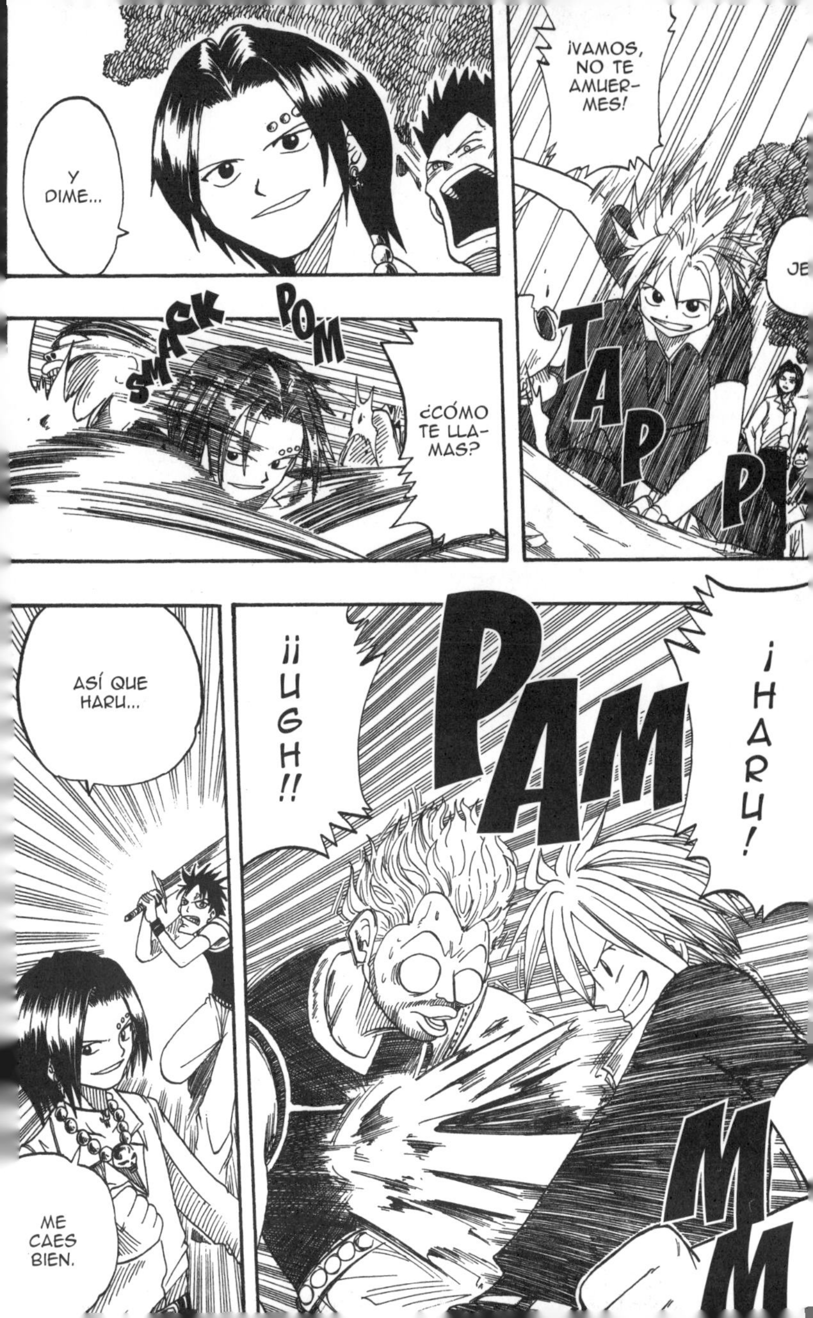
¡VAMOS, NO TE AMUERMES!
JE
TAPP
Y DIME...
SMACK
POM
¿CÓMO TE LLAMAS?
¡HARU!
PAM
¡¡UGH!!
MM
ASÍ QUE HARU...
ME CAES BIEN.

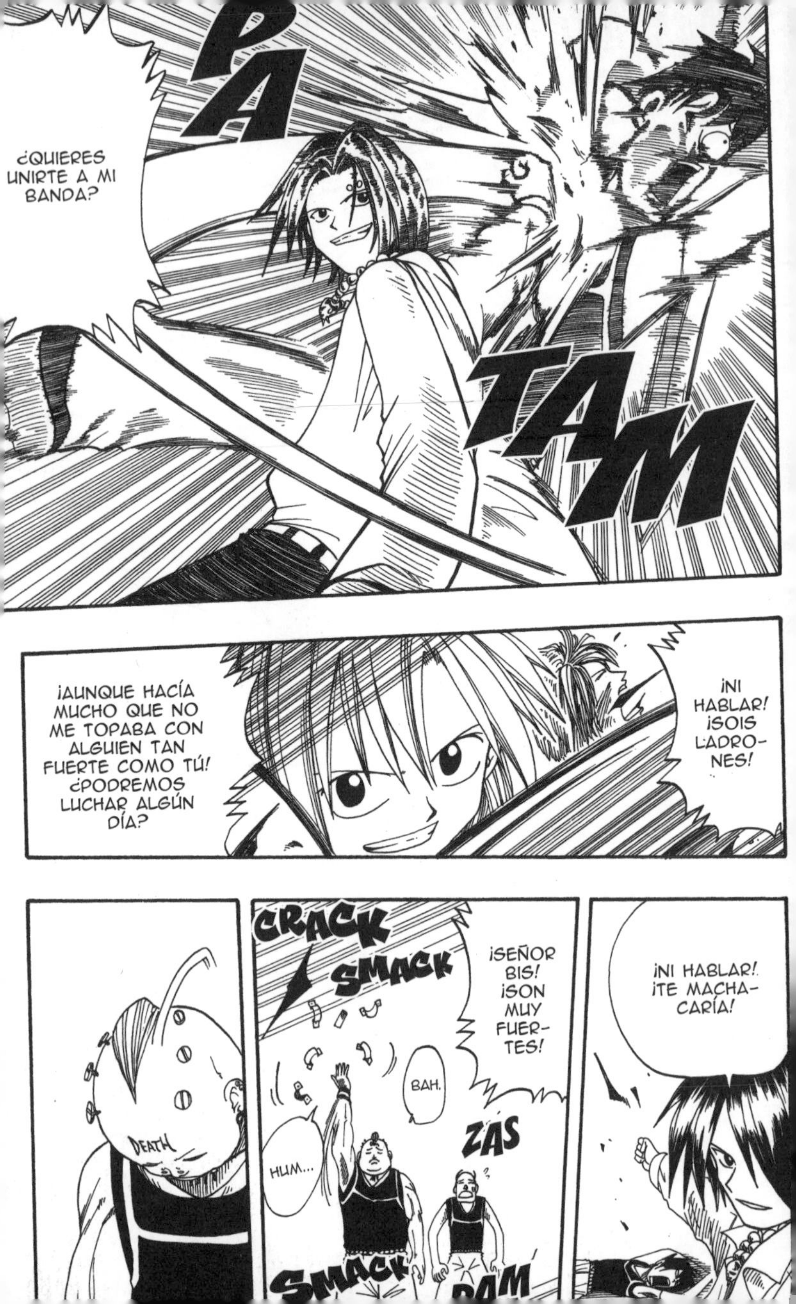
PA
¿QUIERES UNIRTE A MI BANDA?
TAM
¡NI HABLAR! ¡SOIS LADRONES!
¡AUNQUE HACÍA MUCHO QUE NO ME TOPABA CON ALGUIEN TAN FUERTE COMO TÚ! ¿PODREMOS LUCHAR ALGÚN DÍA?
¡NI HABLAR! ¡TE MACHACARÍA!
CRACK
SMACK
¡SEÑOR BIS! ¡SON MUY FUERTES!
BAH.
ZAS
HUM...
SMACK
PAM
DEATH

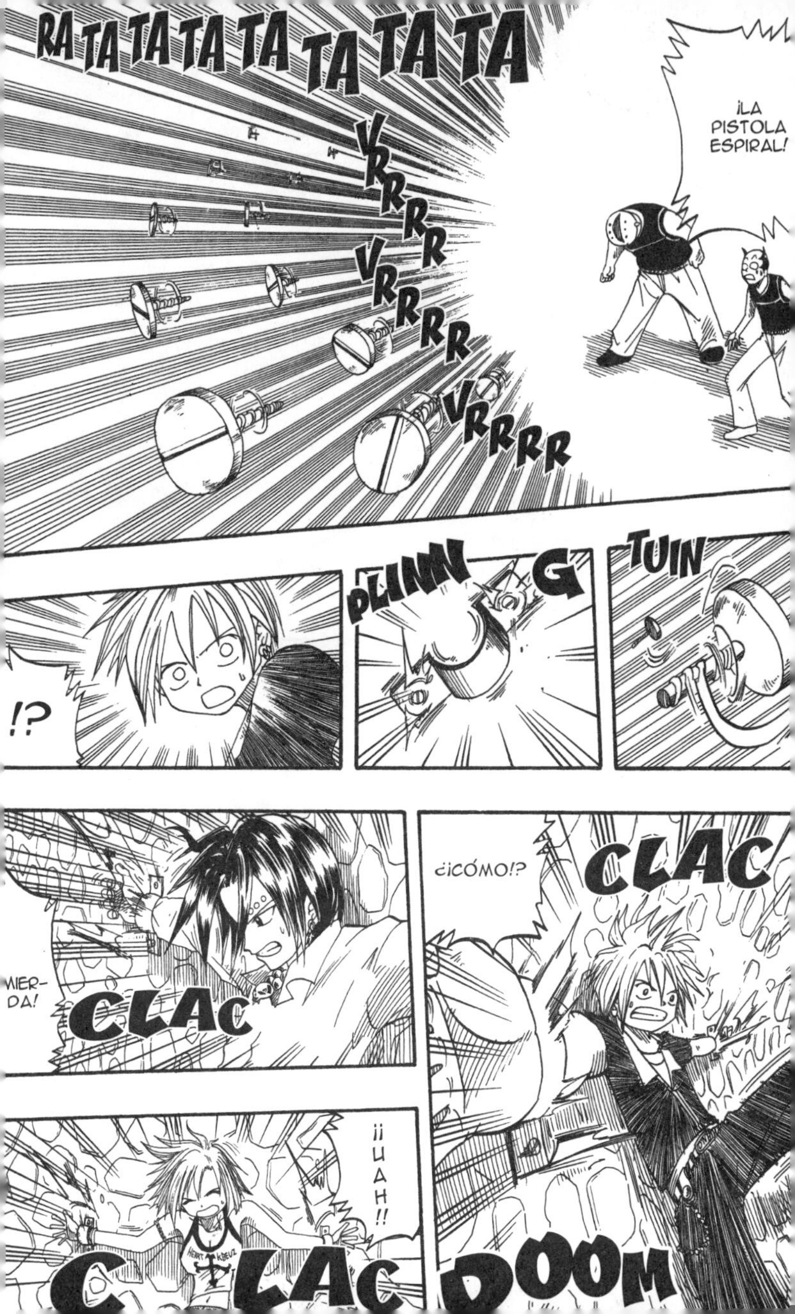
¡LA PISTOLA ESPIRAL!
RA TA TA TA TA TA TA TA TA
VRRRR
VRRRRR
VRRRRR
TUIN
PLINNG
!?
CLAC
¿CÓMO!?
DOOM
MIER-DA!
CLAC
¡¡UAH!!
CLAC

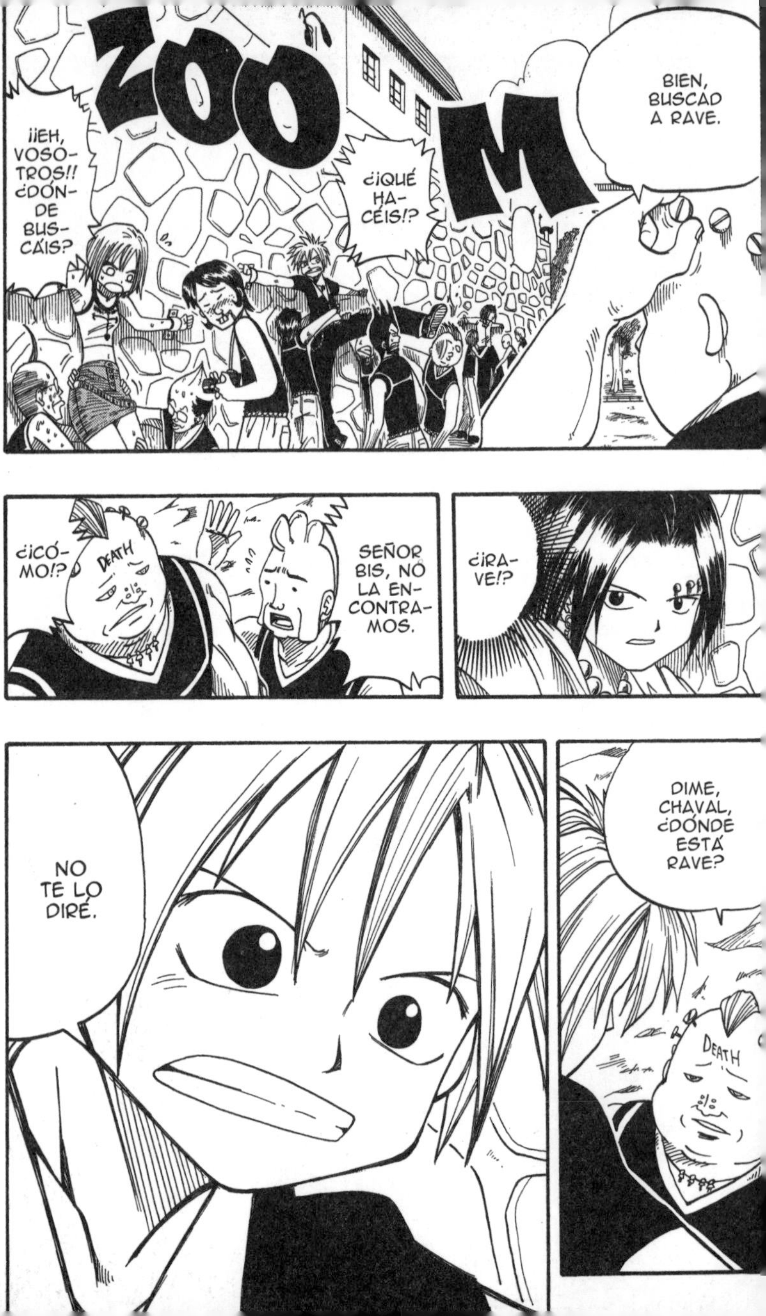
BIEN, BUSCAD A RAVE.
ZOOM
¿QUÉ HACÉIS!?
¡¡EH, VOSOTROS!! ¿DÓNDE BUSCÁIS?
¿RAVE!?
SEÑOR BIS, NO LA ENCONTRAMOS.
DEATH
¿CÓMO!?
DIME, CHAVAL, ¿DÓNDE ESTÁ RAVE?
DEATH
NO TE LO DIRÉ.

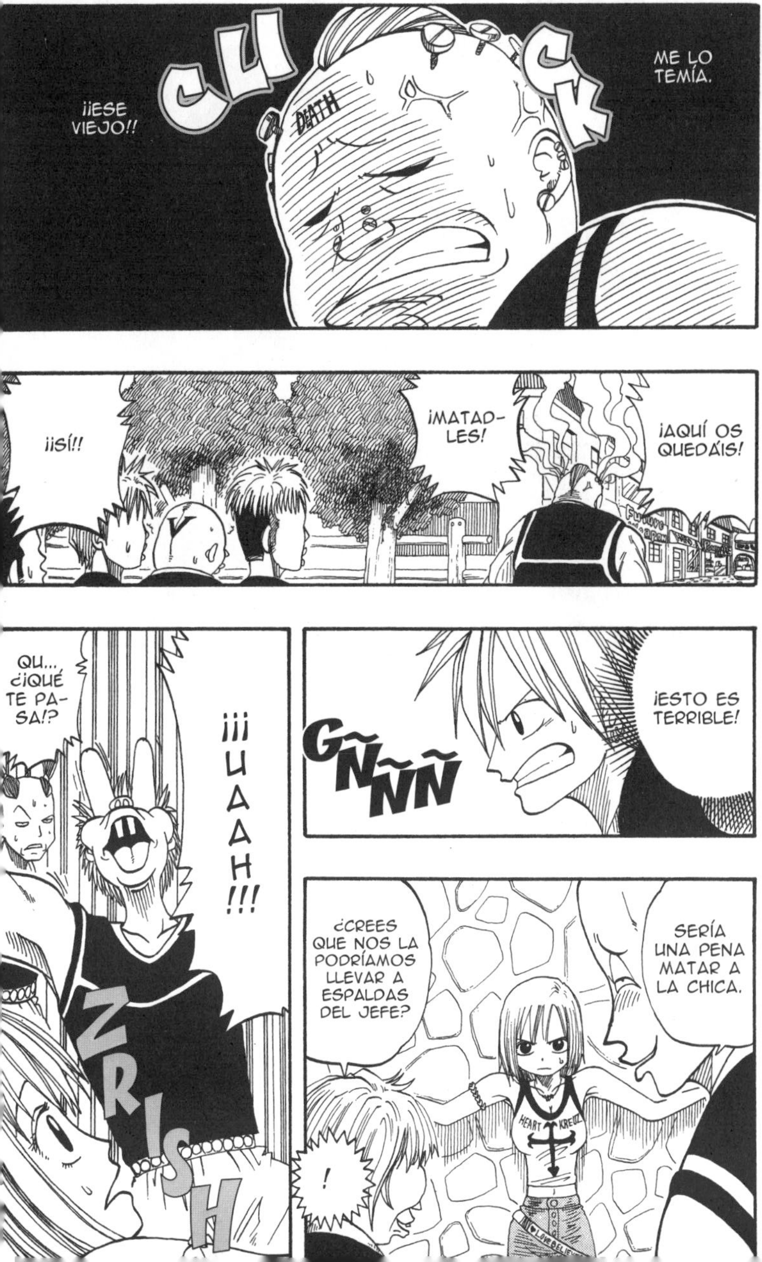
ME LO TEMÍA.
CLICK
DEATH
¡¡ESE VIEJO!!
¡AQUÍ OS QUEDÁIS!
¡MATADLES!
¡¡SÍ!!
¡ESTO ES TERRIBLE!
GÑÑÑ
SERÍA UNA PENA MATAR A LA CHICA.
HEART KREUZ
¿CREES QUE NOS LA PODRÍAMOS LLEVAR A ESPALDAS DEL JEFE?
!
¡¡¡UAAAH!!!
QU..., ¿¡QUÉ TE PASA!?
ZRISH

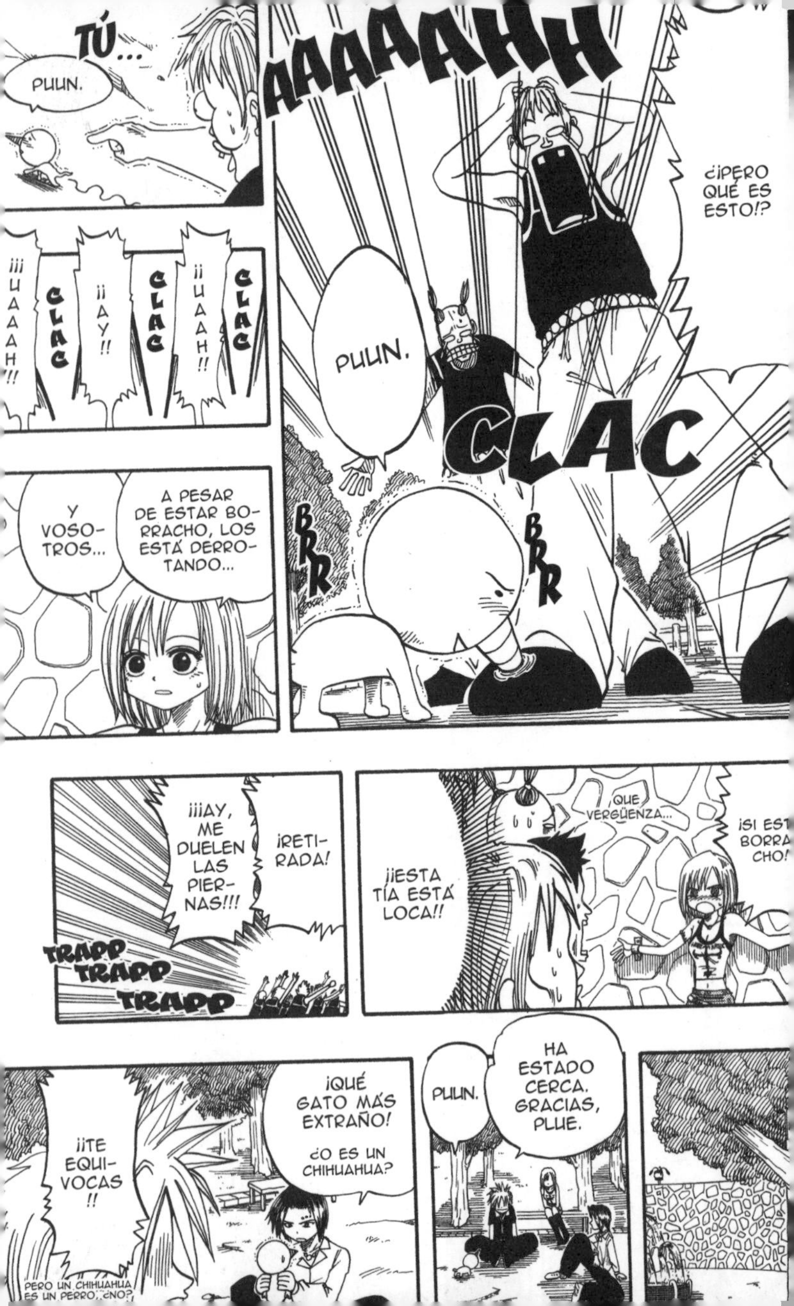
AAAAAAHH
¿¡PERO QUÉ ES ESTO!?
PUUN.
CLAC
BRRR
BRRR
TÚ...
PUUN.
CLAC
¡¡UAAAH!!
CLAC
¡¡AY!!
CLAC
¡¡¡UAAAAH!!
A PESAR DE ESTAR BORRACHO, LOS ESTÁ DERROTANDO...
Y VOSOTROS...
¡SI EST BORRACHO!
QUE VERGÜENZA...
¡¡ESTA TÍA ESTÁ LOCA!!
¡RETIRADA!
¡¡¡AY, ME DUELEN LAS PIERNAS!!!
TRAPP TRAPP TRAPP
HA ESTADO CERCA. GRACIAS, PLUE.
PUUN.
¡QUÉ GATO MÁS EXTRAÑO!
¿O ES UN CHIHUAHUA?
¡¡TE EQUIVOCAS!!
PERO UN CHIHUAHUA ES UN PERRO, ¿NO?

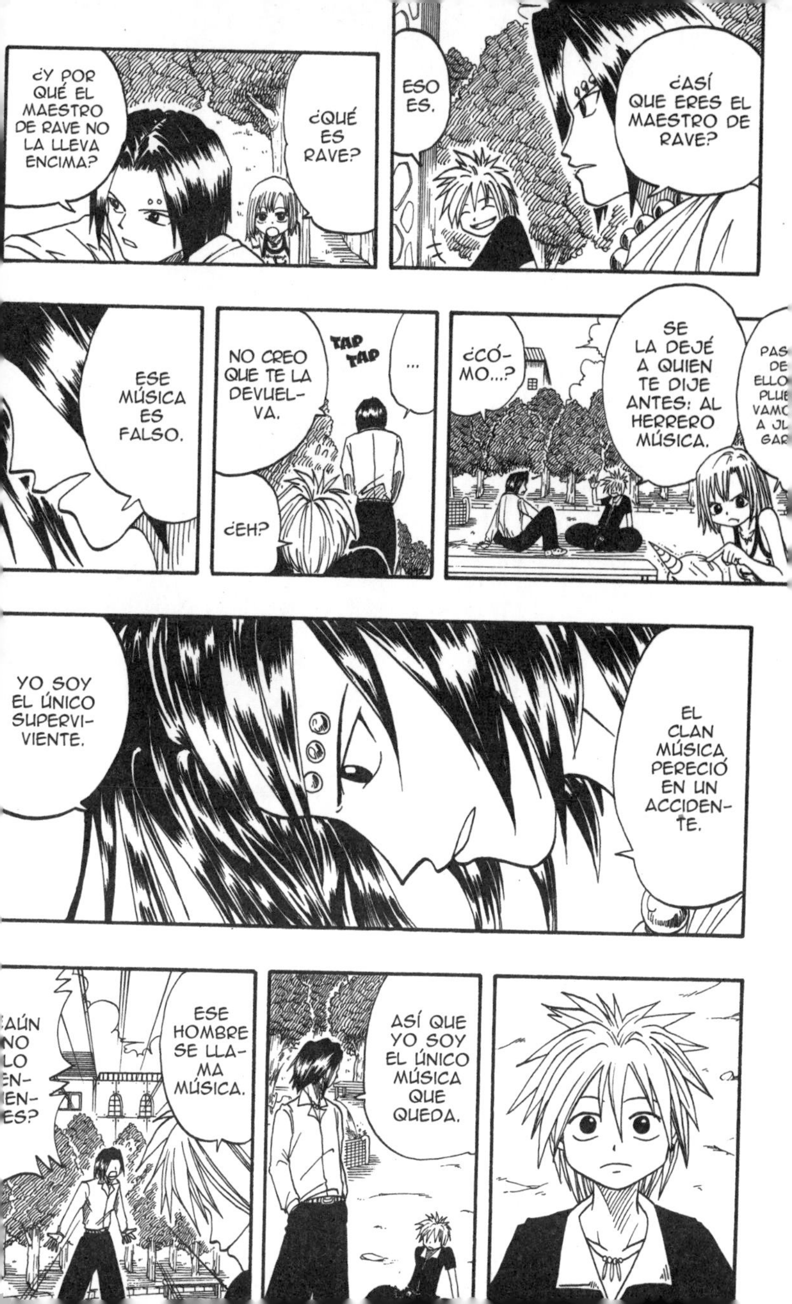
¿ASÍ QUE ERES EL MAESTRO DE RAVE?
ESO ES.
¿QUÉ ES RAVE?
¿Y POR QUÉ EL MAESTRO DE RAVE NO LA LLEVA ENCIMA?
SE LA DEJÉ A QUIEN TE DIJE ANTES: AL HERRERO MÚSICA.
¿CÓ-MO...?
...
TAP TAP
NO CREO QUE TE LA DEVUEL-VA.
¿EH?
ESE MÚSICA ES FALSO.
EL CLAN MÚSICA PERECIÓ EN UN ACCIDEN-TE.
YO SOY EL ÚNICO SUPERVI-VIENTE.
ASÍ QUE YO SOY EL ÚNICO MÚSICA QUE QUEDA.
ESE HOMBRE SE LLA-MA MÚSICA.

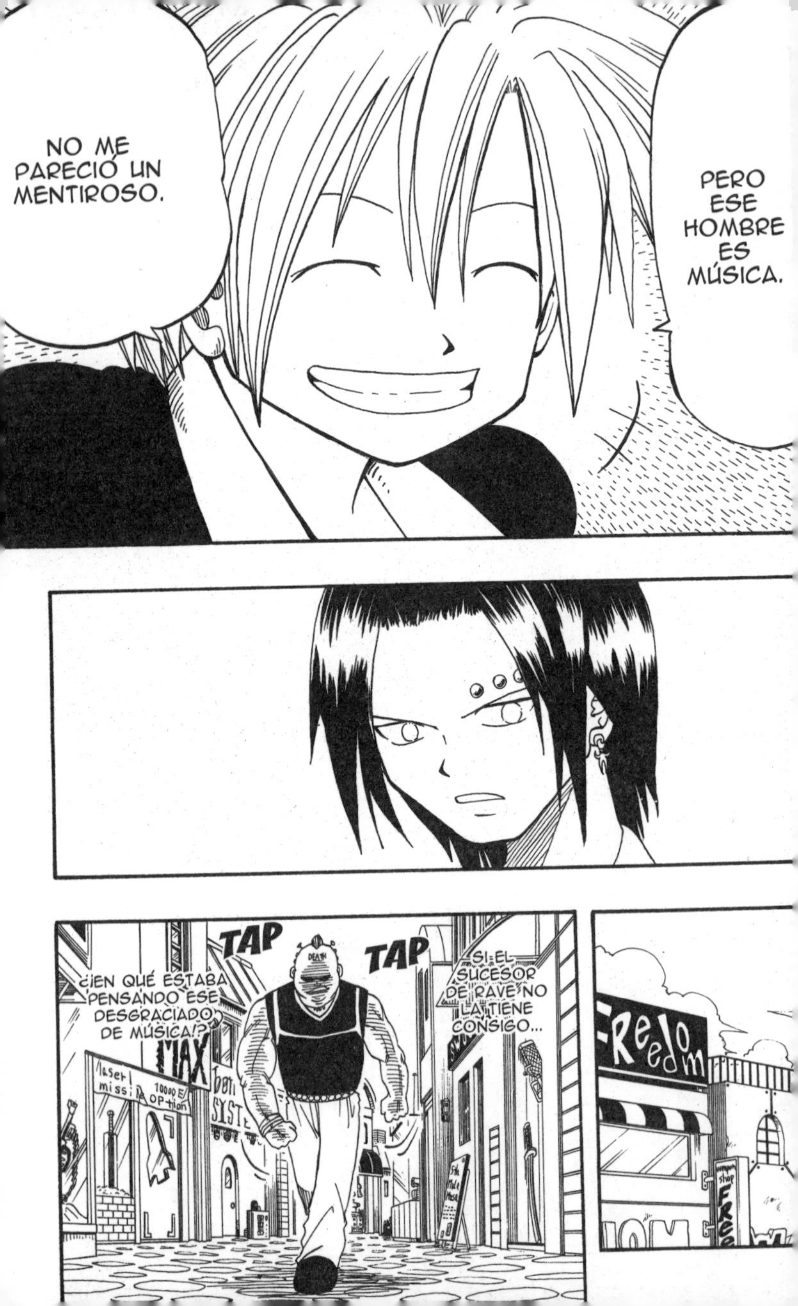
PERO ESE HOMBRE ES MÚSICA.
NO ME PARECIÓ UN MENTIROSO.
Freedom
TAP
TAP
SI EL SUCESOR DE RAVE NO LA TIENE CONSIGO...
¿EN QUÉ ESTABA PENSANDO ESE DESGRACIADO DE MÚSICA!?
MAX

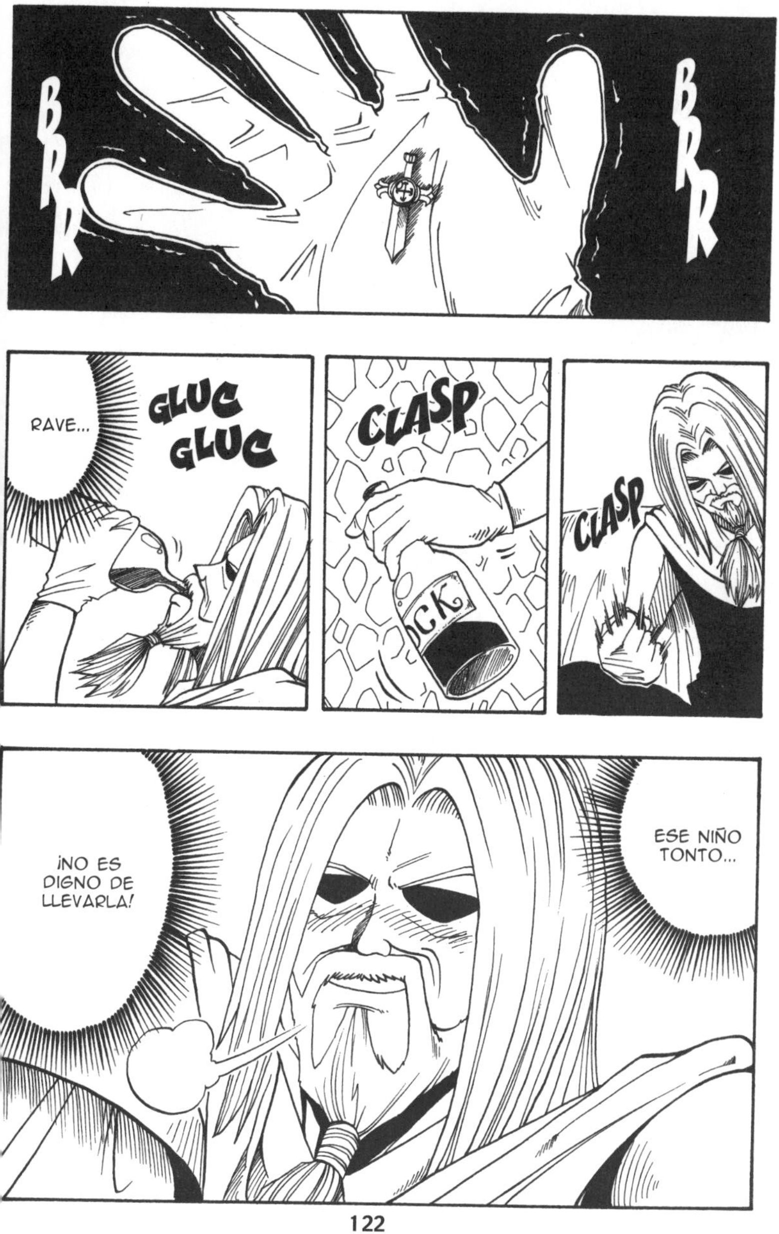
BRRR
BRRR
CLASP
CLASP
RAVE...
GLUC GLUC
ESE NIÑO TONTO...
¡NO ES DIGNO DE LLEVARLA!

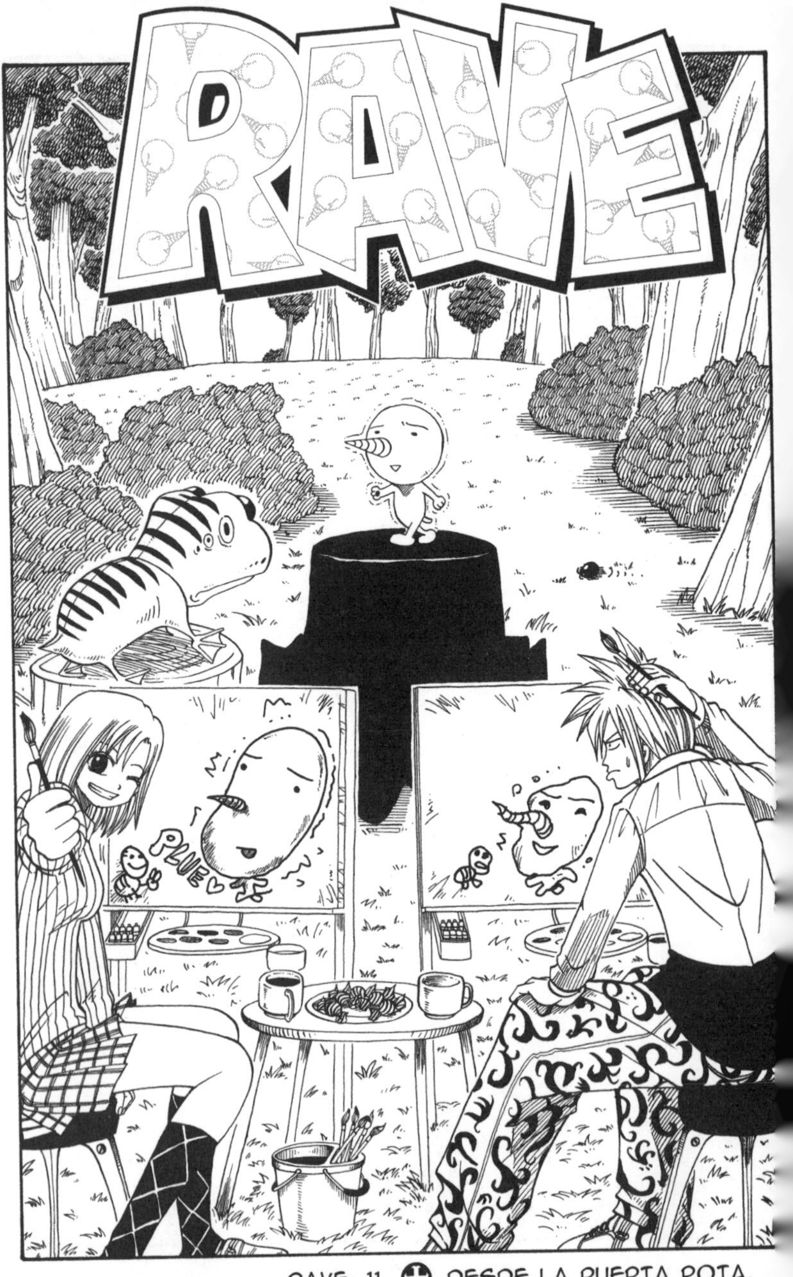
RAVE
PLUE♥

RAVE: 11 ✚ DESDE LA PUERTA ROTA.

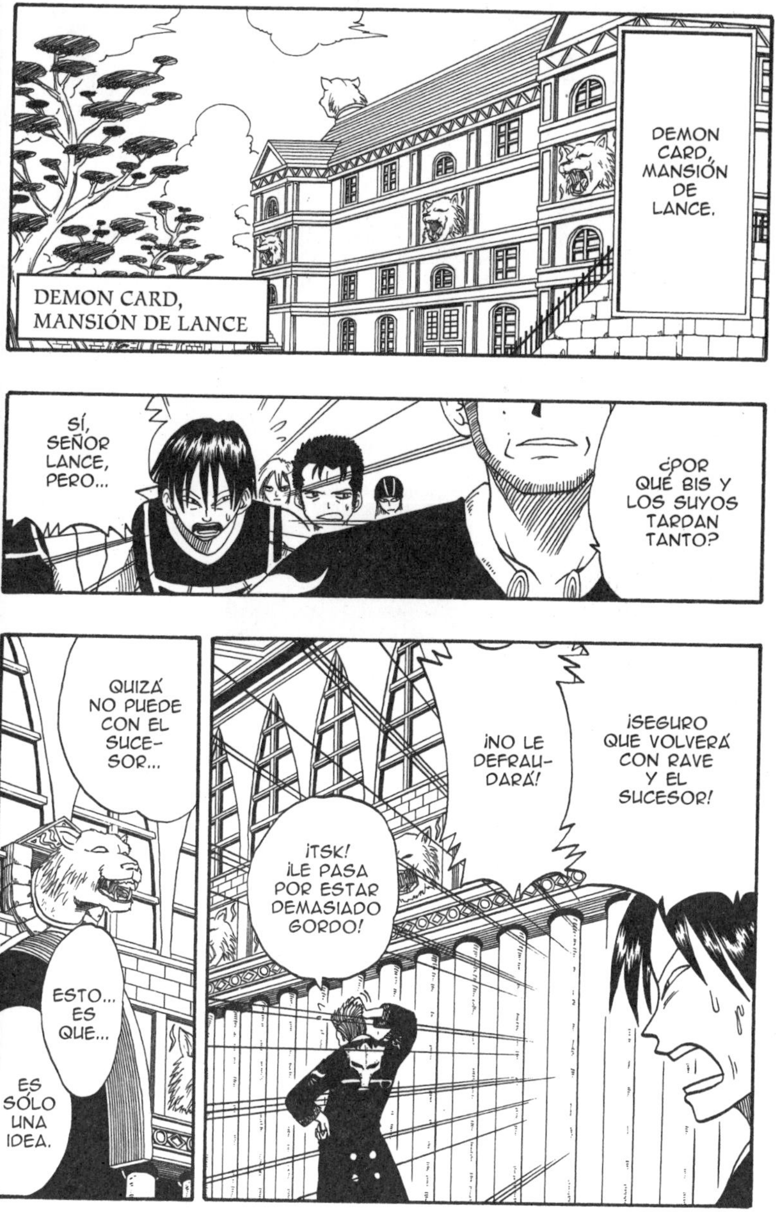
DEMON CARD, MANSIÓN DE LANCE.
DEMON CARD, MANSIÓN DE LANCE
¿POR QUÉ BIS Y LOS SUYOS TARDAN TANTO?
SÍ, SEÑOR LANCE, PERO...
¡SEGURO QUE VOLVERÁ CON RAVE Y EL SUCESOR!
¡NO LE DEFRAUDARÁ!
¡TSK! ¡LE PASA POR ESTAR DEMASIADO GORDO!
QUIZÁ NO PUEDE CON EL SUCE-SOR...
ESTO... ES QUE...
ES SÓLO UNA IDEA.

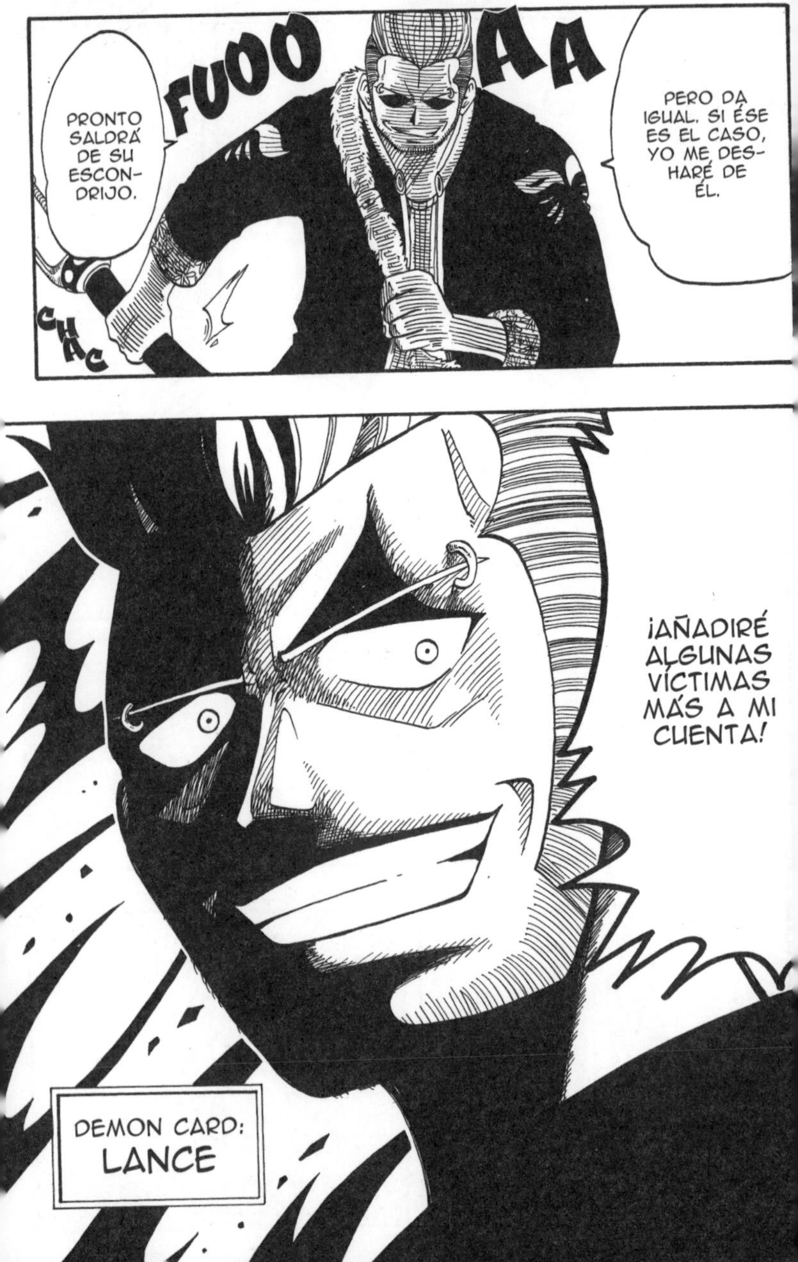
PERO DA IGUAL. SI ÉSE ES EL CASO, YO ME DESHARÉ DE ÉL.
FUOOAA
PRONTO SALDRÁ DE SU ESCONDRIJO.
CHAC
¡AÑADIRÉ ALGUNAS VÍCTIMAS MÁS A MI CUENTA!
DEMON CARD: LANCE

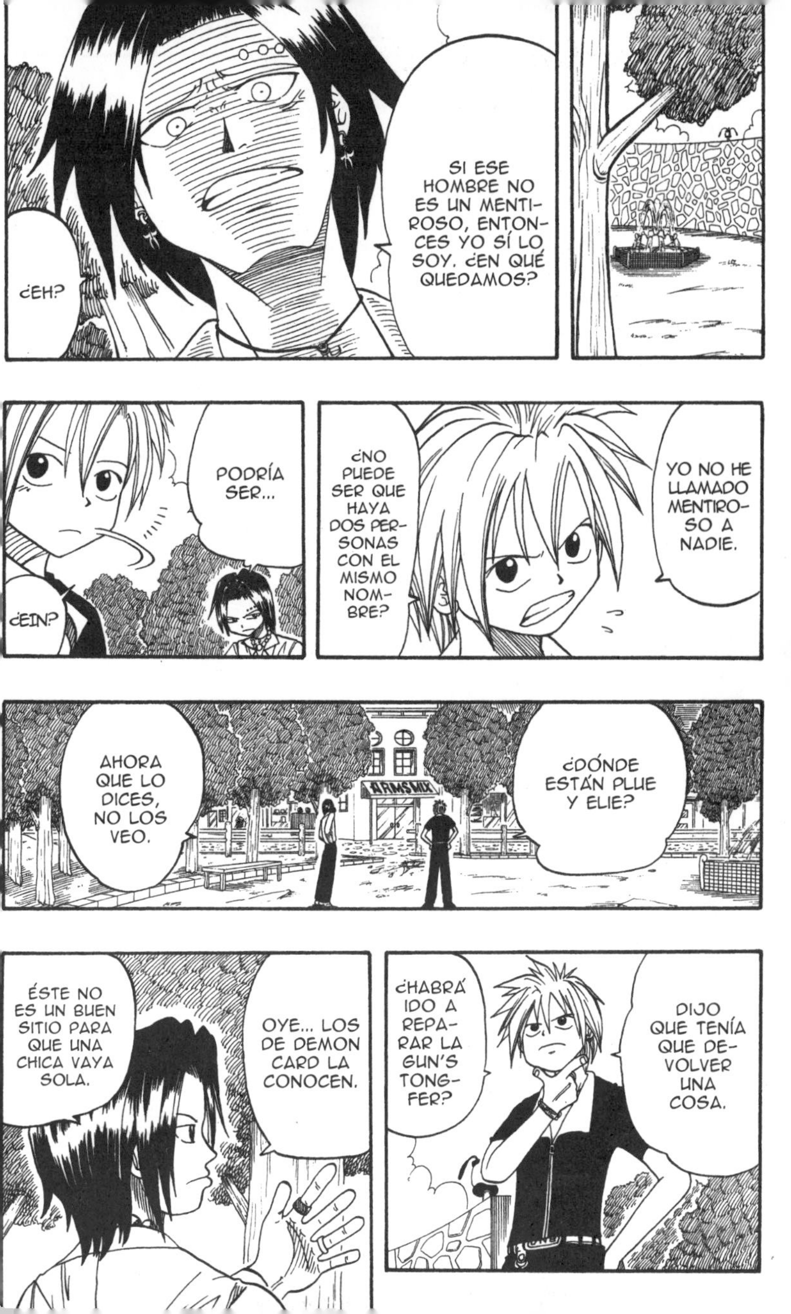
SI ESE HOMBRE NO ES UN MENTIROSO, ENTONCES YO SÍ LO SOY. ¿EN QUÉ QUEDAMOS?
¿EH?
YO NO HE LLAMADO MENTIROSO A NADIE.
¿NO PUEDE SER QUE HAYA DOS PERSONAS CON EL MISMO NOMBRE?
PODRÍA SER...
¿EIN?
¿DÓNDE ESTÁN PLUE Y ELIE?
AHORA QUE LO DICES, NO LOS VEO.
ARMSMIX
DIJO QUE TENÍA QUE DEVOLVER UNA COSA.
¿HABRÁ IDO A REPARAR LA GUN'S TONGFER?
OYE... LOS DE DEMON CARD LA CONOCEN.
ÉSTE NO ES UN BUEN SITIO PARA QUE UNA CHICA VAYA SOLA.

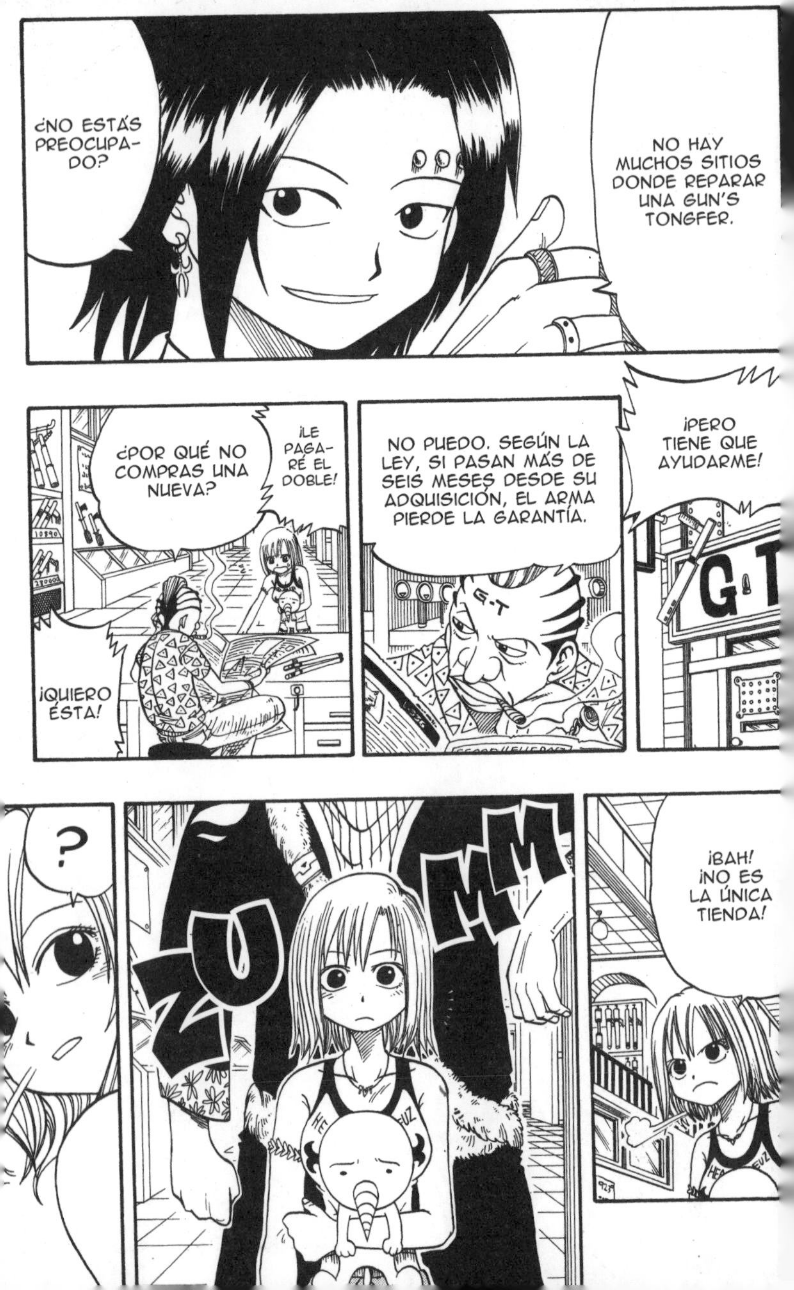
NO HAY MUCHOS SITIOS DONDE REPARAR UNA GUN'S TONGFER.
¿NO ESTÁS PREOCUPADO?
¡PERO TIENE QUE AYUDARME!
G·T
NO PUEDO. SEGÚN LA LEY, SI PASAN MÁS DE SEIS MESES DESDE SU ADQUISICIÓN, EL ARMA PIERDE LA GARANTÍA.
¡LE PAGARÉ EL DOBLE!
¿POR QUÉ NO COMPRAS UNA NUEVA?
¡QUIERO ÉSTA!
¡BAH! ¡NO ES LA ÚNICA TIENDA!
ZUMM
?

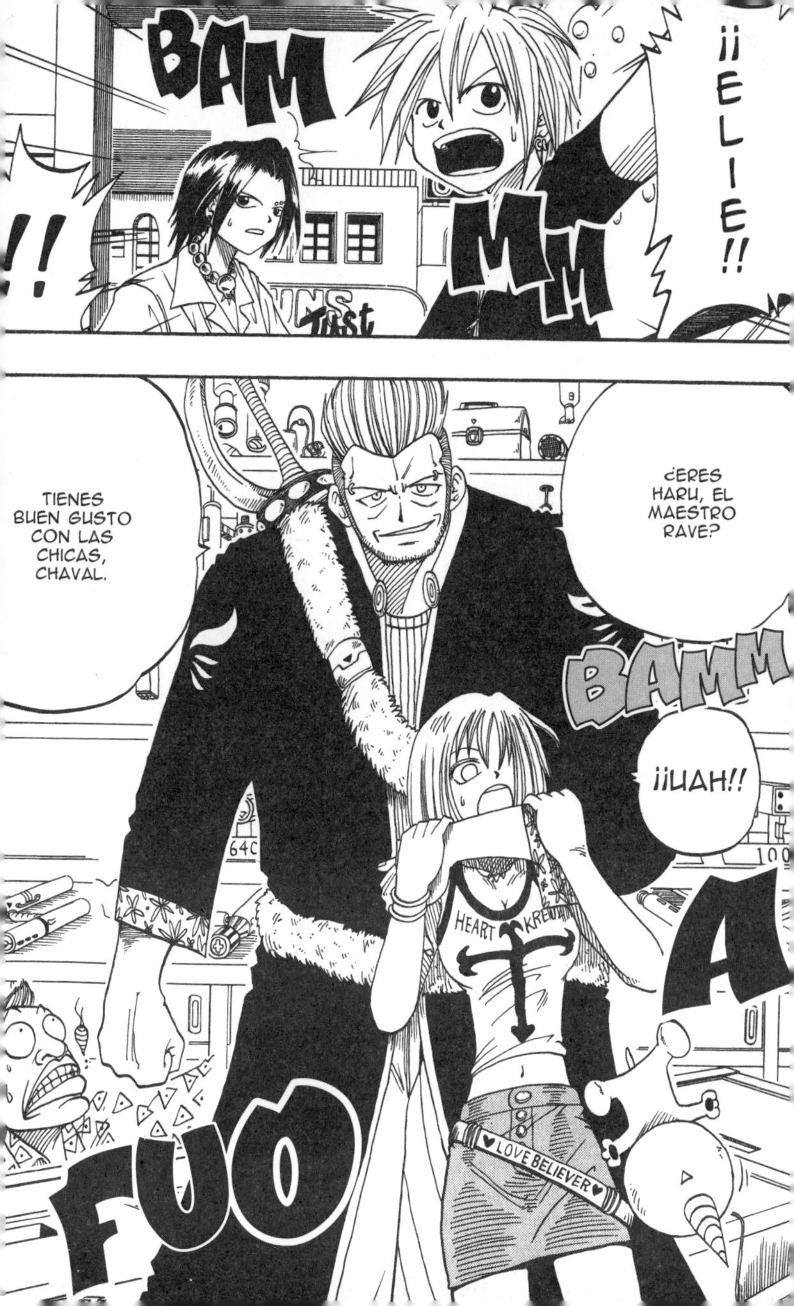
¡¡ELIE!!
MM
BAM
!!
¿ERES HARU, EL MAESTRO RAVE?
TIENES BUEN GUSTO CON LAS CHICAS, CHAVAL.
BAMM
¡¡UAH!!
A
FUO
HEART
LOVE BELIEVER

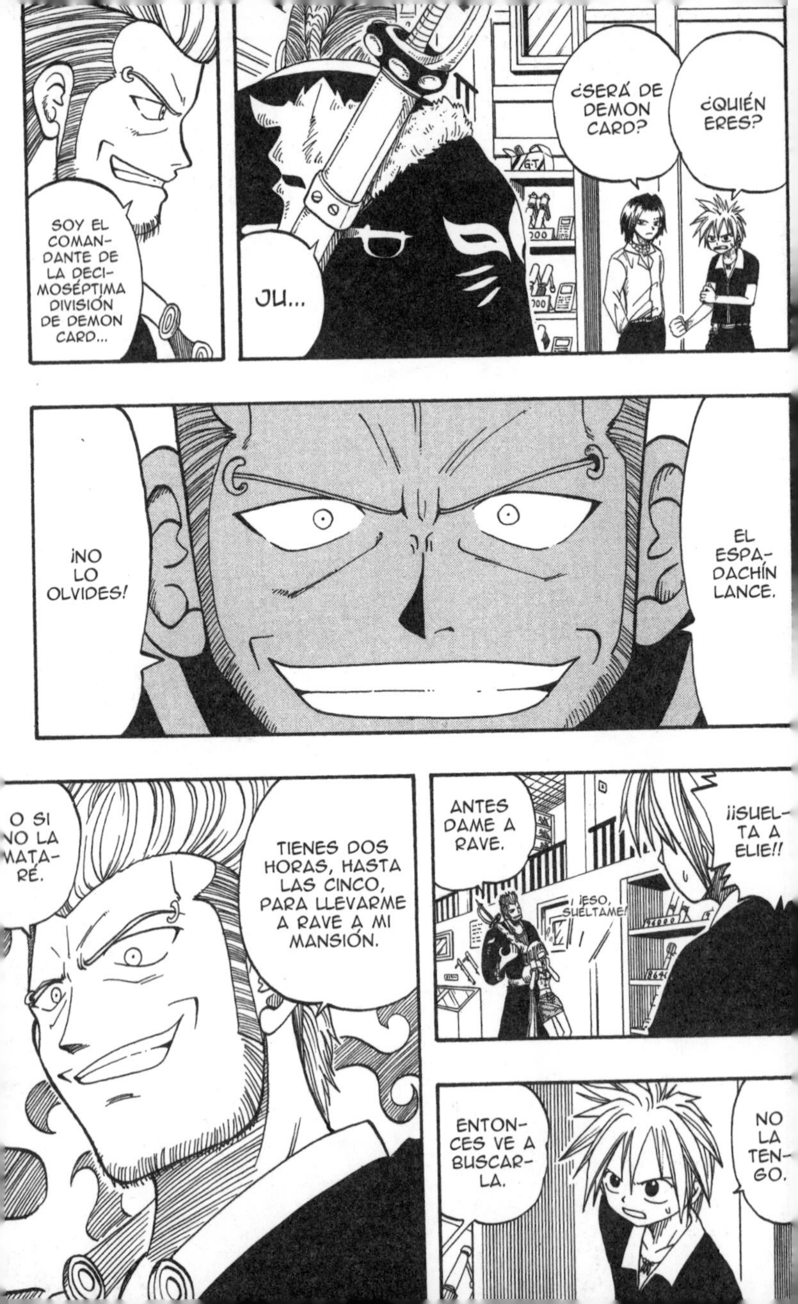
¿QUIÉN ERES?
¿SERÁ DE DEMON CARD?
JU...
SOY EL COMANDANTE DE LA DECIMOSÉPTIMA DIVISIÓN DE DEMON CARD...
EL ESPADACHÍN LANCE.
¡NO LO OLVIDES!
¡¡SUELTA A ELIE!!
ANTES DAME A RAVE.
¡ESO, SUÉLTAME!
NO LA TENGO.
ENTONCES VE A BUSCARLA.
TIENES DOS HORAS, HASTA LAS CINCO, PARA LLEVARME A RAVE A MI MANSIÓN.
O SI NO LA MATARÉ.

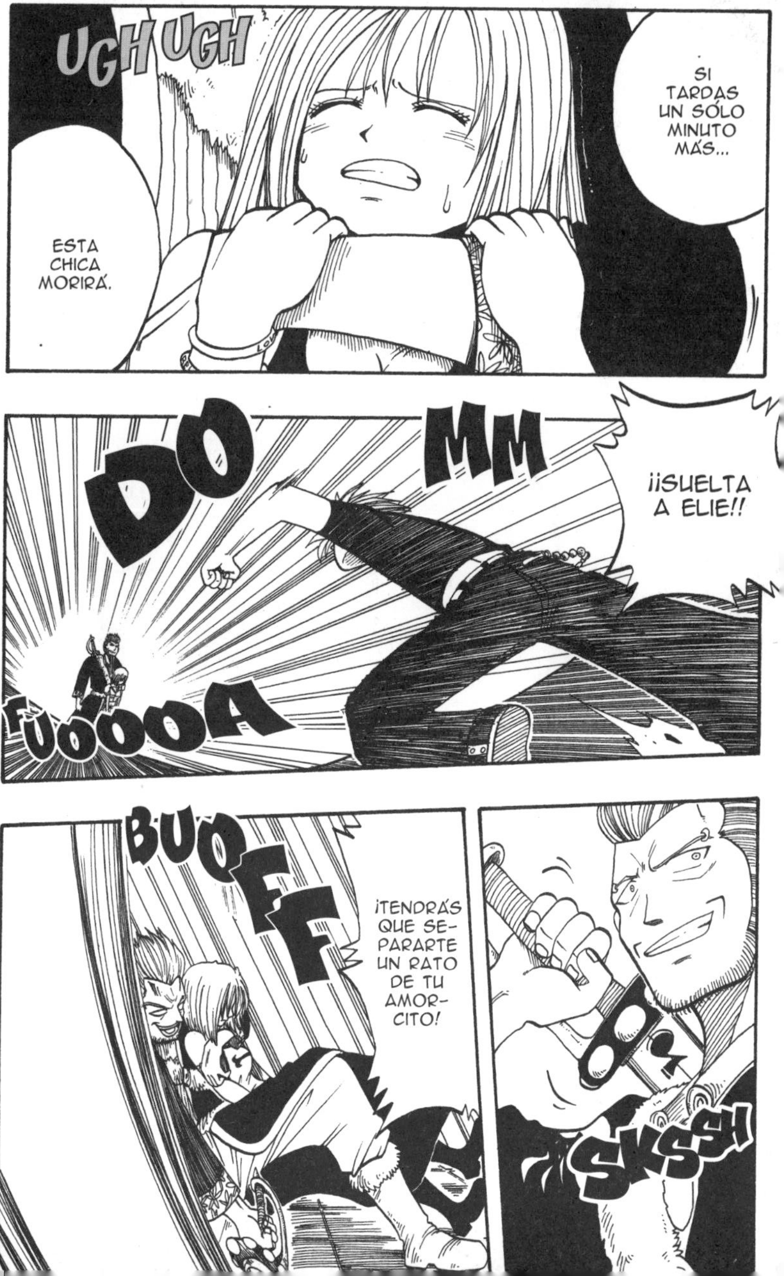
SI TARDAS UN SÓLO MINUTO MÁS...
UGH UGH
ESTA CHICA MORIRÁ.
¡¡SUELTA A ELIE!!
DOOMM
FUOOOOA
SKSSH
BUOFF
¡TENDRÁS QUE SEPARARTE UN RATO DE TU AMORCITO!

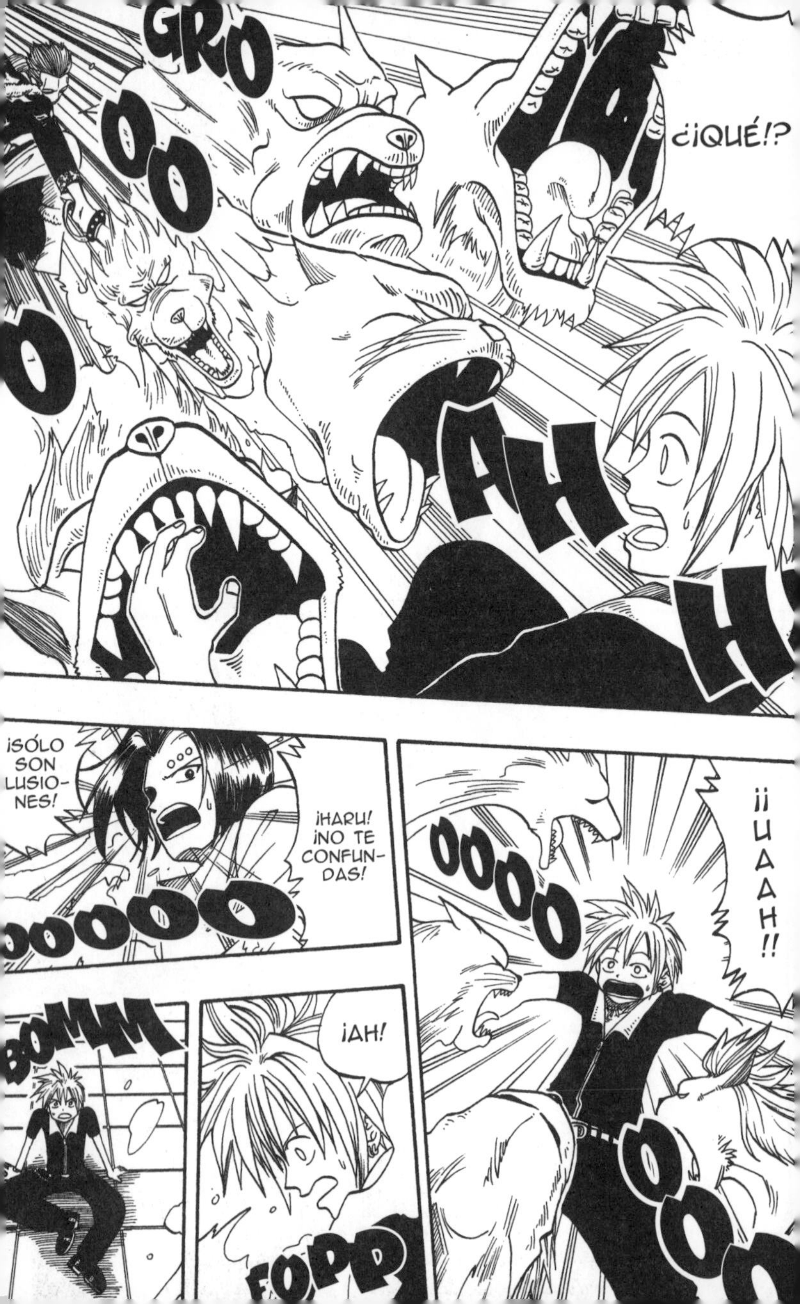
¿¡QUÉ!?
AHH
GROOOOO
OOOO
¡¡UAAAH!!
OOO
¡HARU! ¡NO TE CONFUNDAS!
¡SÓLO SON LUSIONES!
OOOOOO
¡AH!
FOPP
BOMM

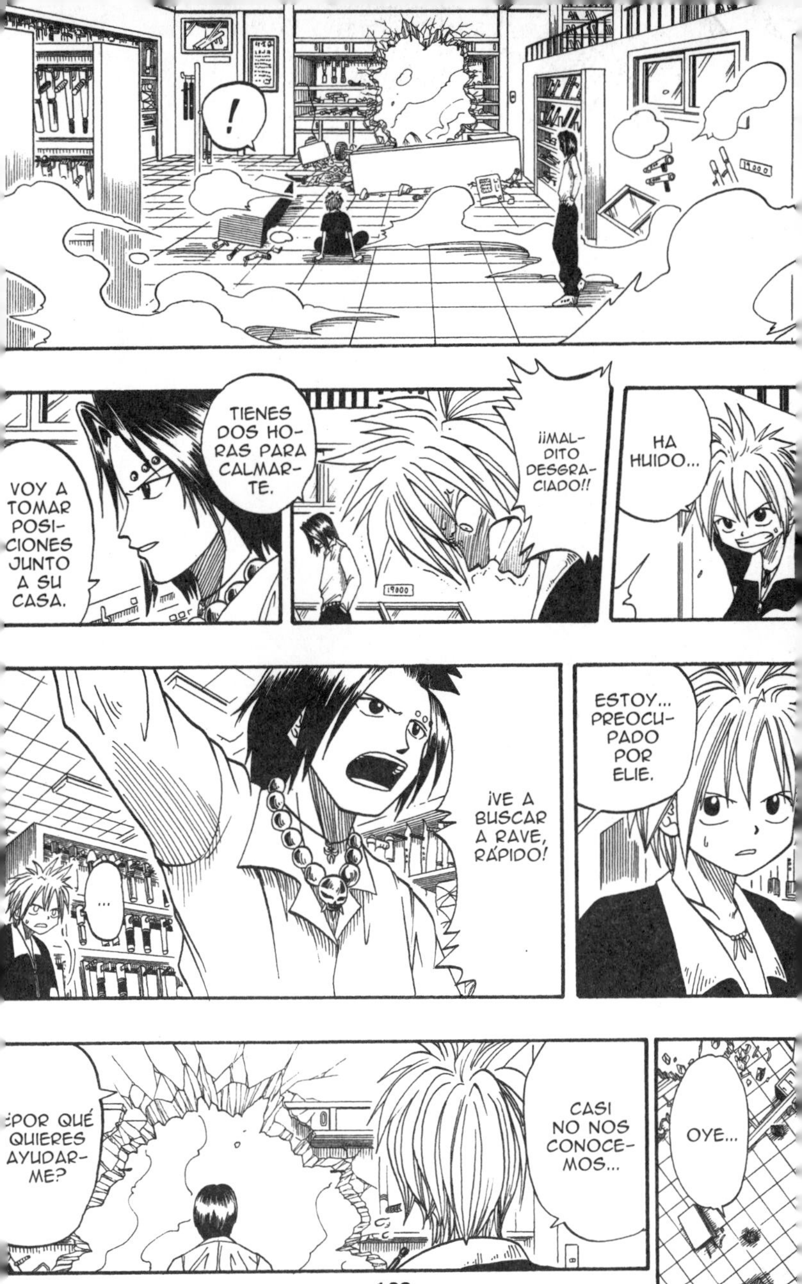
!
HA HUIDO...
¡¡MALDITO DESGRACIADO!!
TIENES DOS HORAS PARA CALMARTE.
VOY A TOMAR POSICIONES JUNTO A SU CASA.
ESTOY... PREOCUPADO POR ELIE.
¡VE A BUSCAR A RAVE, RÁPIDO!
...
OYE...
CASI NO NOS CONOCEMOS...
¿POR QUÉ QUIERES AYUDARME?

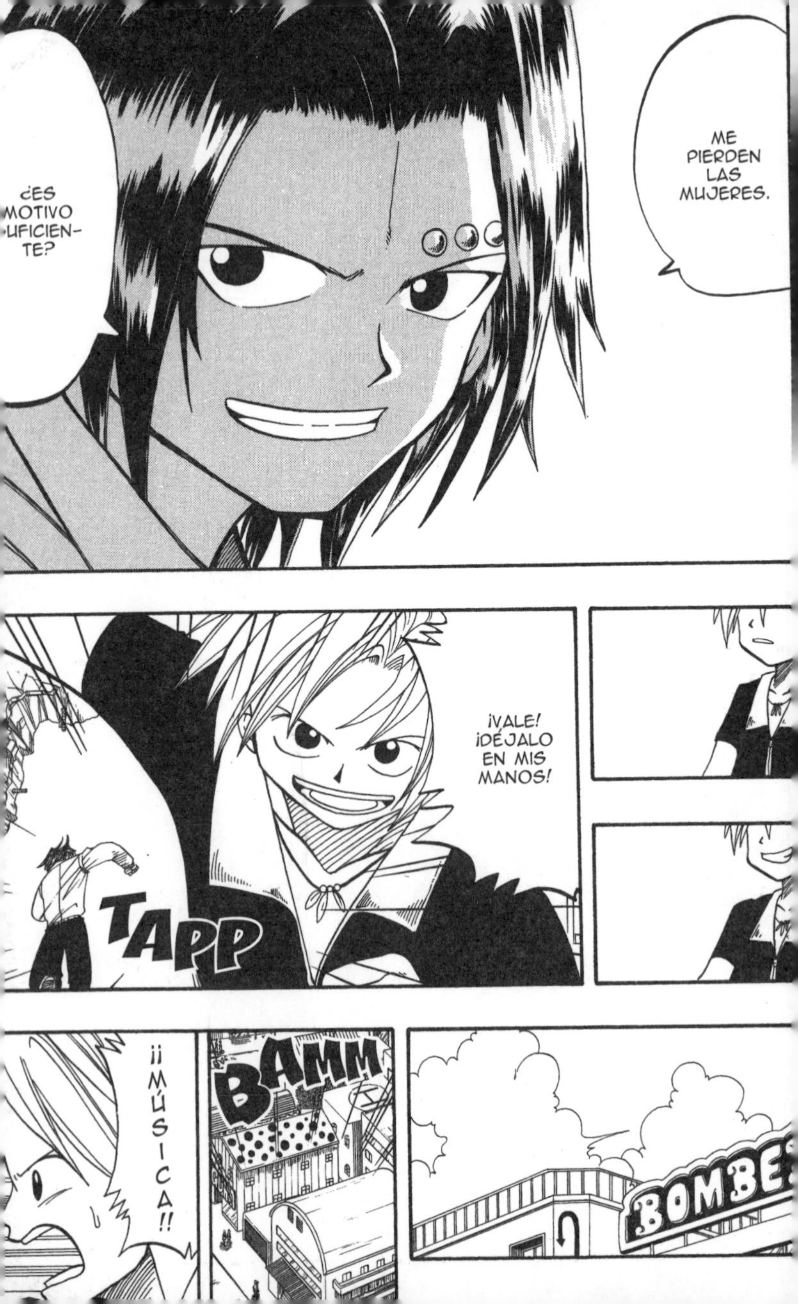
ME PIERDEN LAS MUJERES.
¿ES MOTIVO UFICIEN-TE?
¡VALE! ¡DÉJALO EN MIS MANOS!
TAPP
BOMBE
BAMM
¡¡MÚSICA!!

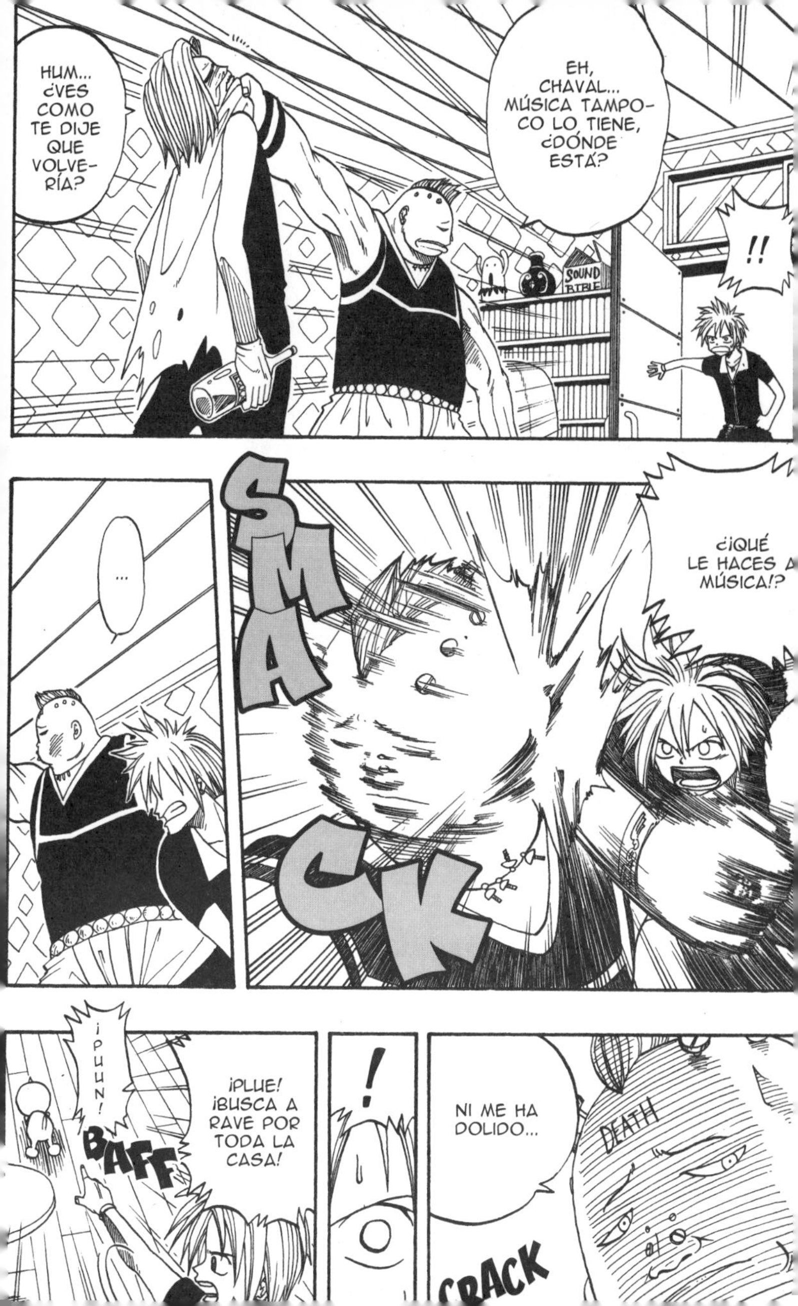
EH, CHAVAL... MÚSICA TAMPOCO LO TIENE, ¿DÓNDE ESTÁ?
!!
HUM... ¿VES COMO TE DIJE QUE VOLVERÍA?
SOUND BIBLE
SMACK
¿¡QUÉ LE HACES A MÚSICA!?
...
NI ME HA DOLIDO...
DEATH
CRACK
!
¡PLUE! ¡BUSCA A RAVE POR TODA LA CASA!
¡PUUN!
BAFF

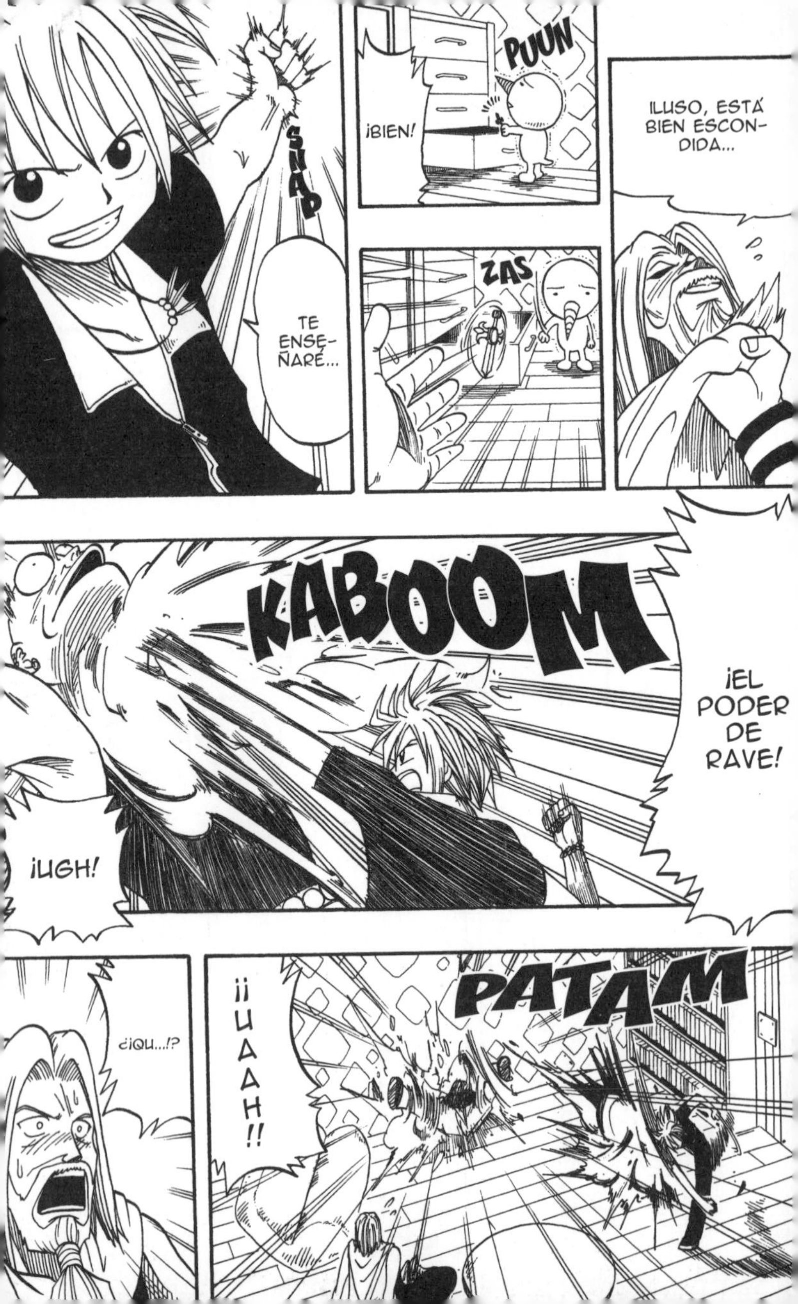
ILUSO, ESTÁ BIEN ESCON-DIDA...
PUUN
¡BIEN!
ZAS
SNAP
TE ENSE-ÑARÉ...
¡EL PODER DE RAVE!
KABOOM
¡UGH!
PATAM
¡¡UAAAH!!
¿¡QU...!?

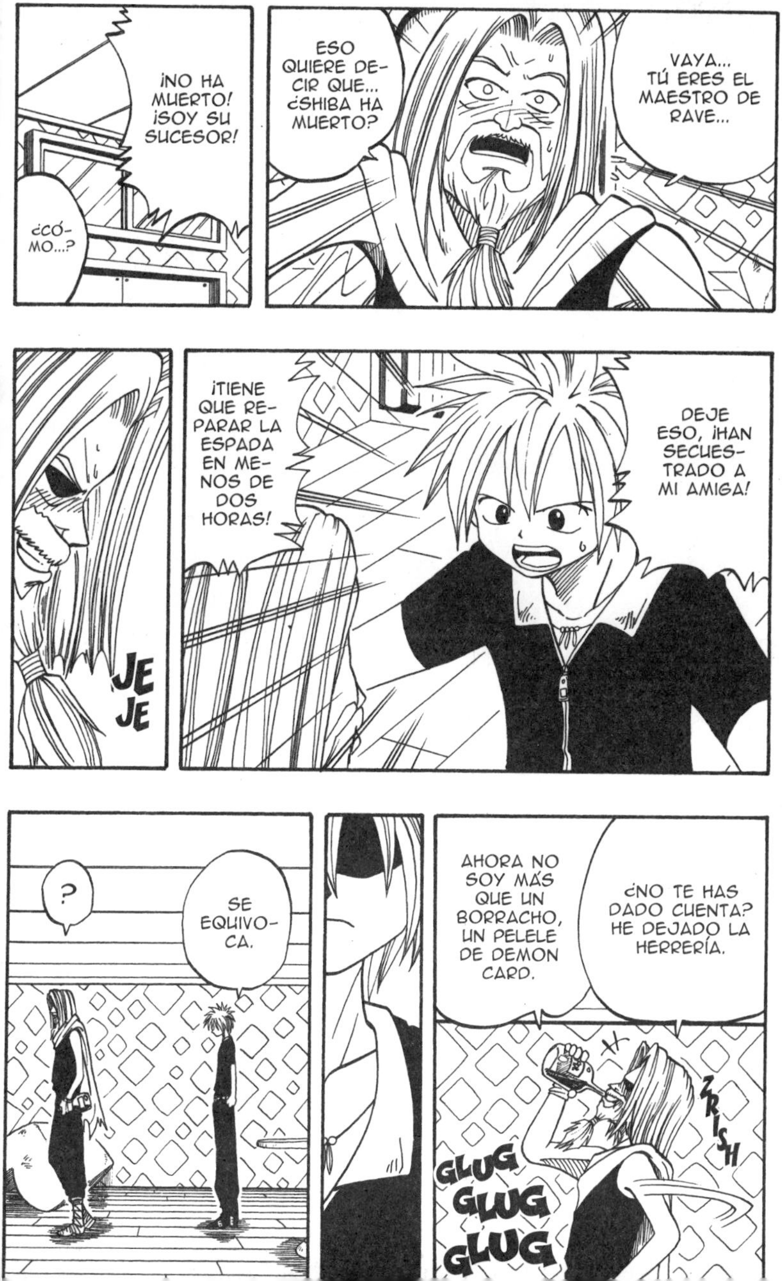
VAYA... TÚ ERES EL MAESTRO DE RAVE...
ESO QUIERE DECIR QUE... ¿SHIBA HA MUERTO?
¡NO HA MUERTO! ¡SOY SU SUCESOR!
¿CÓMO...?
DEJE ESO, ¡HAN SECUESTRADO A MI AMIGA!
¡TIENE QUE REPARAR LA ESPADA EN MENOS DE DOS HORAS!
JE JE
¿NO TE HAS DADO CUENTA? HE DEJADO LA HERRERÍA.
AHORA NO SOY MÁS QUE UN BORRACHO, UN PELELE DE DEMON CARD.
ZRISH
GLUG GLUG GLUG
SE EQUIVOCA.
?

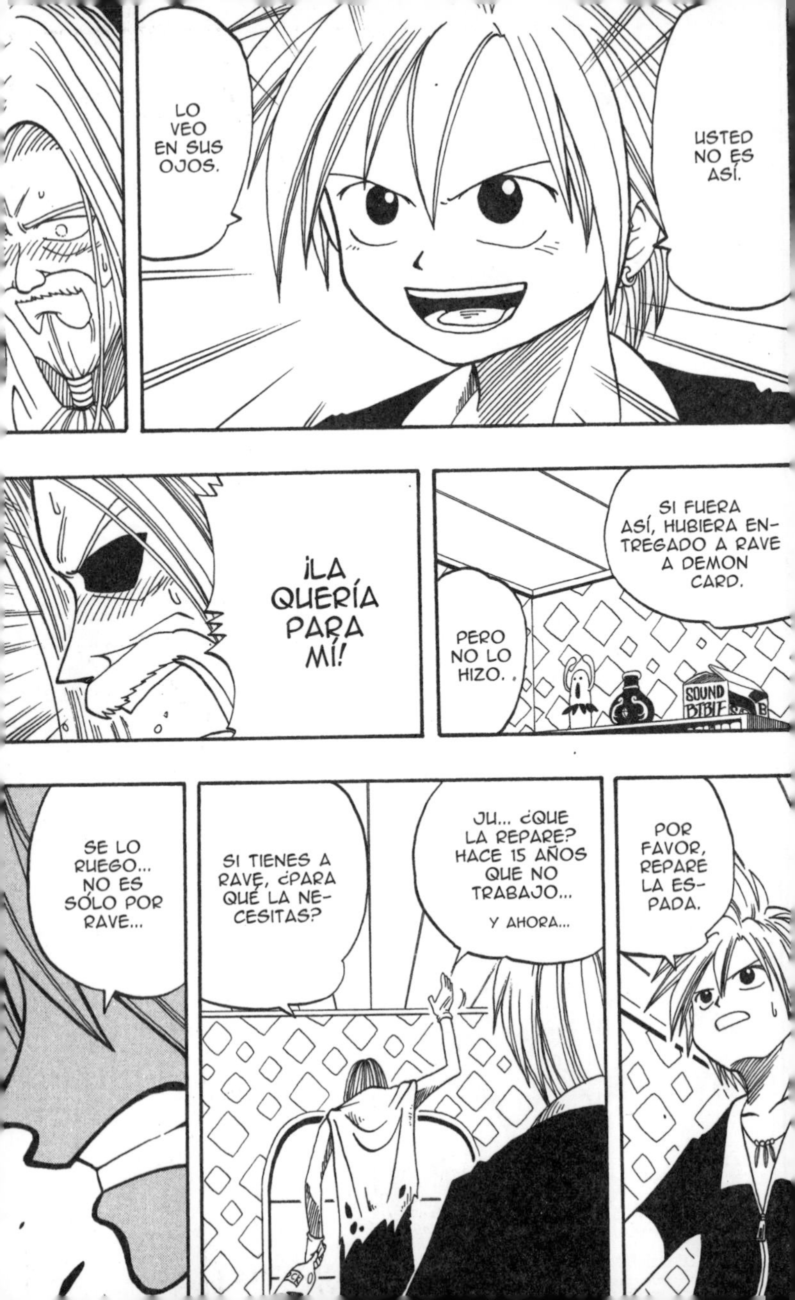
USTED NO ES ASÍ.
LO VEO EN SUS OJOS.
SI FUERA ASÍ, HUBIERA EN-TREGADO A RAVE A DEMON CARD.
PERO NO LO HIZO.
SOUND
¡LA QUERÍA PARA MÍ!
POR FAVOR, REPARE LA ES-PADA.
JU... ¿QUE LA REPARE? HACE 15 AÑOS QUE NO TRABAJO...
Y AHORA...
SI TIENES A RAVE, ¿PARA QUÉ LA NE-CESITAS?
SE LO RUEGO... NO ES SÓLO POR RAVE...

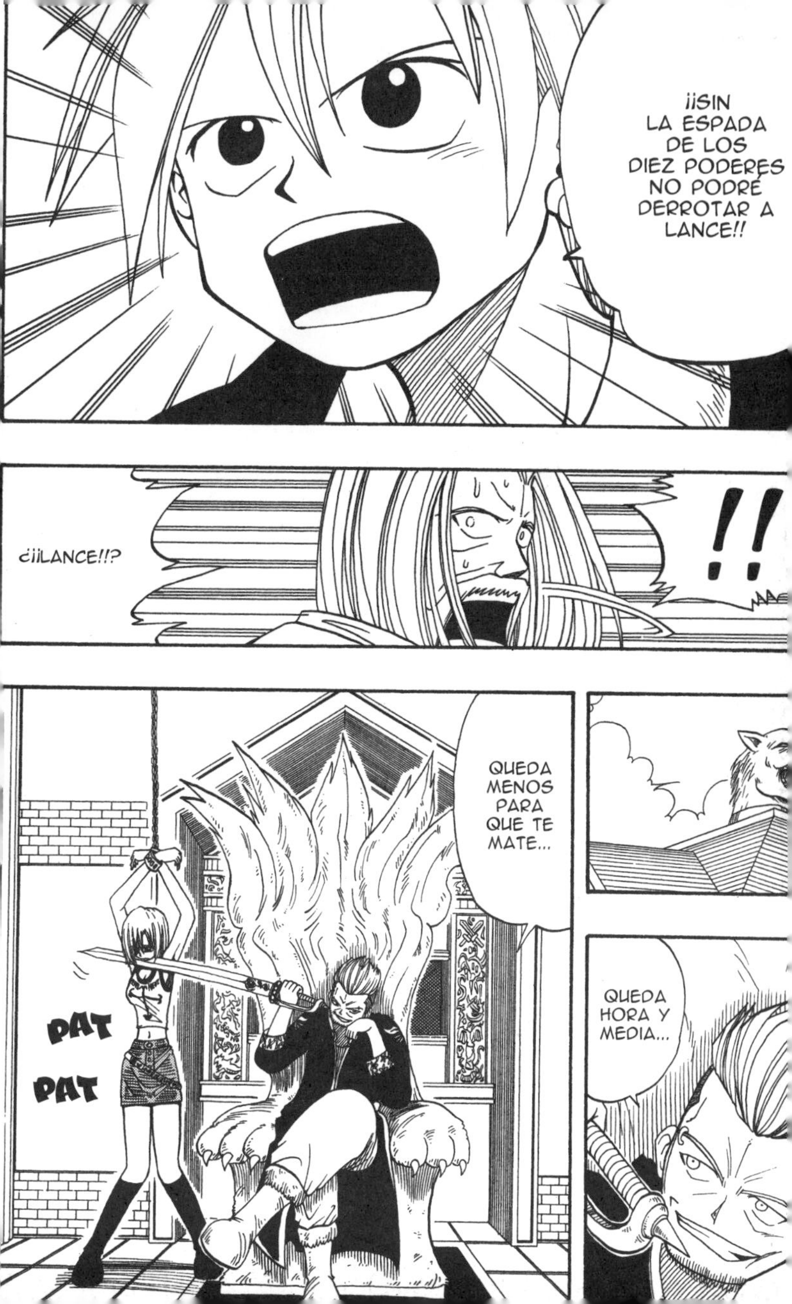
¡¡SIN LA ESPADA DE LOS DIEZ PODERES NO PODRÉ DERROTAR A LANCE!!
!!
¿¡¡LANCE!!?
QUEDA HORA Y MEDIA...
QUEDA MENOS PARA QUE TE MATE...
PAT
PAT

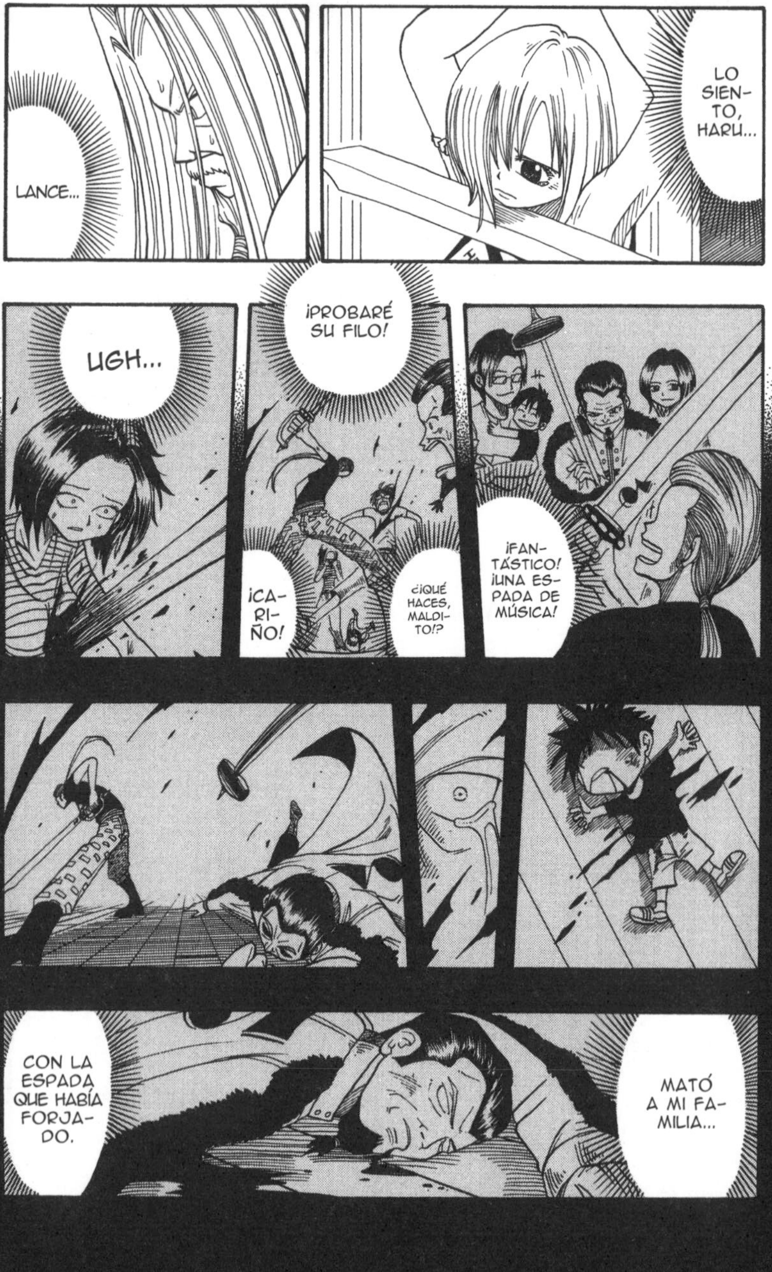
LO SIENTO, HARU...
LANCE...
¡FANTÁSTICO! ¡UNA ESPADA DE MÚSICA!
¡PROBARÉ SU FILO!
¿QUÉ HACES, MALDITO!?
¡CARIÑO!
UGH...
MATÓ A MI FAMILIA...
CON LA ESPADA QUE HABÍA FORJADO.

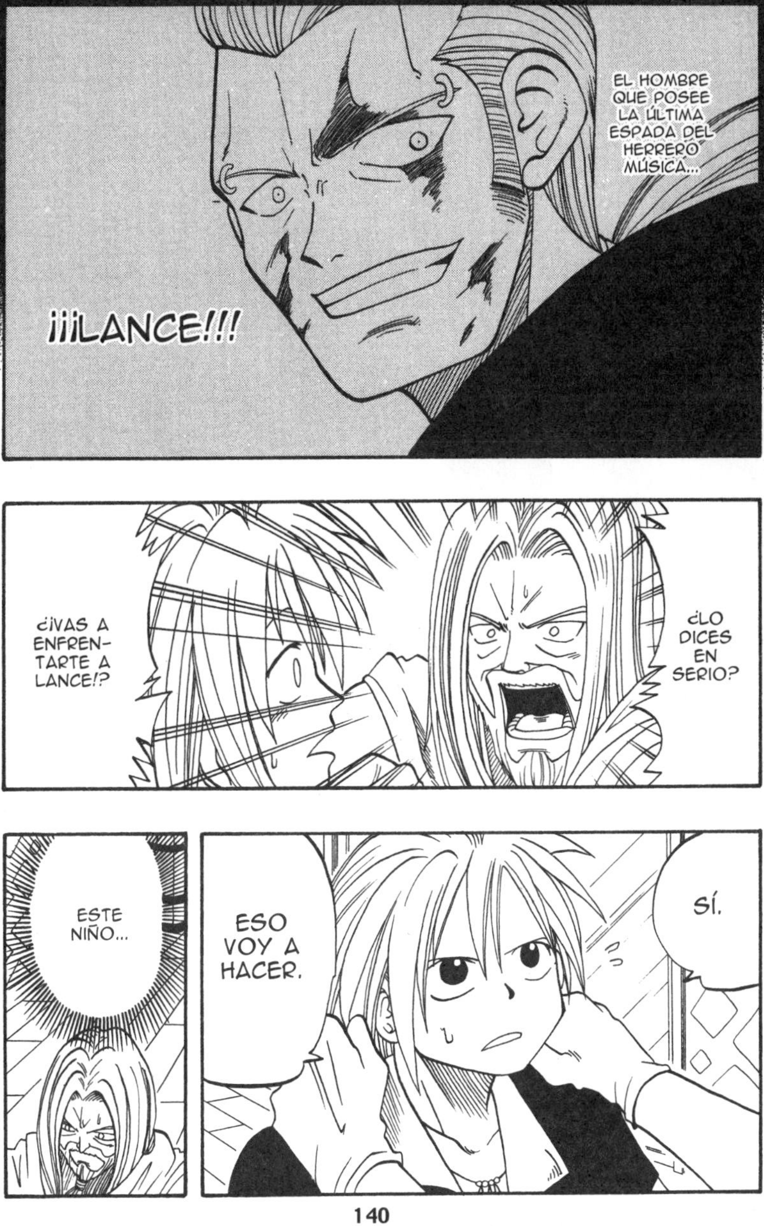
EL HOMBRE QUE POSEE LA ÚLTIMA ESPADA DEL HERRERO MÚSICA...
¡¡¡LANCE!!!
¿LO DICES EN SERIO?
¿¡VAS A ENFRENTARTE A LANCE!?
SÍ.
ESO VOY A HACER.
ESTE NIÑO...

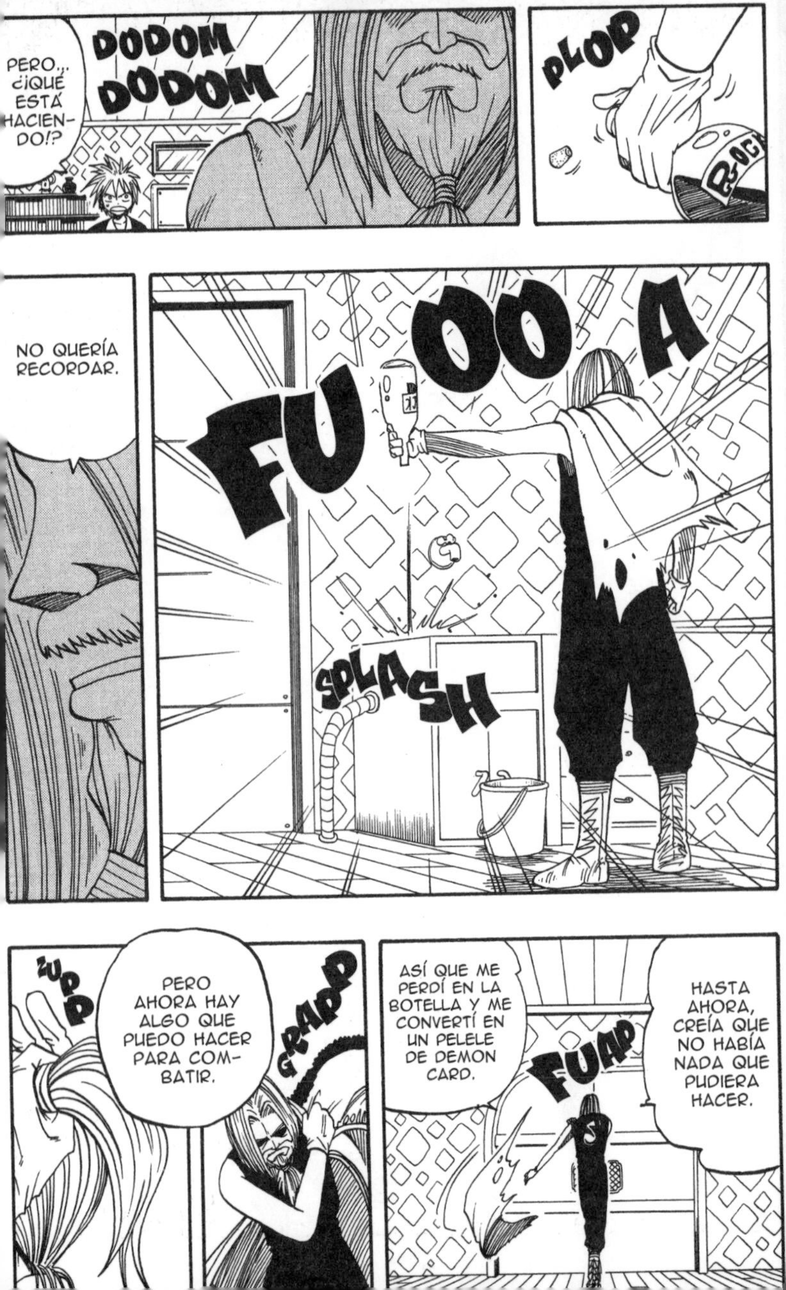
PLOP
DODOM DODOM
PERO... ¿QUÉ ESTÁ HACIEN-DO!?
FU OO A
SPLASH
NO QUERÍA RECORDAR.
HASTA AHORA, CREÍA QUE NO HABÍA NADA QUE PUDIERA HACER.
ASÍ QUE ME PERDÍ EN LA BOTELLA Y ME CONVERTÍ EN UN PELELE DE DEMON CARD.
FUAP
GRAPP
PERO AHORA HAY ALGO QUE PUEDO HACER PARA COM-BATIR.
ZUPP

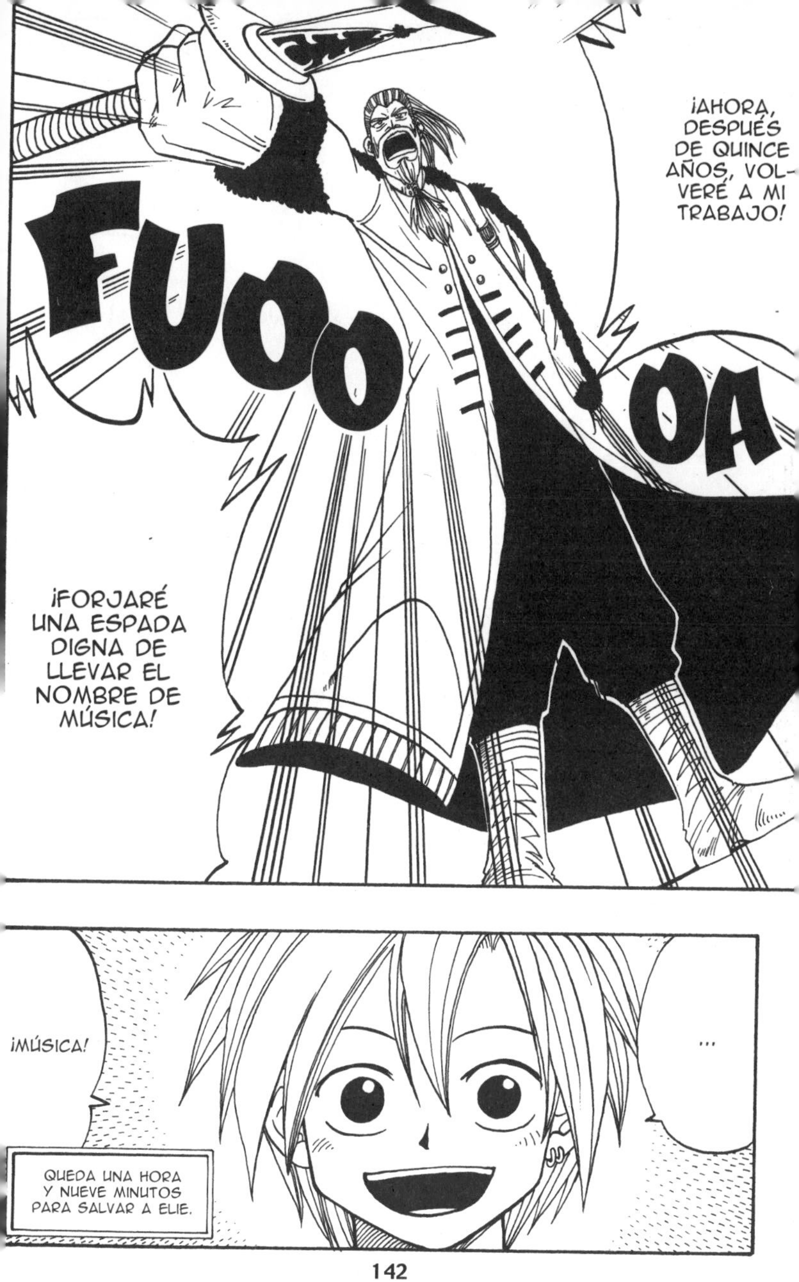
¡AHORA, DESPUÉS DE QUINCE AÑOS, VOLVERÉ A MI TRABAJO!
FUOOOA
¡FORJARÉ UNA ESPADA DIGNA DE LLEVAR EL NOMBRE DE MÚSICA!
...
¡MÚSICA!
QUEDA UNA HORA Y NUEVE MINUTOS PARA SALVAR A ELIE.

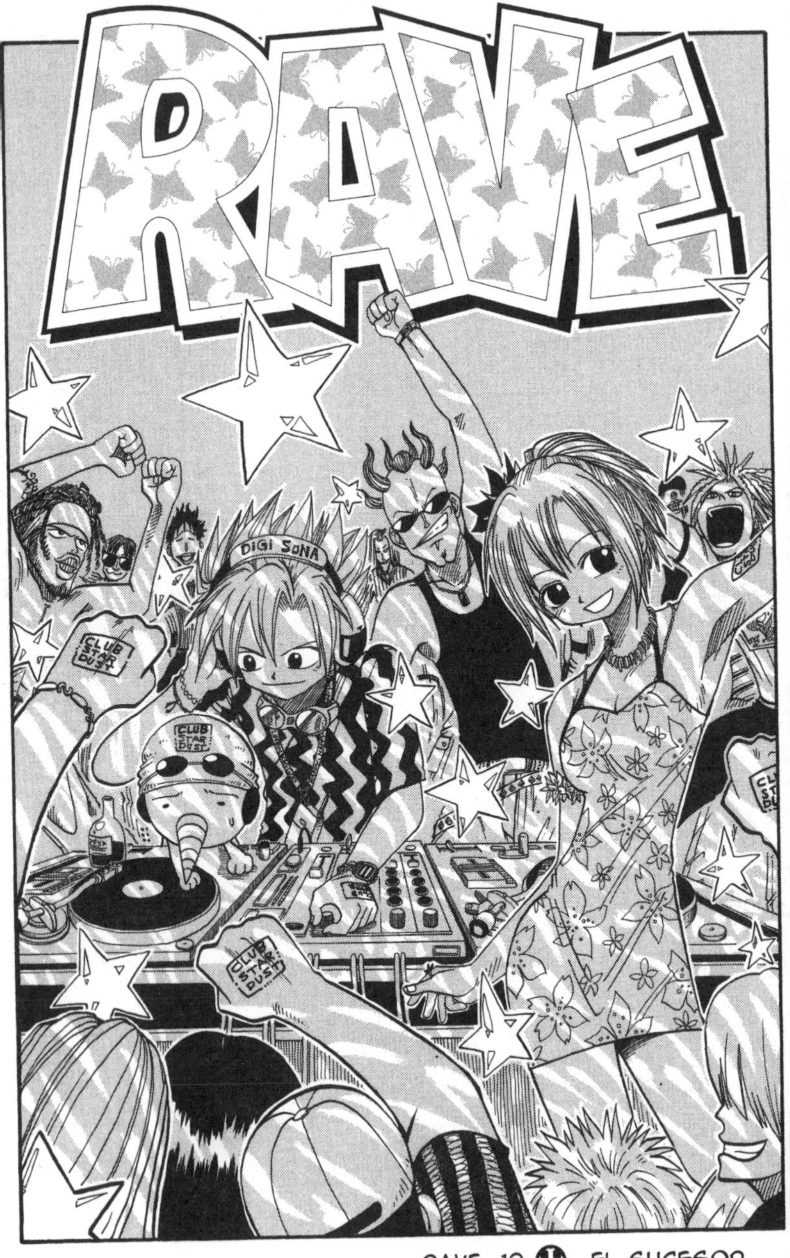
RAVE
DIGI SONA
CLUB STAR DUST
CLUB STAR DUST
CLUB STAR DUST

RAVE: 12 ✠ EL SUCESOR

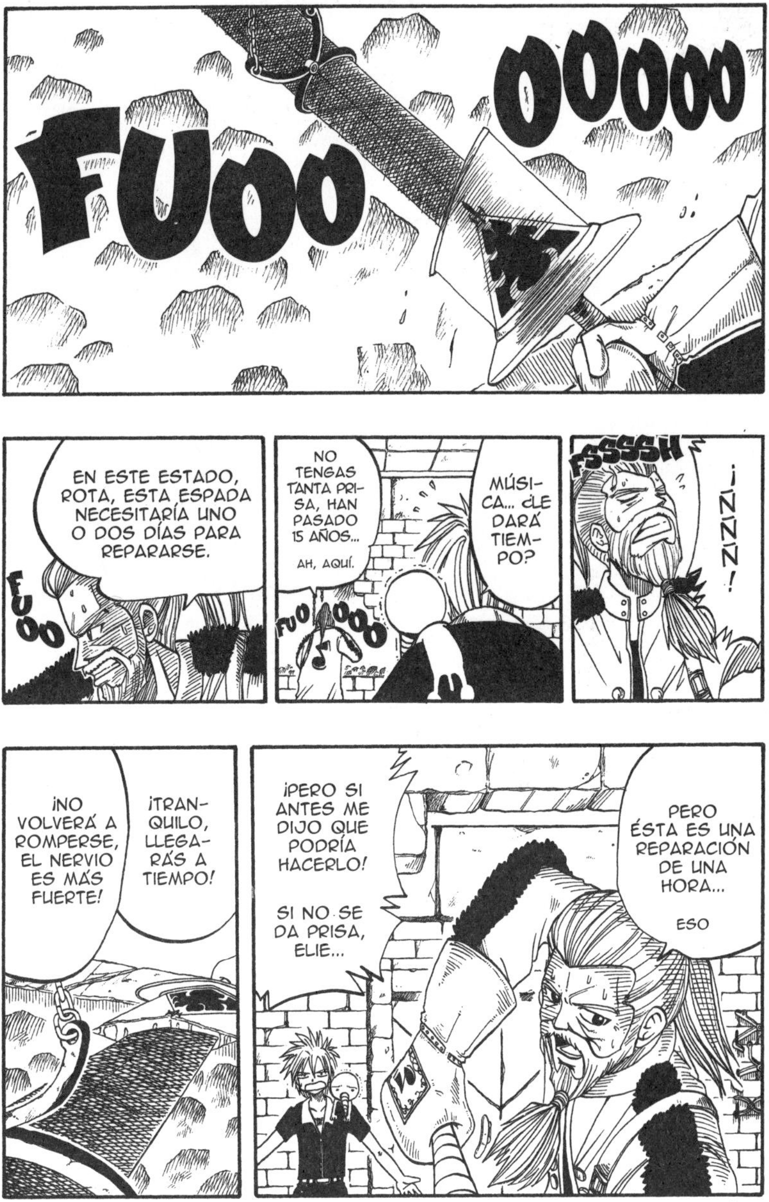
FUOO OOOOOO
FSSSSH
¡ÑÑÑÑ!
MÚSICA... ¿LE DARÁ TIEMPO?
NO TENGAS TANTA PRISA, HAN PASADO 15 AÑOS...
AH, AQUÍ.
FUOOOOO
EN ESTE ESTADO, ROTA, ESTA ESPADA NECESITARÍA UNO O DOS DÍAS PARA REPARARSE.
FUOO
PERO ÉSTA ES UNA REPARACIÓN DE UNA HORA...
ESO
¡PERO SI ANTES ME DIJO QUE PODRÍA HACERLO!
SI NO SE DA PRISA, ELIE...
¡TRANQUILO, LLEGARÁS A TIEMPO!
¡NO VOLVERÁ A ROMPERSE, EL NERVIO ES MÁS FUERTE!

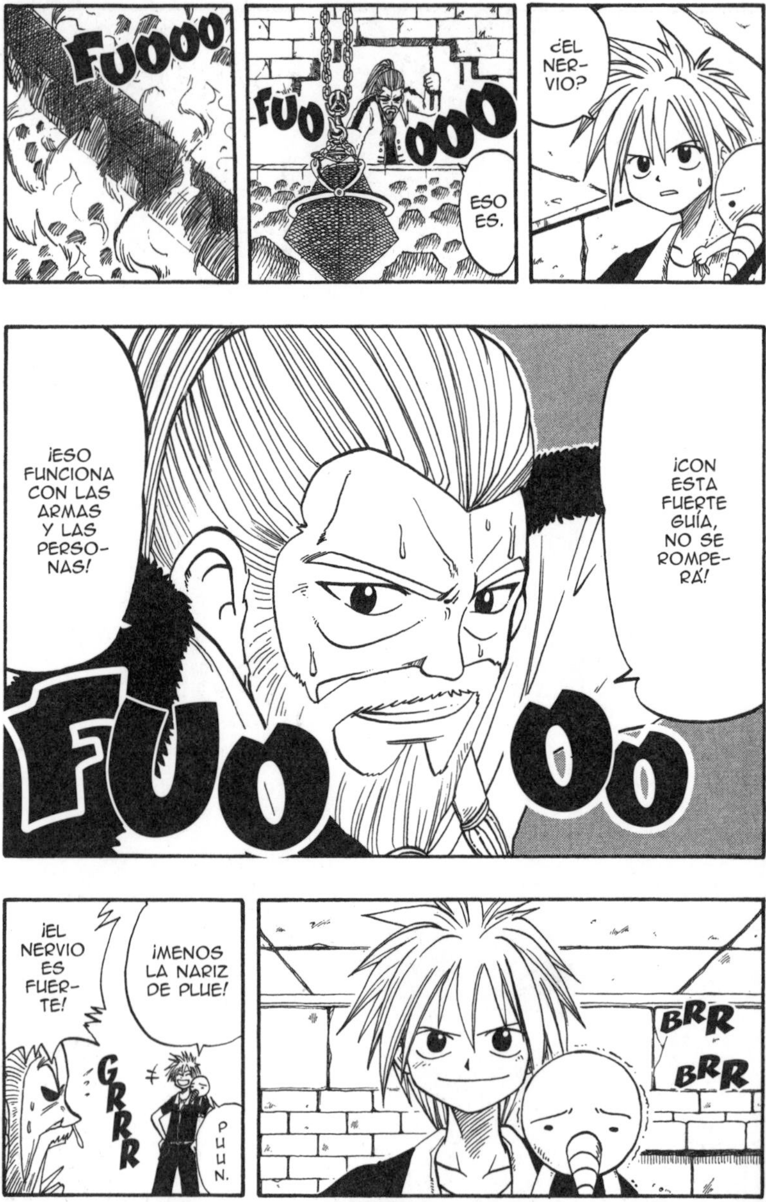
¿EL NERVIO?
FUOOOOO
ESO ES.
FUÓOO
¡CON ESTA FUERTE GUÍA, NO SE ROMPERÁ!
¡ESO FUNCIONA CON LAS ARMAS Y LAS PERSONAS!
FUOOO
BRR
BRR
¡EL NERVIO ES FUERTE!
¡MENOS LA NARIZ DE PLUE!
GRRR
PUUN.

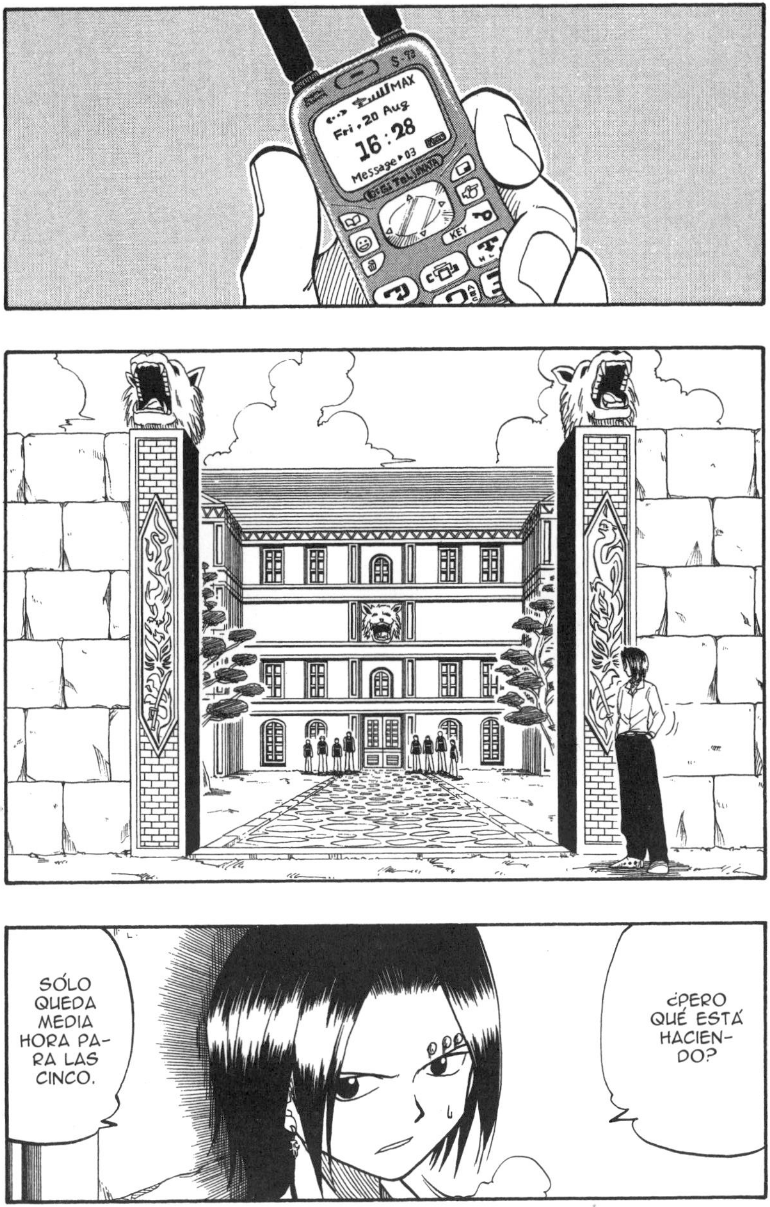
Fri, 20 Aug
16:28
¿PERO QUÉ ESTÁ HACIEN-DO?
SÓLO QUEDA MEDIA HORA PA-RA LAS CINCO.

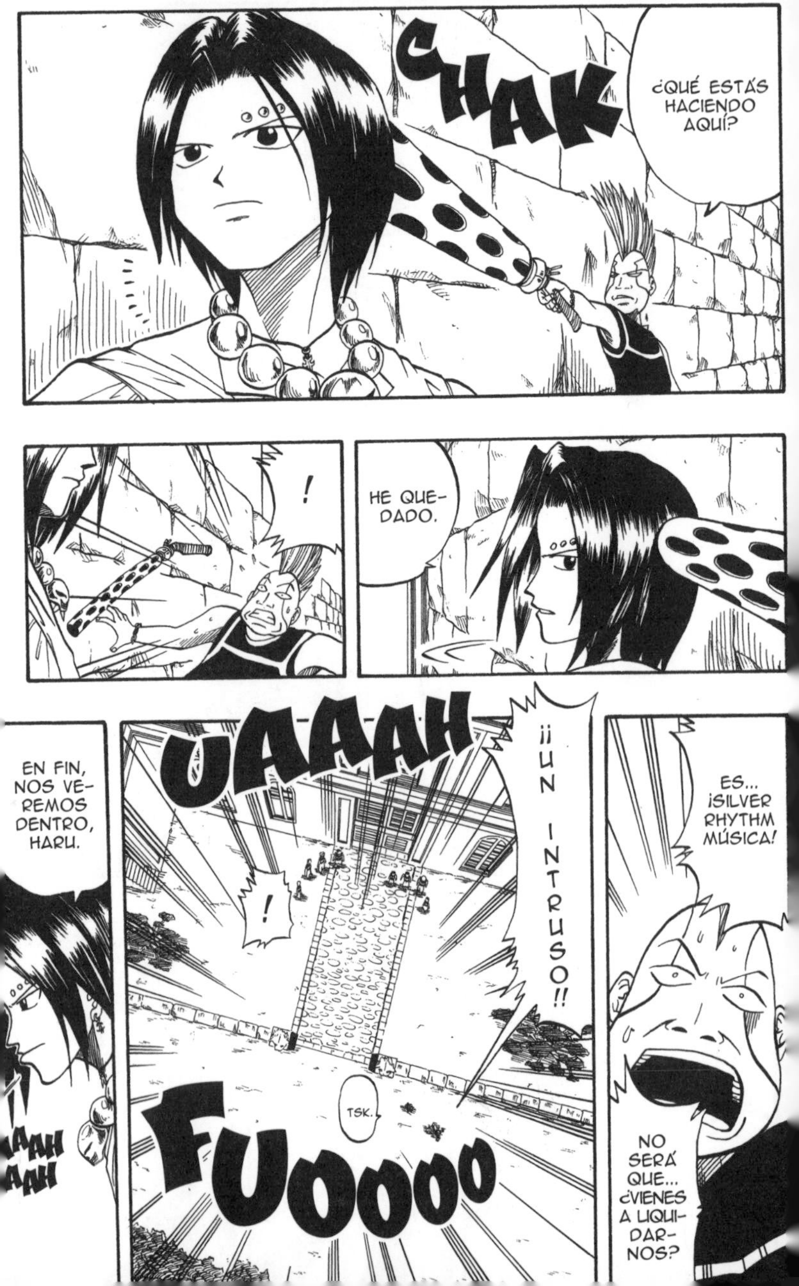
CHAK
¿QUÉ ESTÁS HACIENDO AQUÍ?
HE QUEDADO.
!
ES... ¡SILVER RHYTHM MÚSICA!
NO SERÁ QUE... ¿VIENES A LIQUIDARNOS?
¡¡UN INTRUSO!!
UAAAAH
!
TSK.
FUOOOOO
EN FIN, NOS VEREMOS DENTRO, HARU.

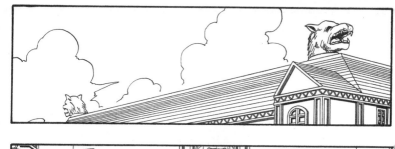

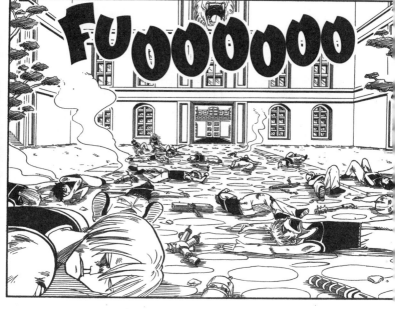

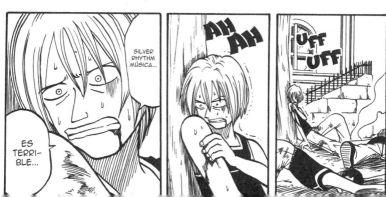

SILVER
RHYTHM
MÚSICA...

ES
TERRI-
BLE...

AH
AH

UFF
UFF

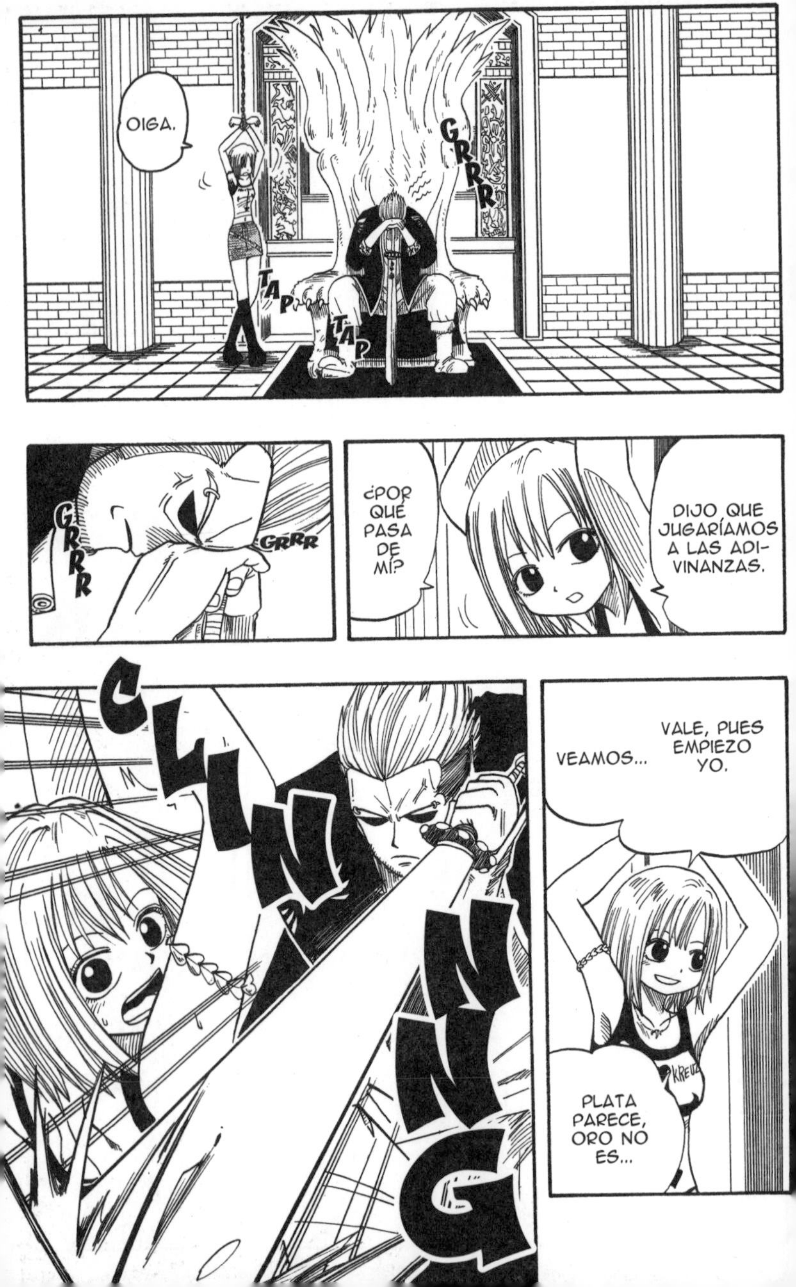
OIGA.
GRRR
TAP
TAP
DIJO QUE JUGARÍAMOS A LAS ADIVINANZAS.
¿POR QUÉ PASA DE MÍ?
GRRR
GRRR
VALE, PUES EMPIEZO YO.
VEAMOS...
PLATA PARECE, ORO NO ES...
KREUZ
CLINNNG

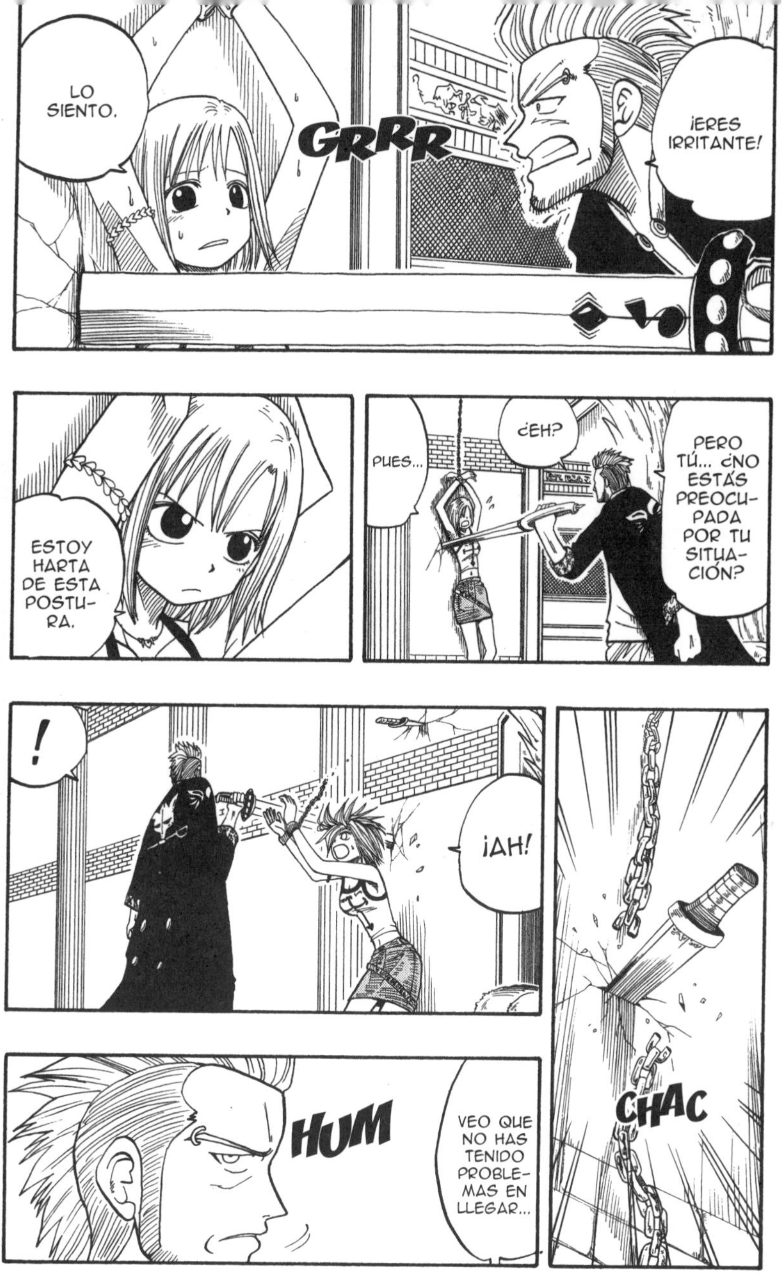
¡ERES IRRITANTE!
GRRR
LO SIENTO.
PERO TÚ... ¿NO ESTÁS PREOCUPADA POR TU SITUACIÓN?
¿EH?
PUES...
ESTOY HARTA DE ESTA POSTURA.
CHAC
¡AH!
!
VEO QUE NO HAS TENIDO PROBLEMAS EN LLEGAR...
HUM

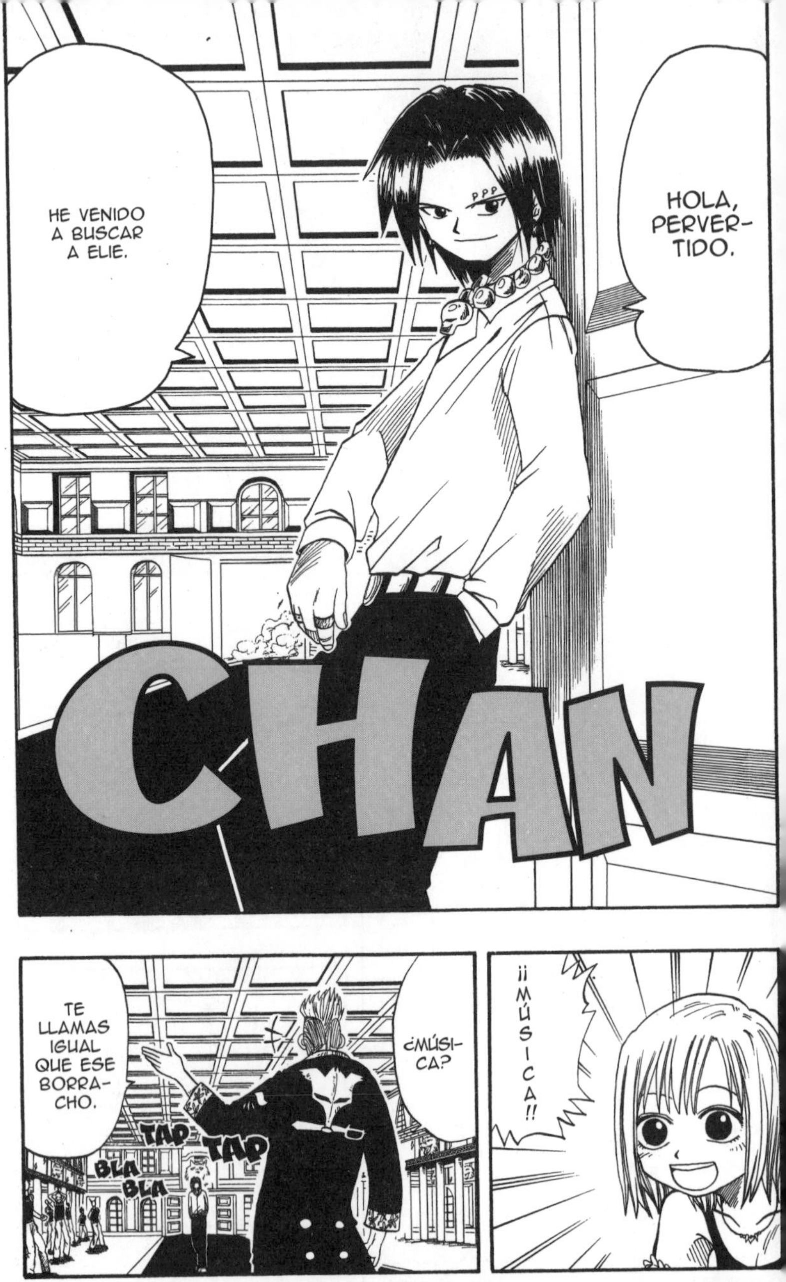
HOLA, PERVERTIDO.
HE VENIDO A BUSCAR A ELIE.
CHAN
¡¡MÚSICA!!
¿MÚSICA?
TE LLAMAS IGUAL QUE ESE BORRACHO.
TAP TAP
BLA BLA

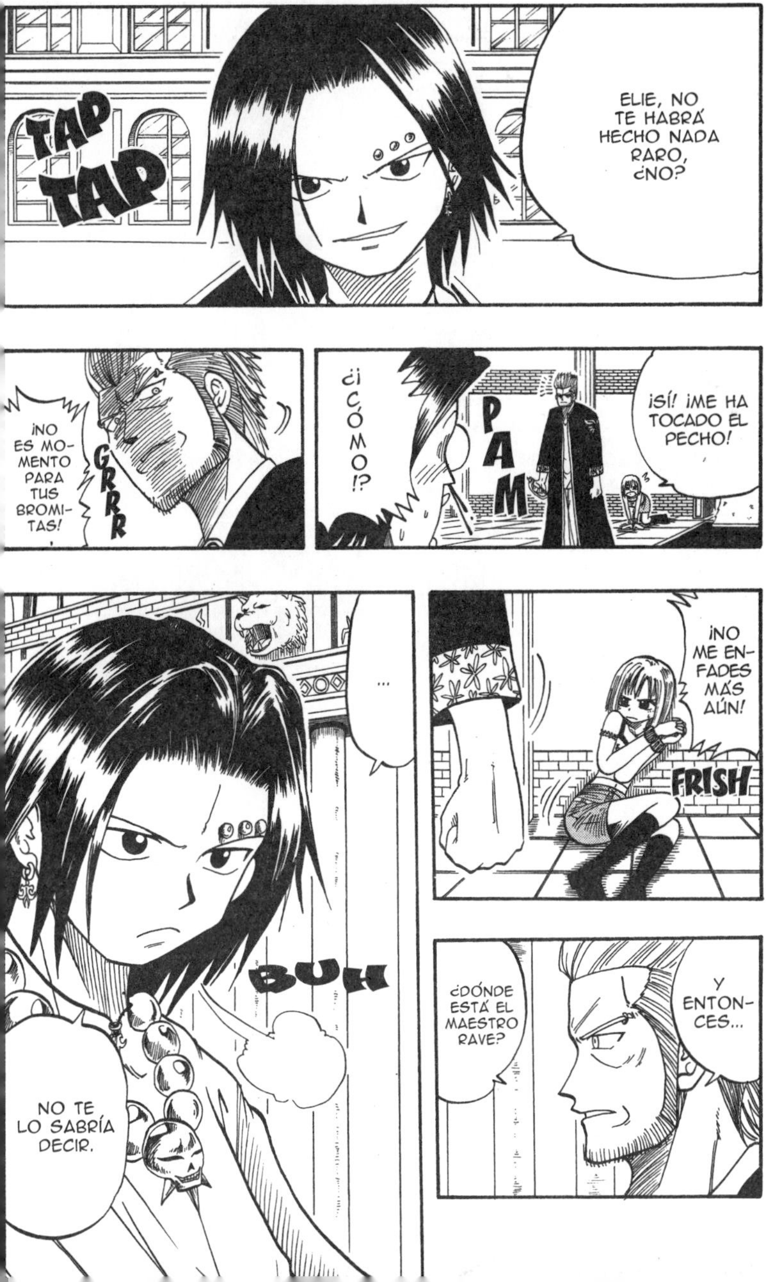
ELIE, NO TE HABRÁ HECHO NADA RARO, ¿NO?
TAP TAP
¡SÍ! ¡ME HA TOCADO EL PECHO!
PAM
¡¿CÓMO!?
¡NO ES MOMENTO PARA TUS BROMITAS!
GRRR
¡NO ME ENFADES MÁS AÚN!
FRISH
Y ENTONCES...
¿DÓNDE ESTÁ EL MAESTRO RAVE?
...
BUH
NO TE LO SABRÍA DECIR.

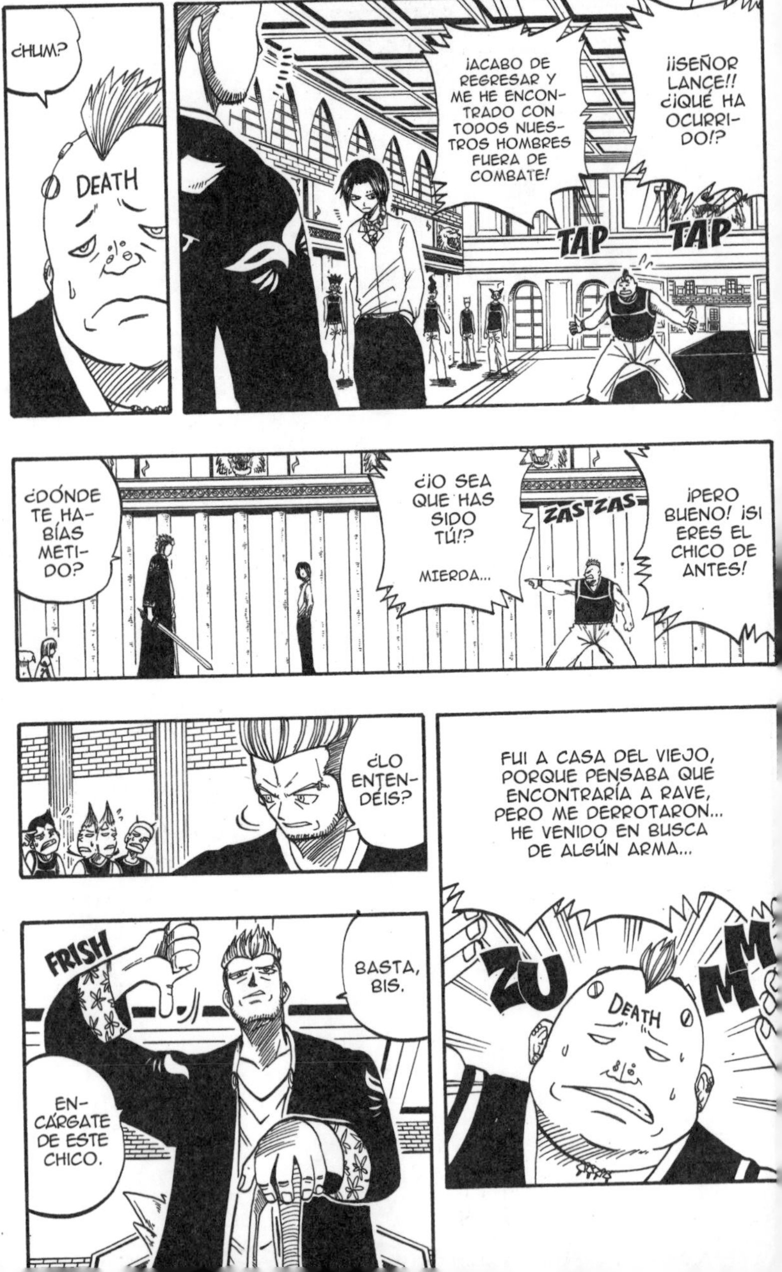
¡¡SEÑOR LANCE!! ¿¡QUÉ HA OCURRIDO!?
¡ACABO DE REGRESAR Y ME HE ENCONTRADO CON TODOS NUESTROS HOMBRES FUERA DE COMBATE!
TAP
TAP
¿HUM?
DEATH
¡PERO BUENO! ¡SI ERES EL CHICO DE ANTES!
ZAS ZAS
¿¡O SEA QUE HAS SIDO TÚ!?
MIERDA...
¿DÓNDE TE HABÍAS METIDO?
FUI A CASA DEL VIEJO, PORQUE PENSABA QUE ENCONTRARÍA A RAVE, PERO ME DERROTARON... HE VENIDO EN BUSCA DE ALGÚN ARMA...
ZUMM
DEATH
¿LO ENTENDÉIS?
BASTA, BIS.
FRISH
ENCÁRGATE DE ESTE CHICO.

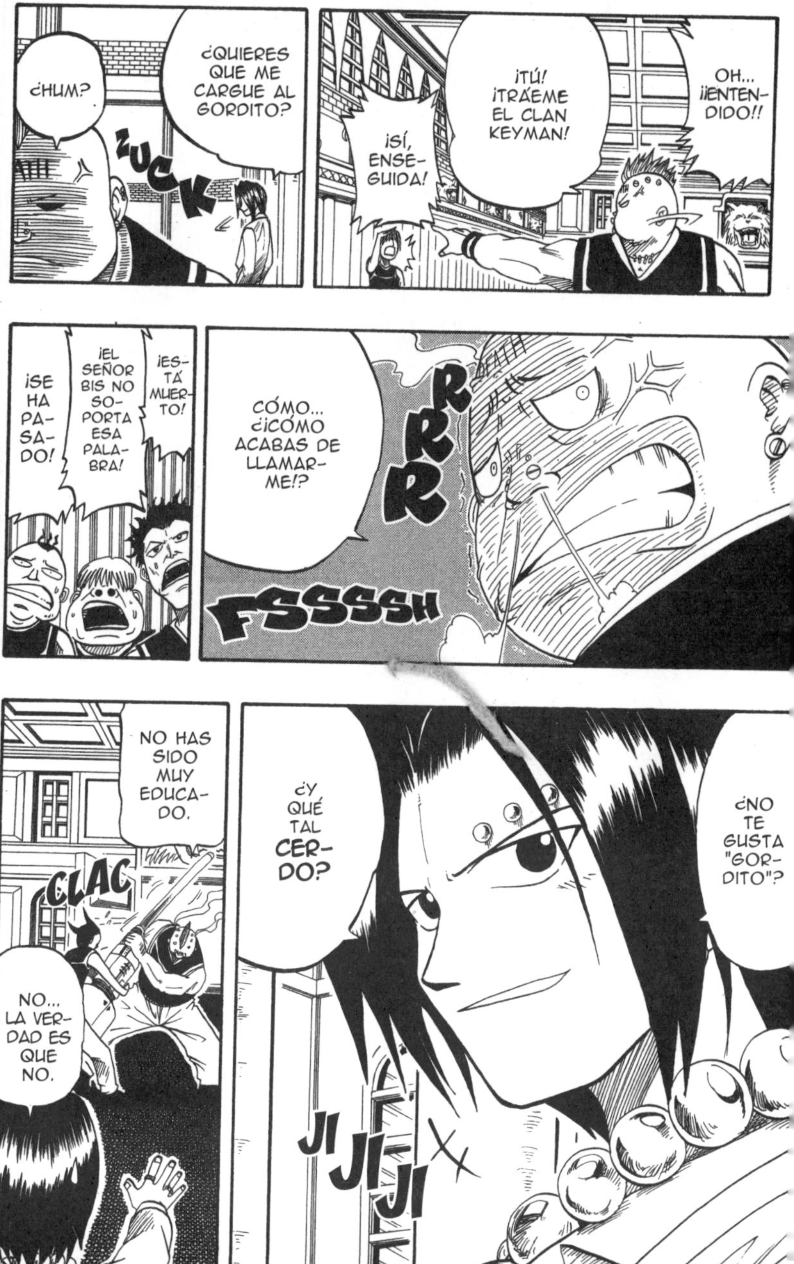
OH... ¡¡ENTENDIDO!!
¡TÚ! ¡TRÁEME EL CLAN KEYMAN!
¡SÍ, ENSEGUIDA!
¿QUIERES QUE ME CARGUE AL GORDITO?
¿HUM?
ZUCK
CÓMO... ¡¿CÓMO ACABAS DE LLAMARME!?
RRR
FSSSSH
¡ESTÁ MUERTO!
¡EL SEÑOR BIS NO SOPORTA ESA PALABRA!
¡SE HA PASADO!
¿NO TE GUSTA "GORDITO"?
¿Y QUÉ TAL CERDO?
JI JI JI
NO HAS SIDO MUY EDUCADO.
CLAC
NO... LA VERDAD ES QUE NO.

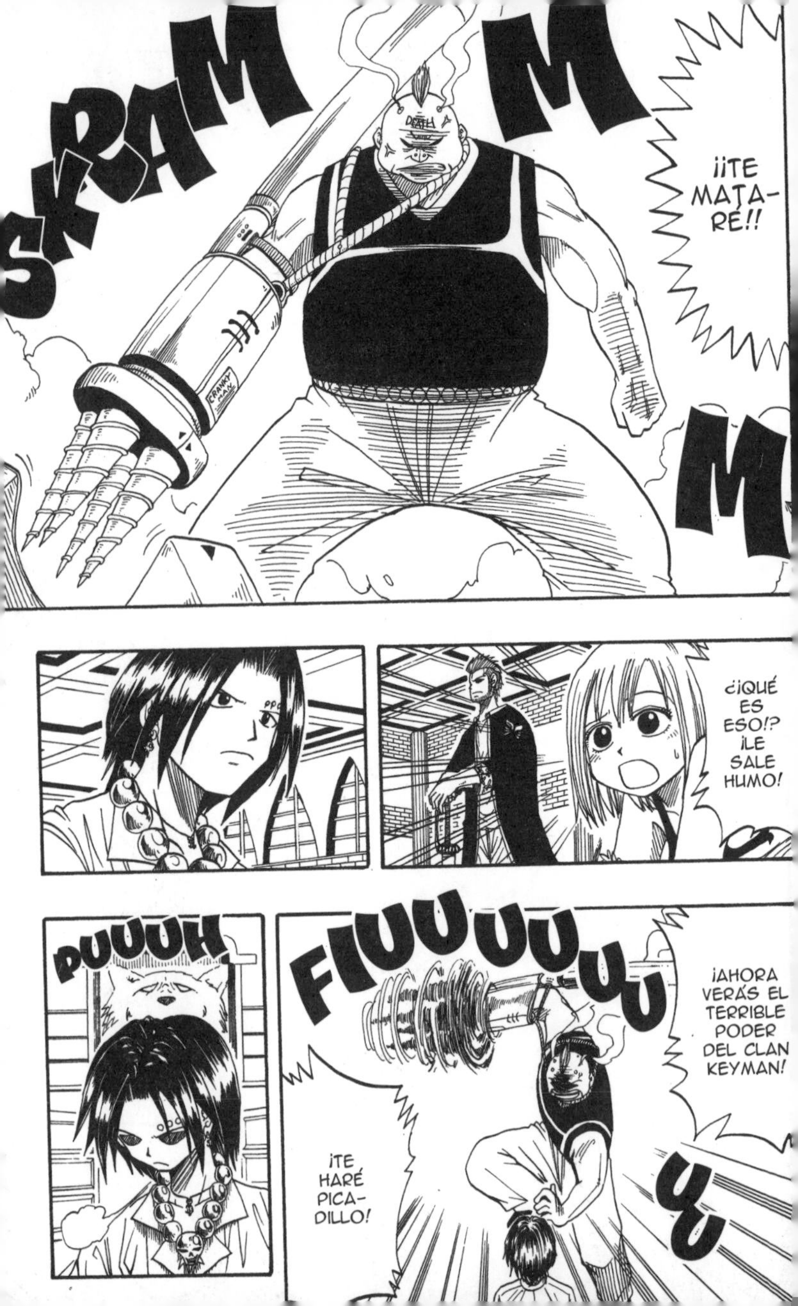

¡¡TE MATARÉ!!
SKRAMMMM
DEATH
CRANKY MAN
¿¡QUÉ ES ESO!? ¡LE SALE HUMO!
¡AHORA VERÁS EL TERRIBLE PODER DEL CLAN KEYMAN!
FIUUUUUUUUU
¡TE HARÉ PICADILLO!
PUUUH

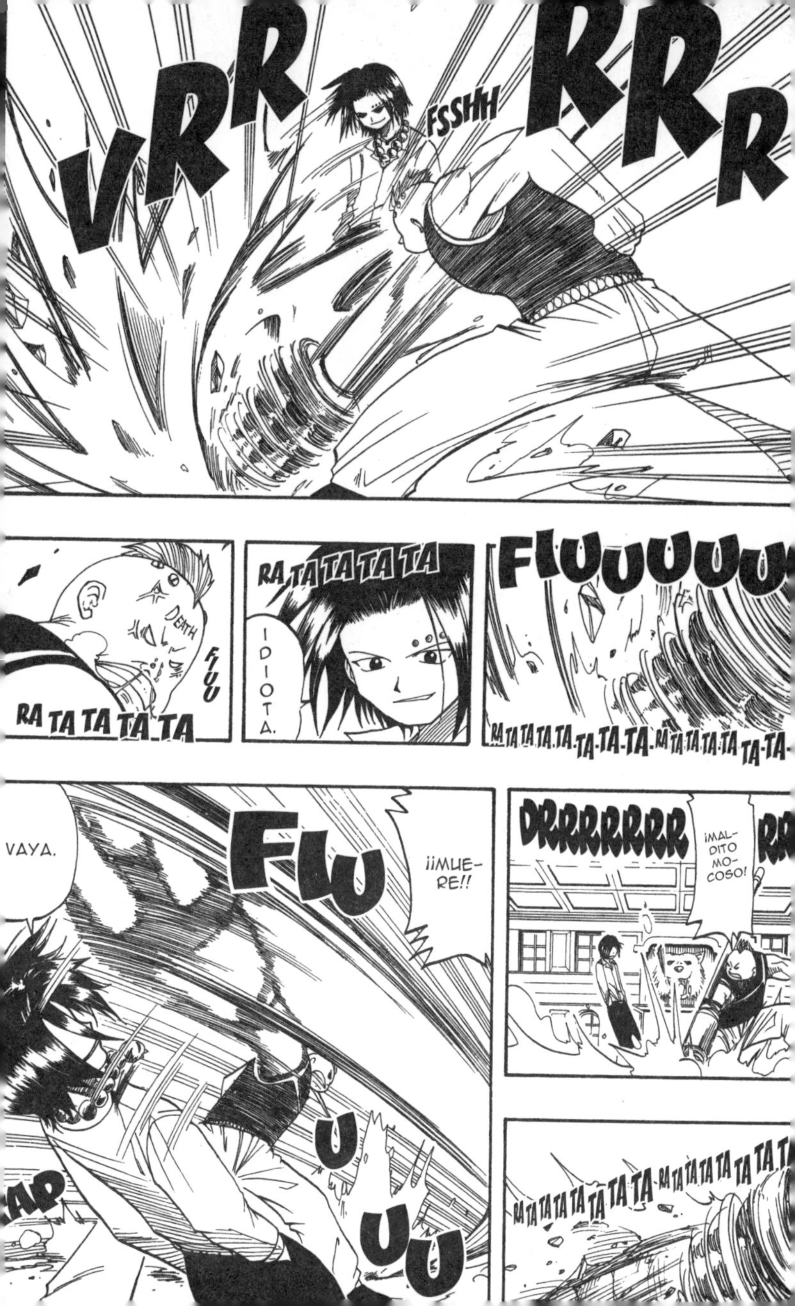
VRRR
FSSHH
RRRR
FIUUUUU
RA TA TA TA TA-TA-TA-TA- RA TA TA TA TA TA-TA-
RA TA TA TA TA
IDIOTA.
DEATH
FIUU
RA TA TA TA TA
DRRRRRRRR RR
¡MALDITO MOCOSO!
RA TA TA TA TA TA TA TA-RA TA TA TA TA TA TA TA
VAYA.
FIU
¡¡MUERE!!
UUU
AP

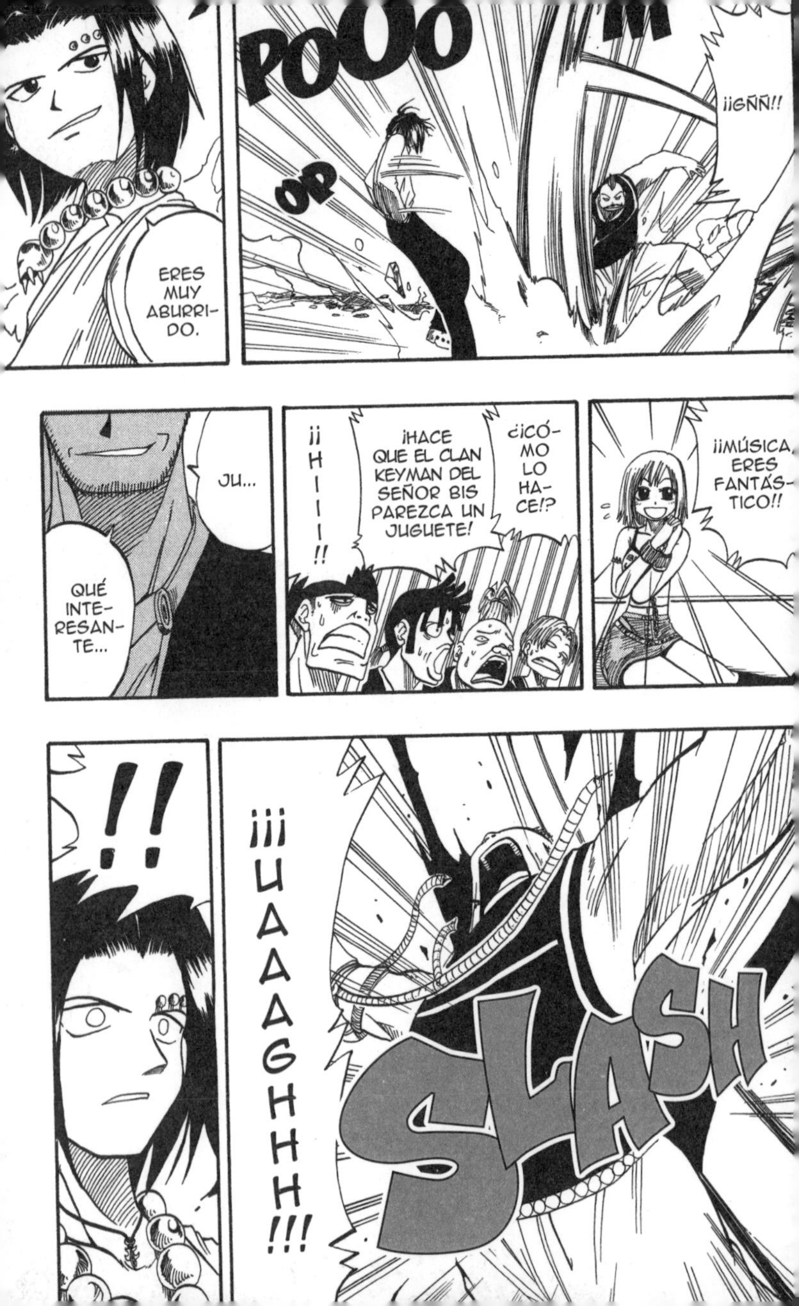
POOO
OP
¡¡GÑÑ!!
ERES MUY ABURRIDO.
¡¡MÚSICA, ERES FANTÁSTICO!!
¿¡CÓMO LO HACE!?
¡HACE QUE EL CLAN KEYMAN DEL SEÑOR BIS PAREZCA UN JUGUETE!
¡¡HIIII!!
JU...
QUÉ INTERESANTE...
¡¡¡UAAAAGHHHH!!!
SLASH
!!

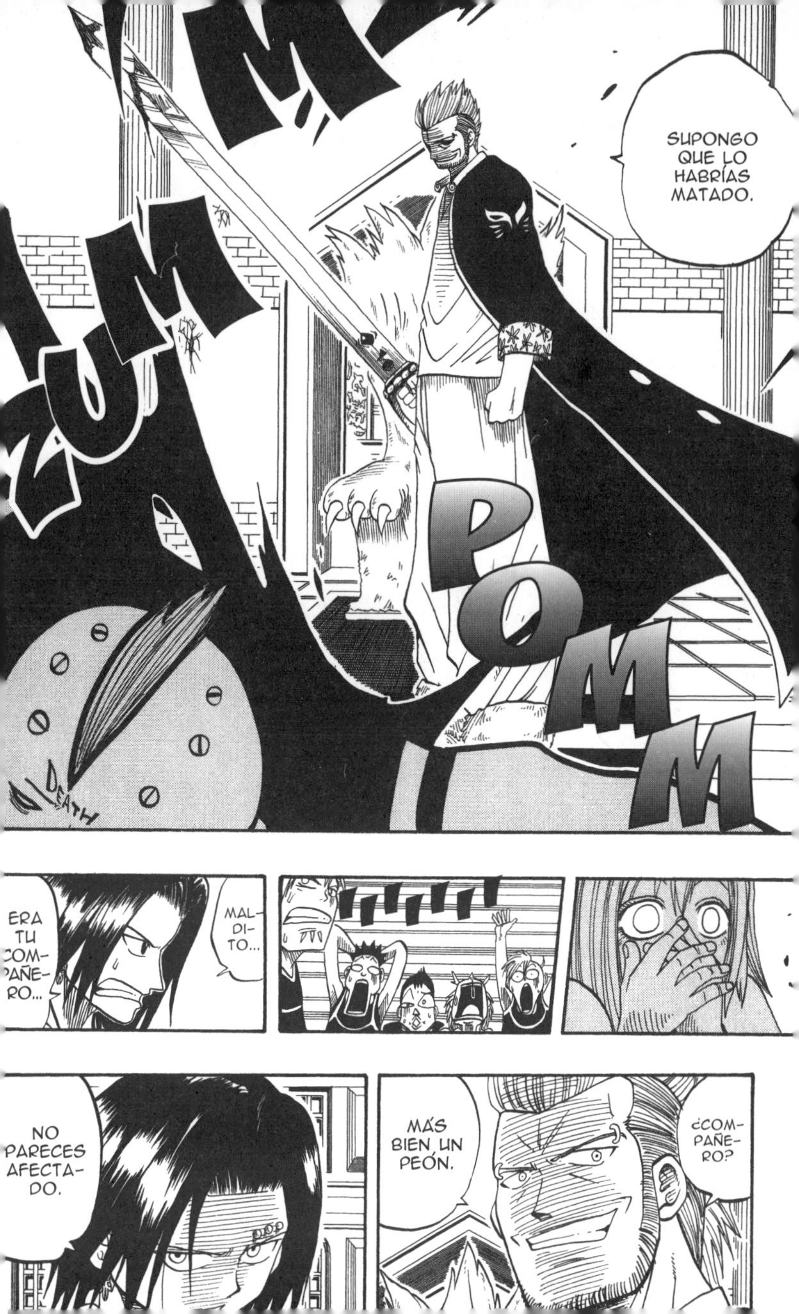
SUPONGO QUE LO HABRÍAS MATADO.
ZUMM
POMM
DEATH
MALDI-TO...
ERA TU COMPA-ÑERO...
¿COMPA-ÑERO?
MÁS BIEN UN PEÓN.
NO PARECES AFECTA-DO.

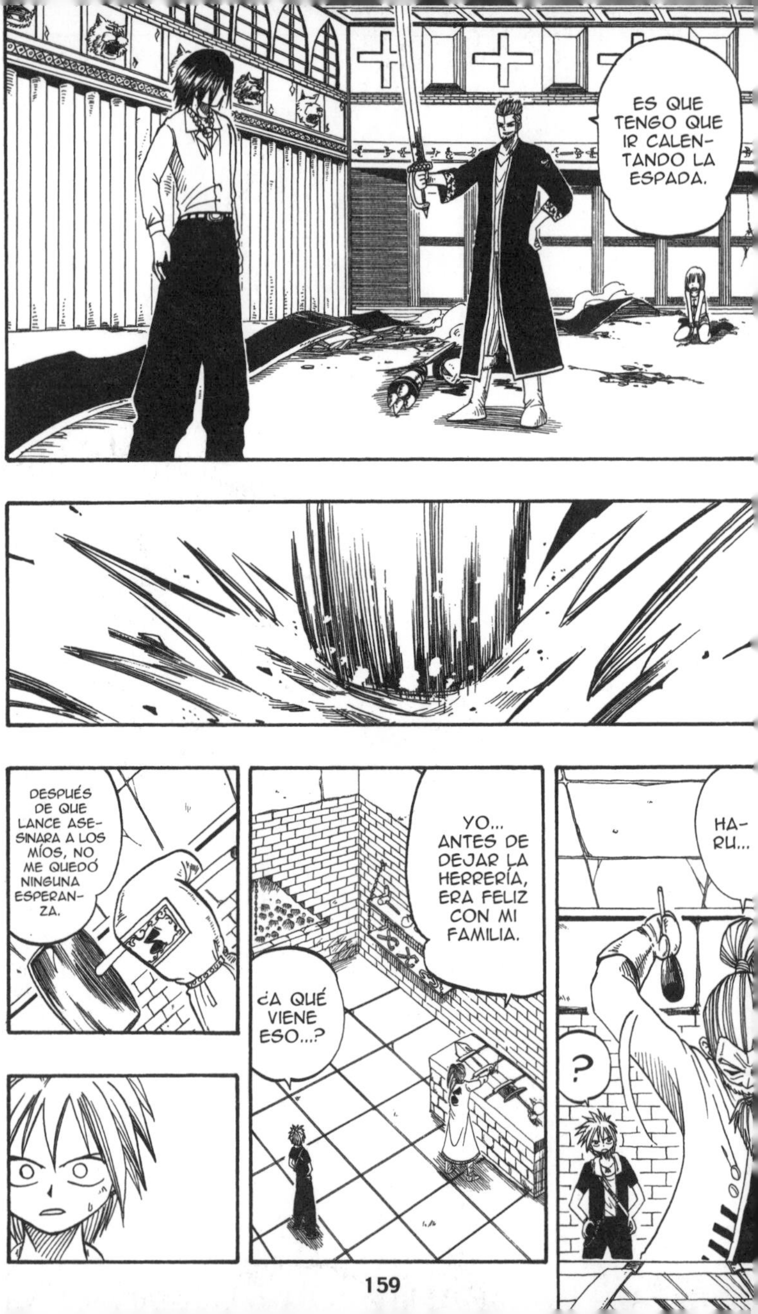
ES QUE TENGO QUE IR CALENTANDO LA ESPADA.
HARU...
?
YO... ANTES DE DEJAR LA HERRERÍA, ERA FELIZ CON MI FAMILIA.
¿A QUÉ VIENE ESO...?
DESPUÉS DE QUE LANCE ASESINARA A LOS MÍOS, NO ME QUEDÓ NINGUNA ESPERANZA.

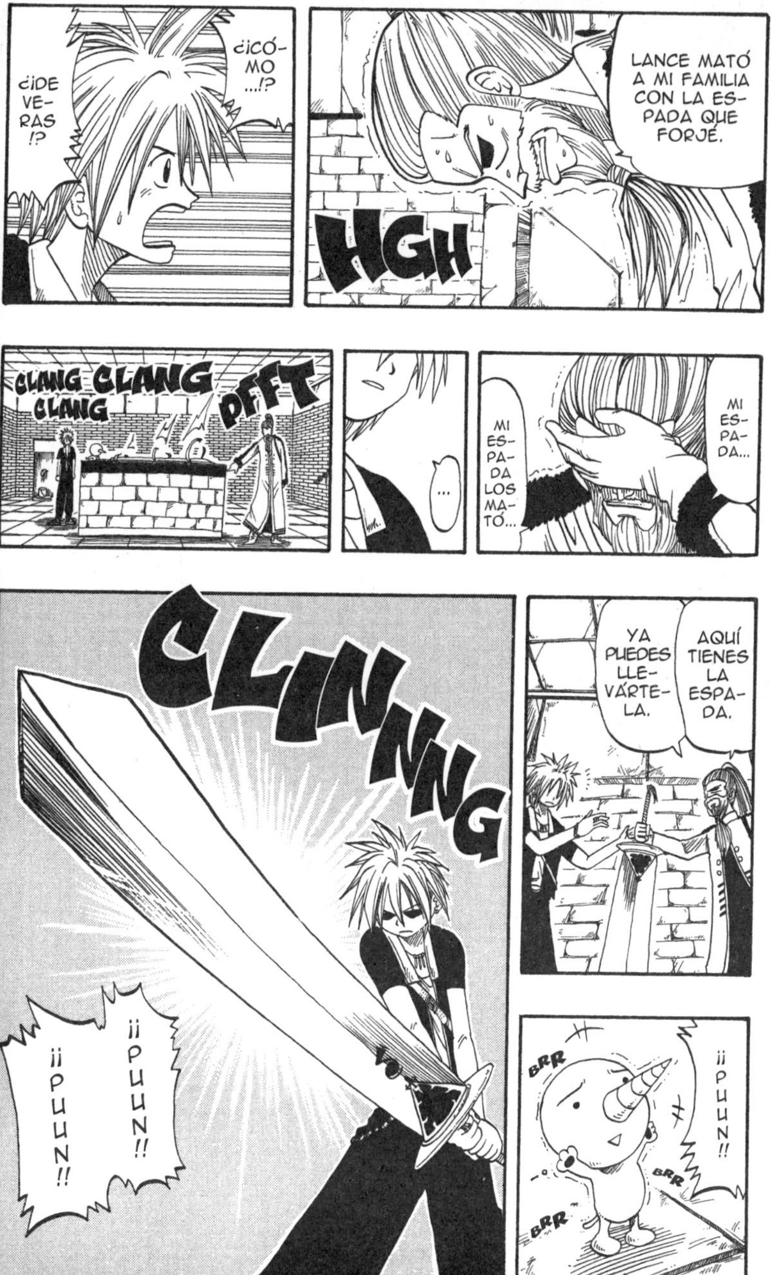
LANCE MATÓ A MI FAMILIA CON LA ESPADA QUE FORJÉ.
HGH
¿¡CÓMO...!?
¿¡DE VERAS!?
MI ESPADA...
MI ESPADA LOS MATÓ...
...
CLANG CLANG CLANG
PFFT
AQUÍ TIENES LA ESPADA.
YA PUEDES LLEVÁRTELA.
BRR
BRR
BRR
¡¡PUUN!!
CLINNNG
¡¡PUUN!!
¡¡PUUN!!

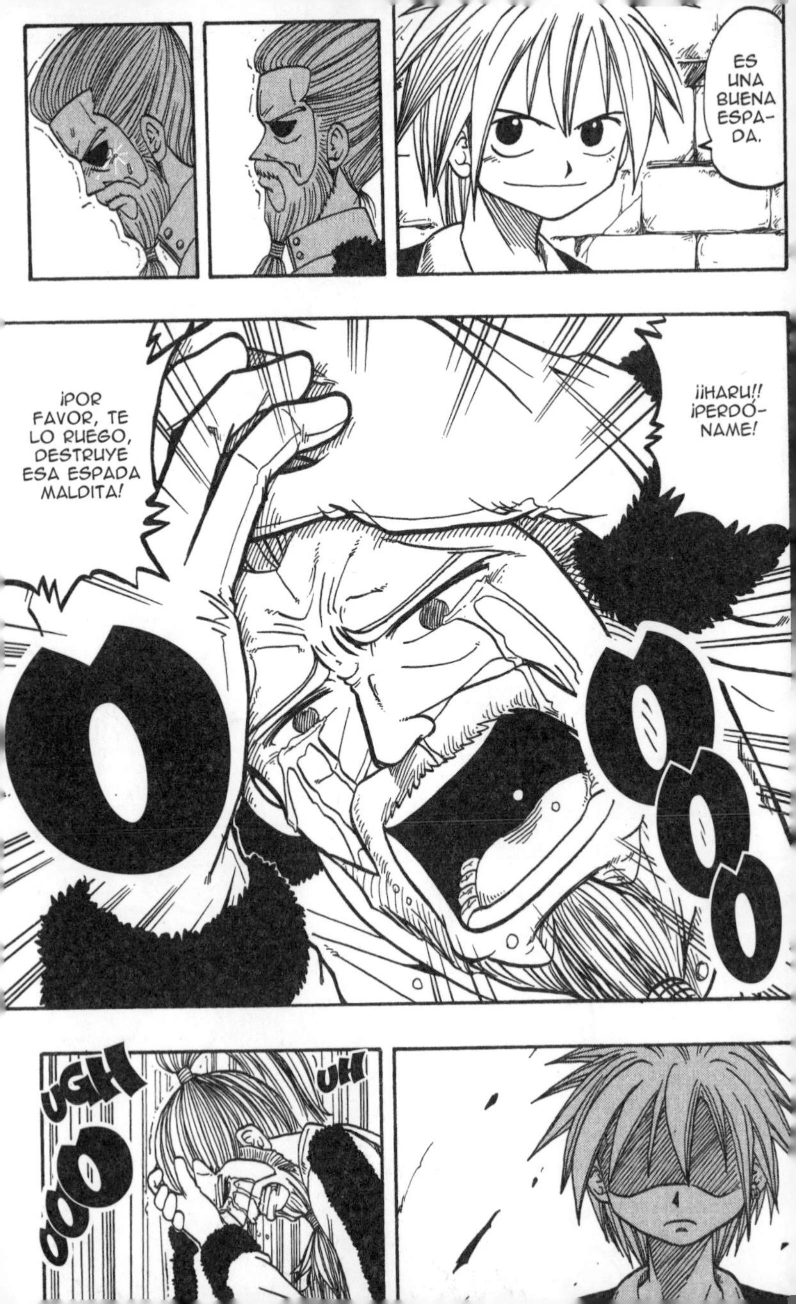
ES UNA BUENA ESPADA.
¡¡HARU!! ¡PERDÓNAME!
¡POR FAVOR, TE LO RUEGO, DESTRUYE ESA ESPADA MALDITA!
OOOO
O
UH
OOOUGH

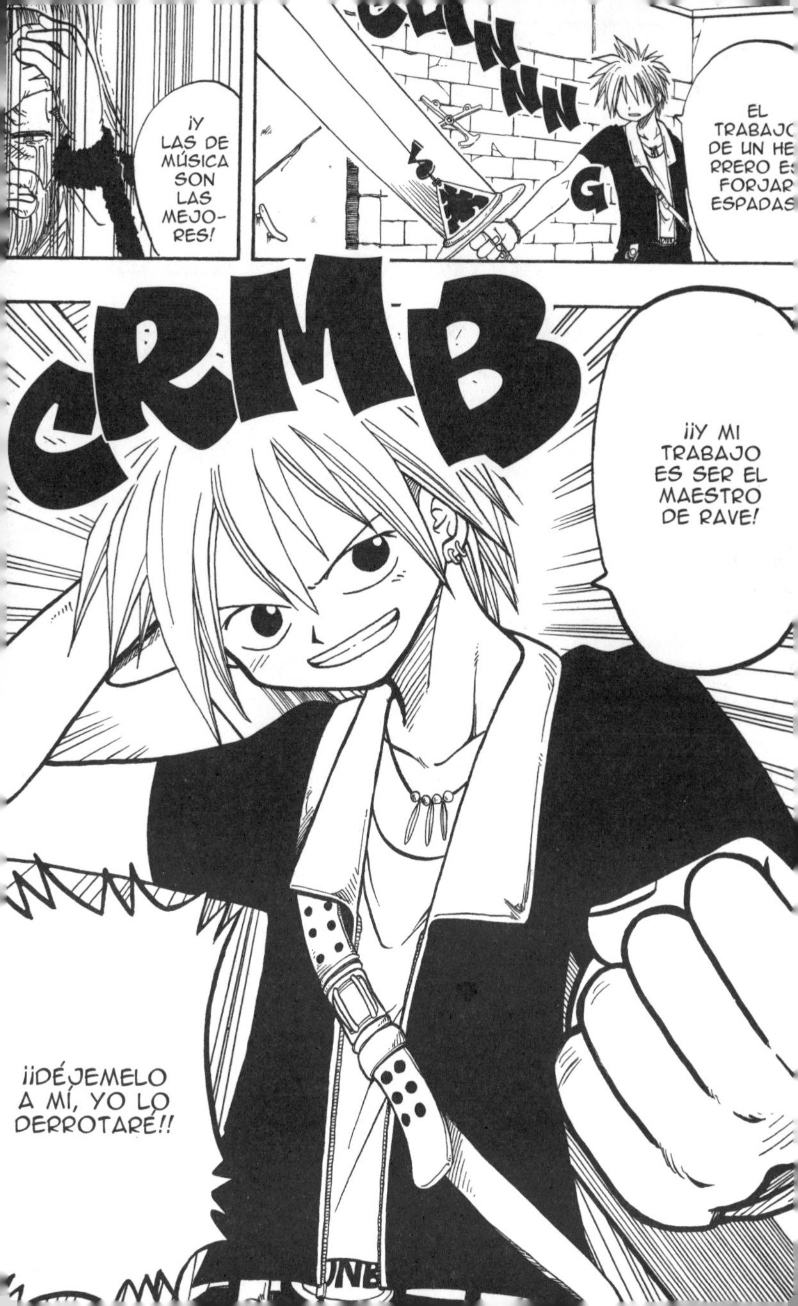
GLINNNG
EL TRABAJO DE UN HERRERO ES FORJAR ESPADAS
¡Y LAS DE MÚSICA SON LAS MEJORES!
CRMB
¡¡Y MI TRABAJO ES SER EL MAESTRO DE RAVE!
¡¡DÉJEMELO A MÍ, YO LO DERROTARÉ!!

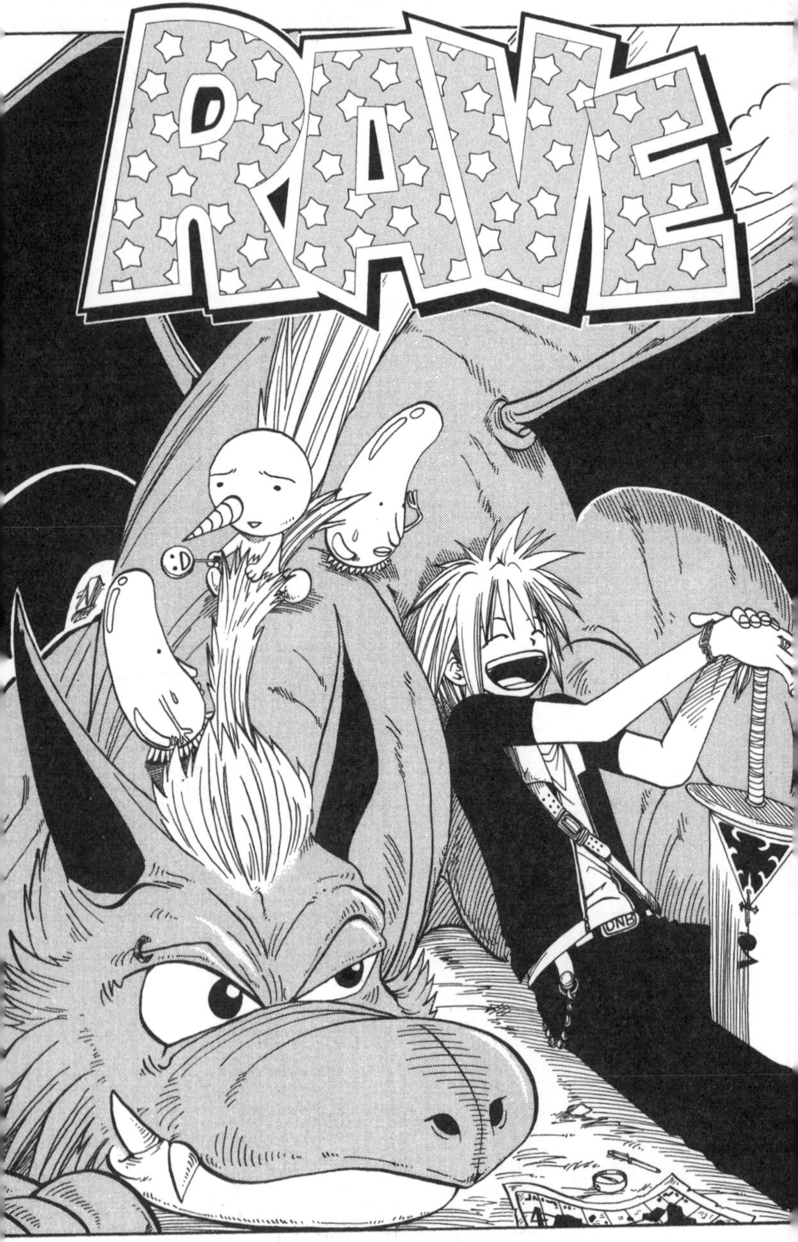
RAVE
UNB

RAVE: 13 ✠ EL PUENTE DE LA PROMESA

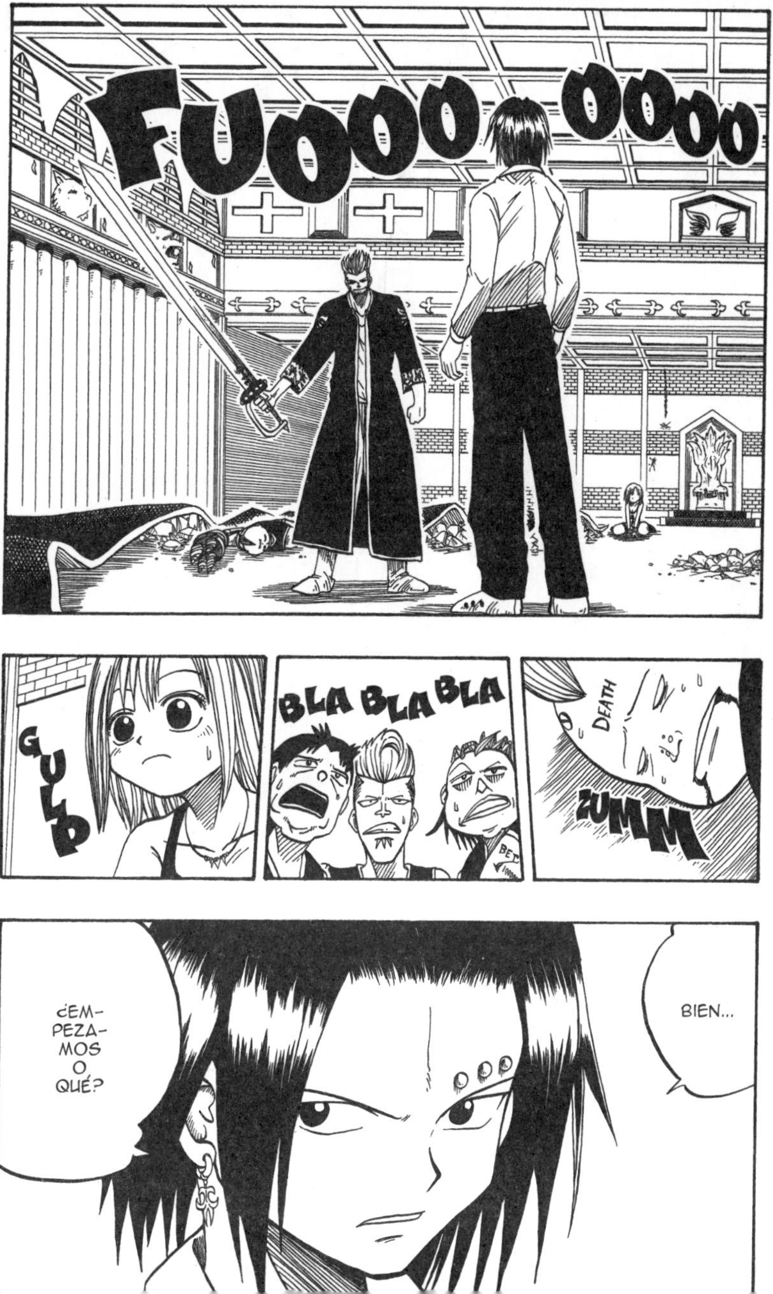
FUOOO-OOOO
DEATH
ZUMMM
BLA BLA BLA
GULP
BIEN...
¿EMPEZAMOS O QUÉ?

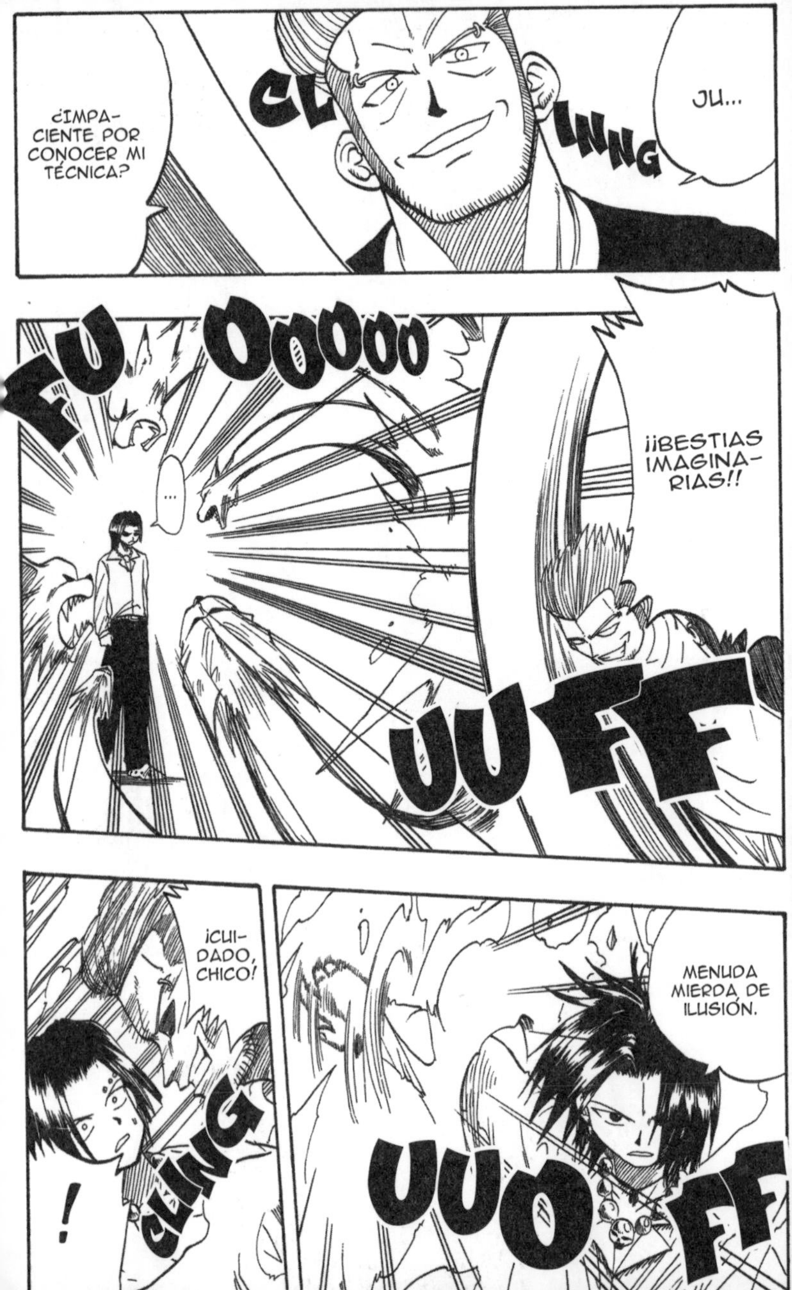
JU...
CLINNG
¿IMPACIENTE POR CONOCER MI TÉCNICA?
¡¡BESTIAS IMAGINARIAS!!
FUOOOOOO
...
UUFF
MENUDA MIERDA DE ILUSIÓN.
UUOFF
¡CUIDADO, CHICO!
CLING
!

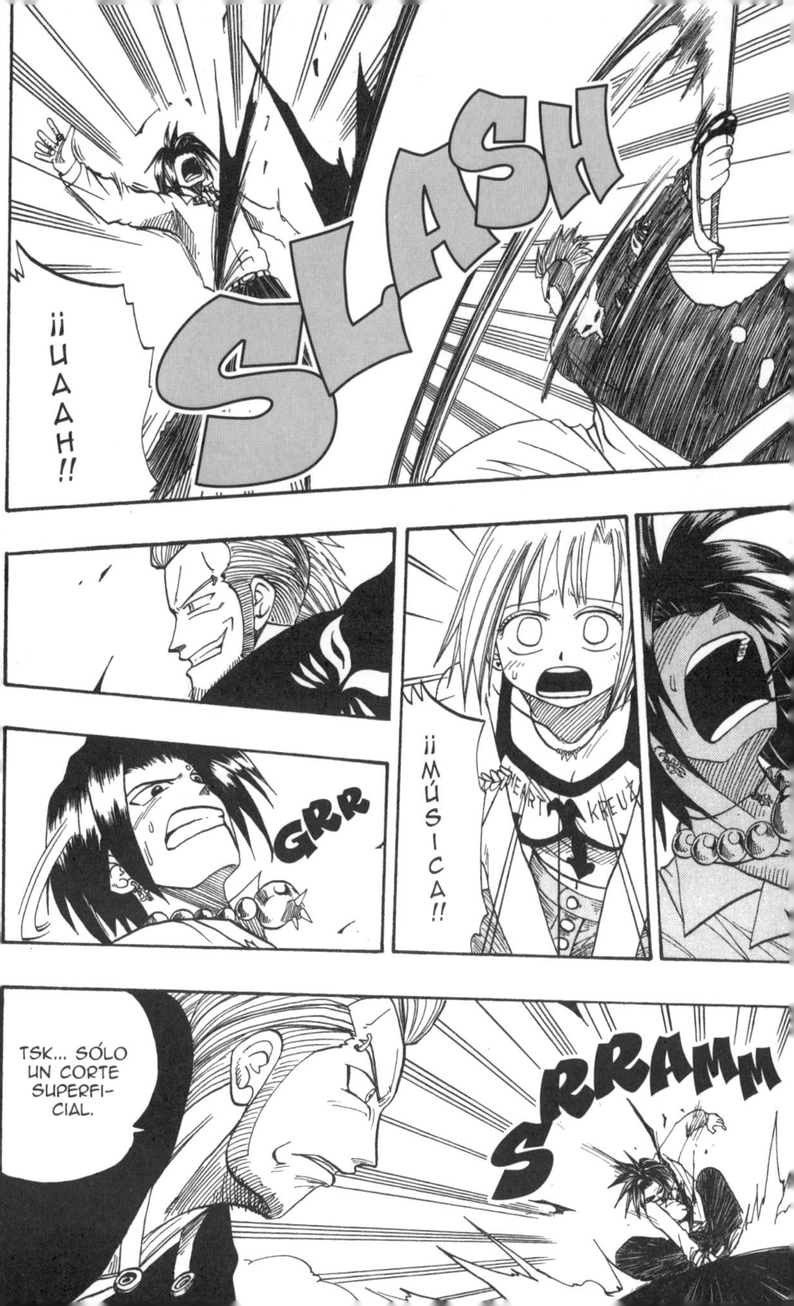
SLASH
¡¡UAAAH!!
¡¡MÚSICA!!
HEART KREUZ
GRR
SRRAMM
TSK... SÓLO UN CORTE SUPERFI-CIAL.

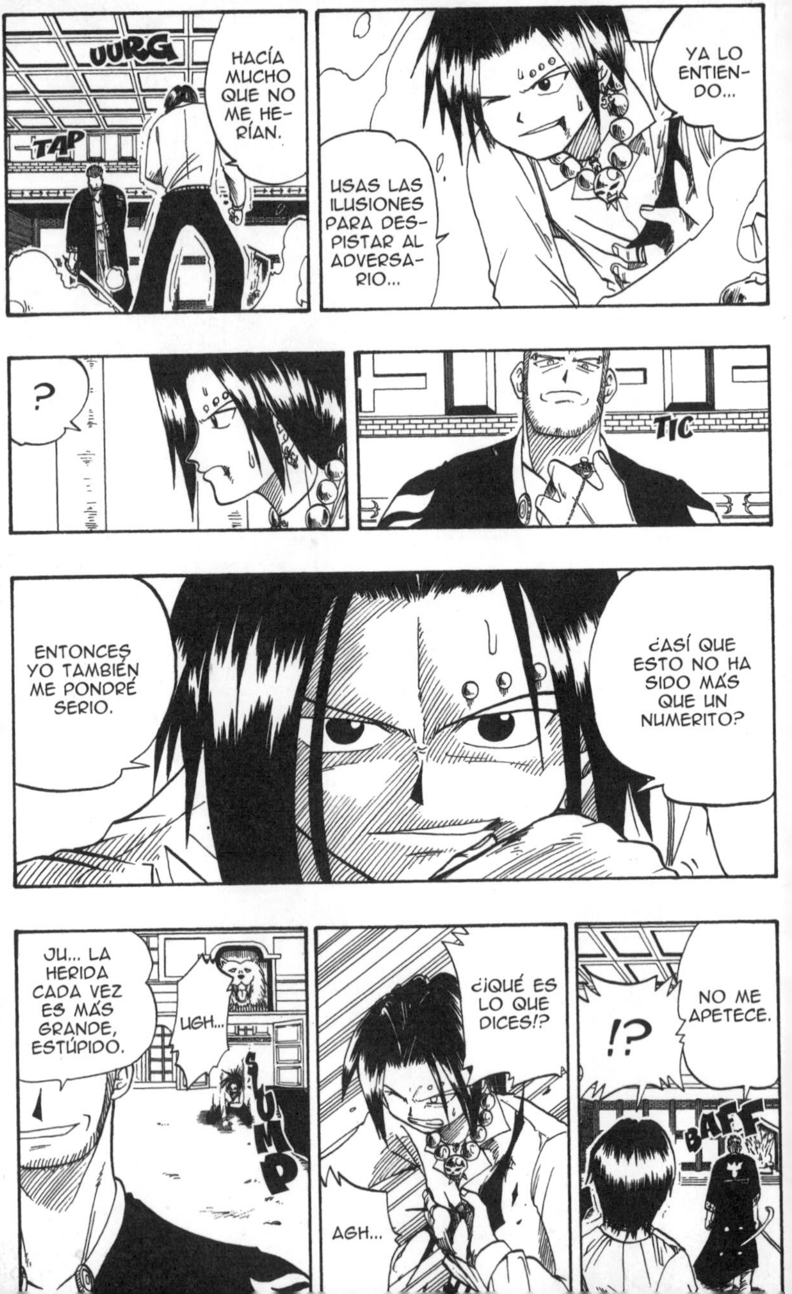
YA LO ENTIEN-DO...
USAS LAS ILUSIONES PARA DES-PISTAR AL ADVERSA-RIO...
UURG
HACÍA MUCHO QUE NO ME HE-RÍAN.
TAP
TIC
?
¿ASÍ QUE ESTO NO HA SIDO MÁS QUE UN NUMERITO?
ENTONCES YO TAMBIÉN ME PONDRÉ SERIO.
NO ME APETECE.
!?
BAFF
¿QUÉ ES LO QUE DICES!?
AGH...
JU... LA HERIDA CADA VEZ ES MÁS GRANDE, ESTÚPIDO.
UGH...
SUMP

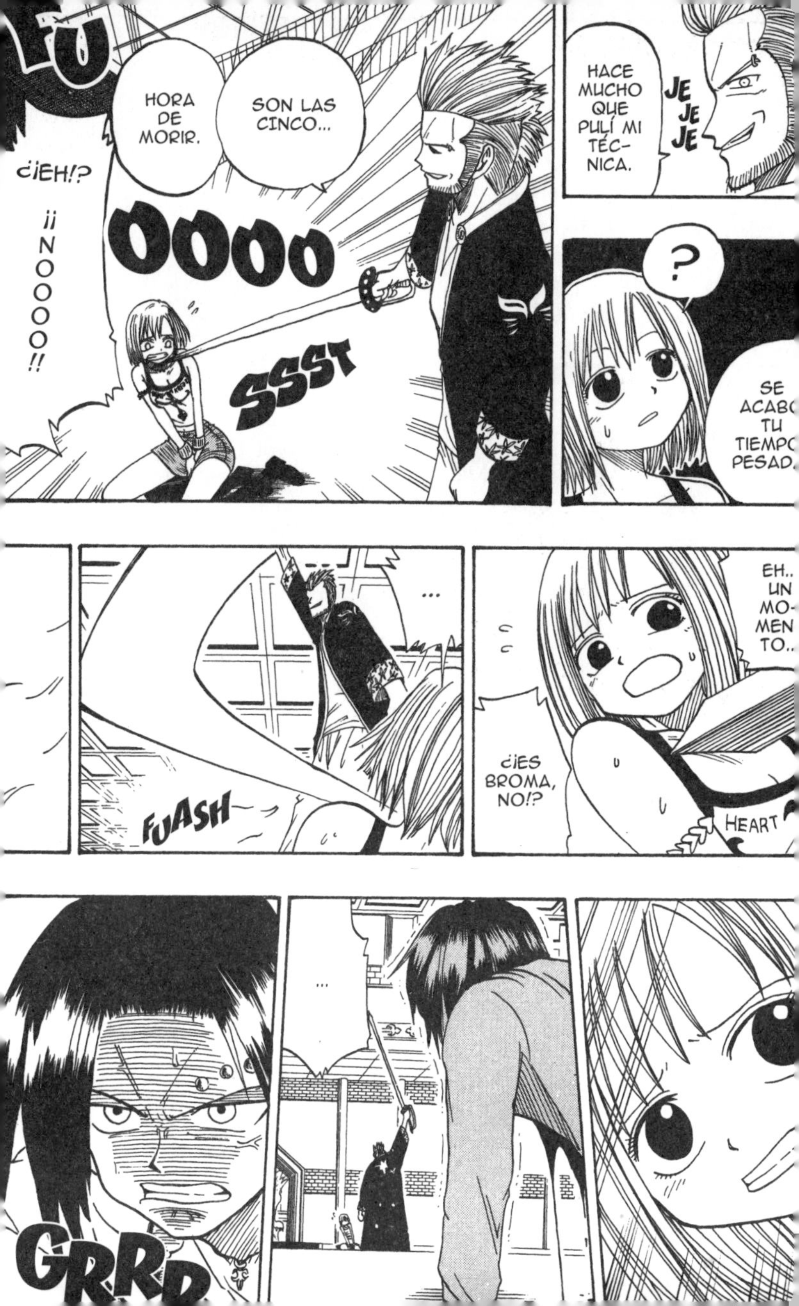
HACE MUCHO QUE PULÍ MI TÉC-NICA.
JE JE JE
?
SE ACABO TU TIEMPO PESAD...
SON LAS CINCO...
HORA DE MORIR.
FU
OOOO
SSST
¿¡EH!?
¡¡NOOOOO!!
EH.. UN MO-MEN TO..
¿ES BROMA, NO!?
HEART
...
FUASH
...
GRRD

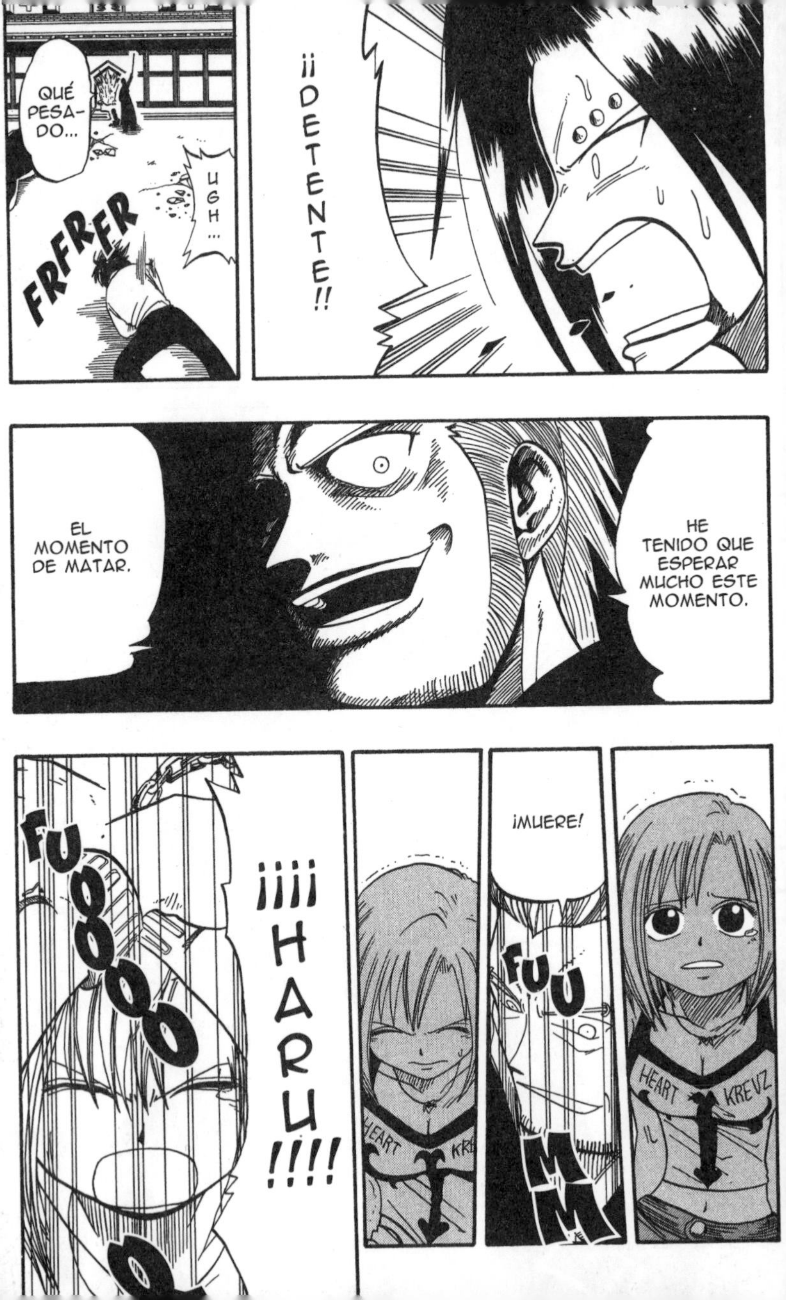
¡¡DETENTE!!
QUÉ PESADO...
UGH...
FRFRFR
HE TENIDO QUE ESPERAR MUCHO ESTE MOMENTO.
EL MOMENTO DE MATAR.
HEART KREUZ
¡MUERE!
FUUM
¡¡¡¡HARU!!!!
FUOOOO

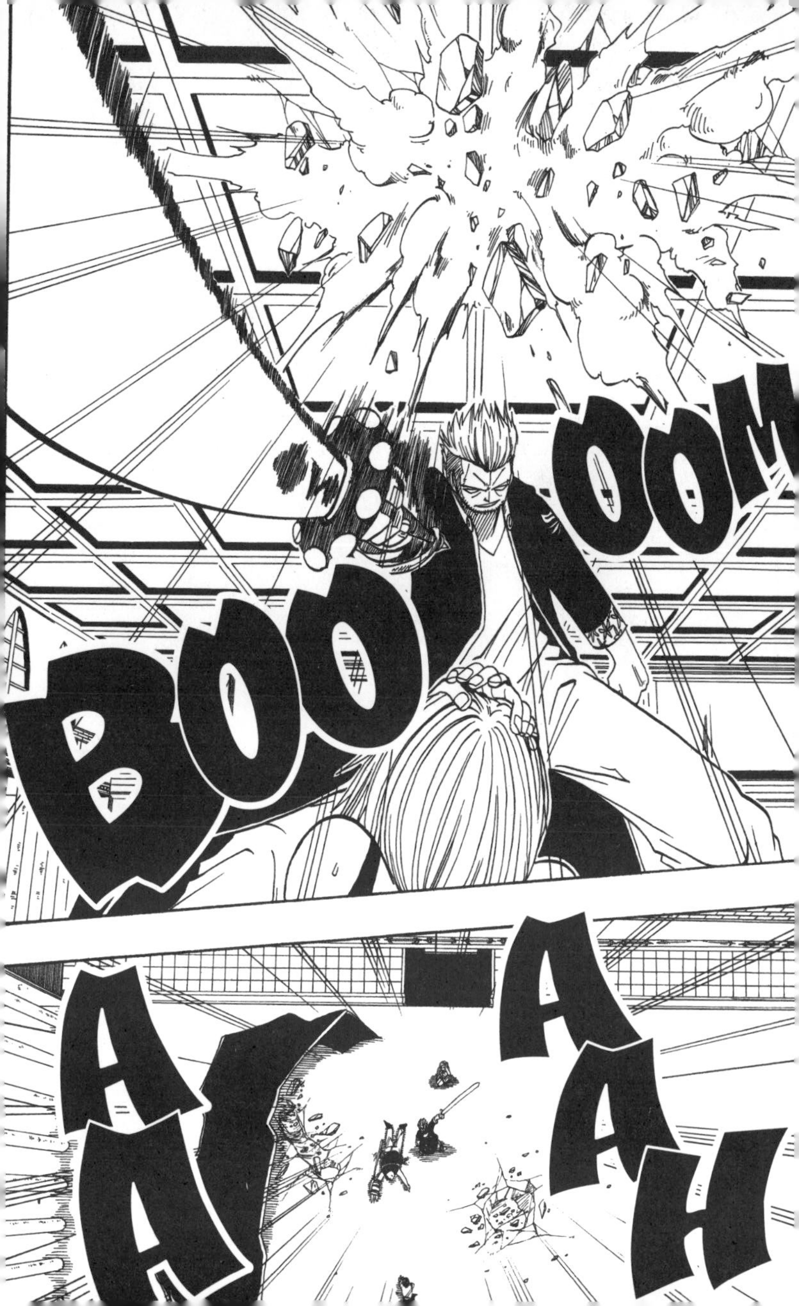
BOOOOOM
AAAAAAH

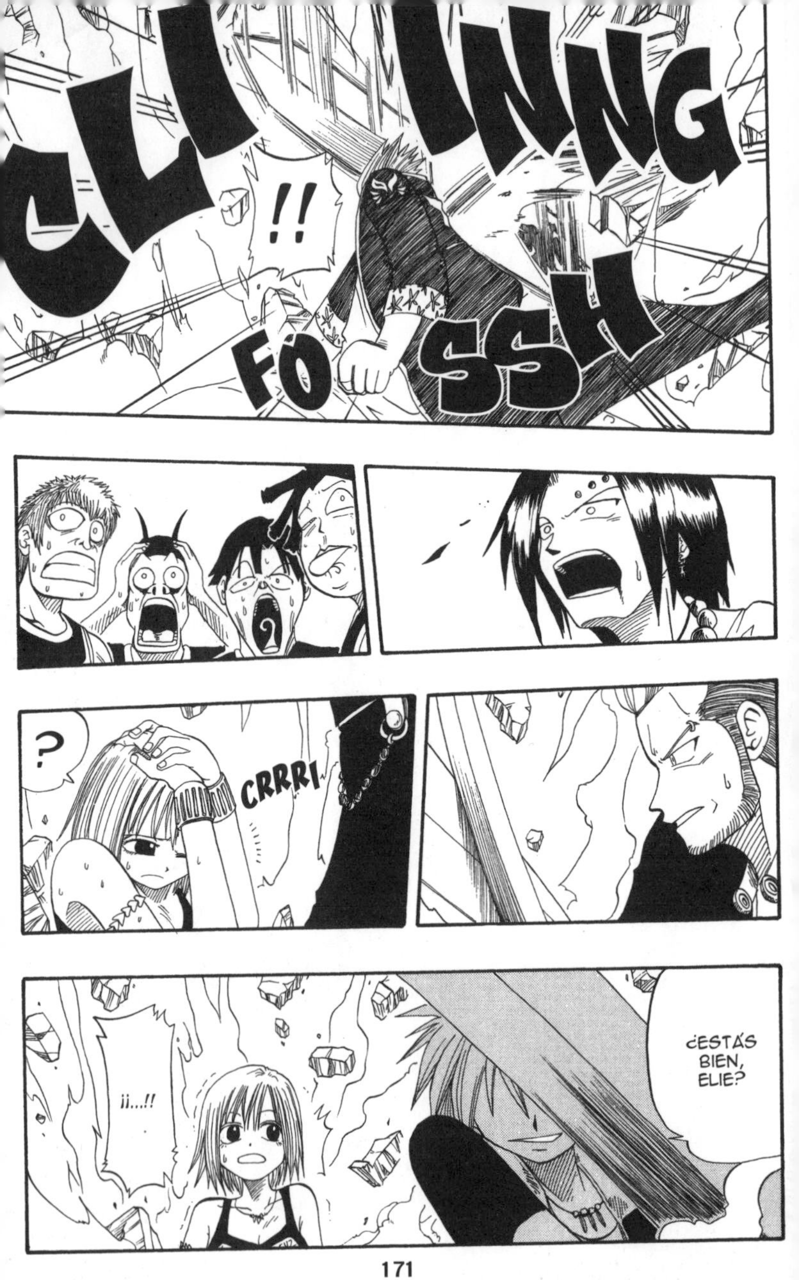
CLIINNG
!!
FOSSH
?
CRRRI
¿ESTÁS BIEN, ELIE?
¡¡...!!

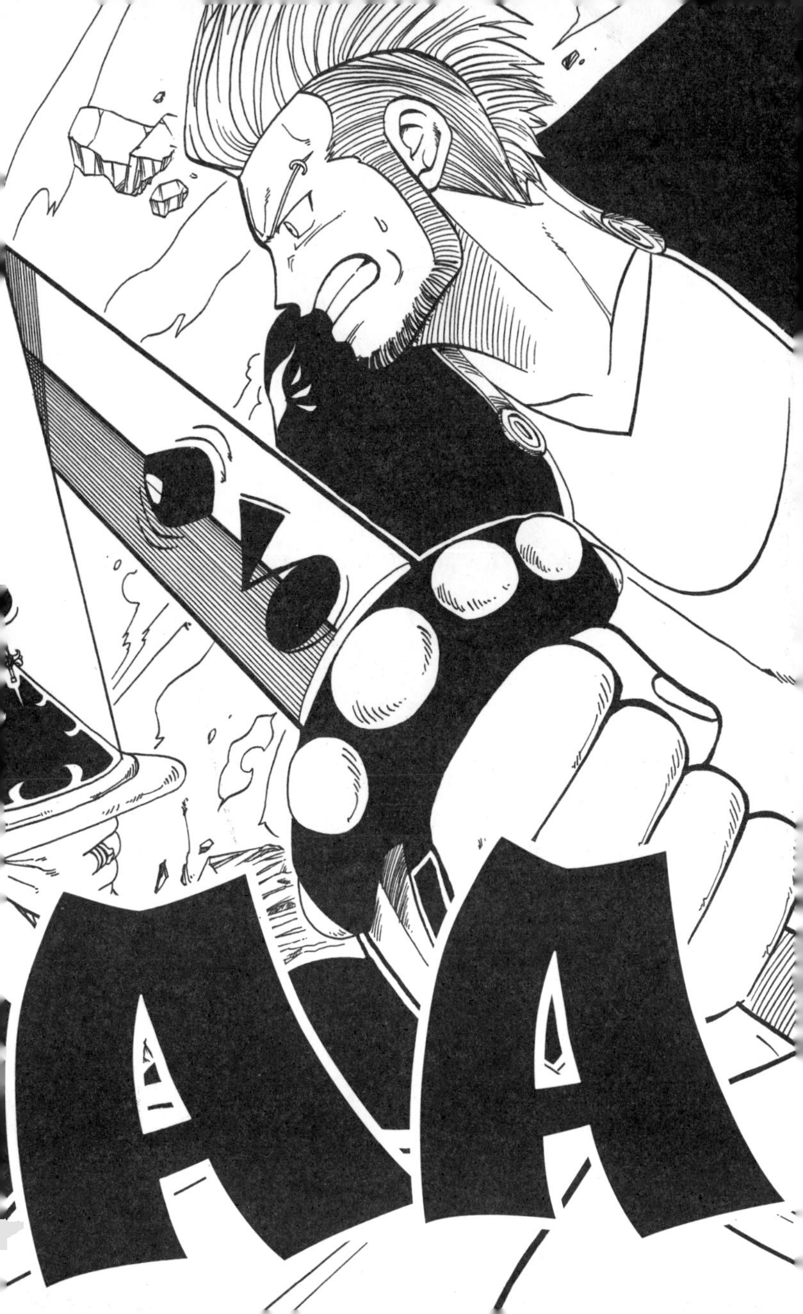
AA

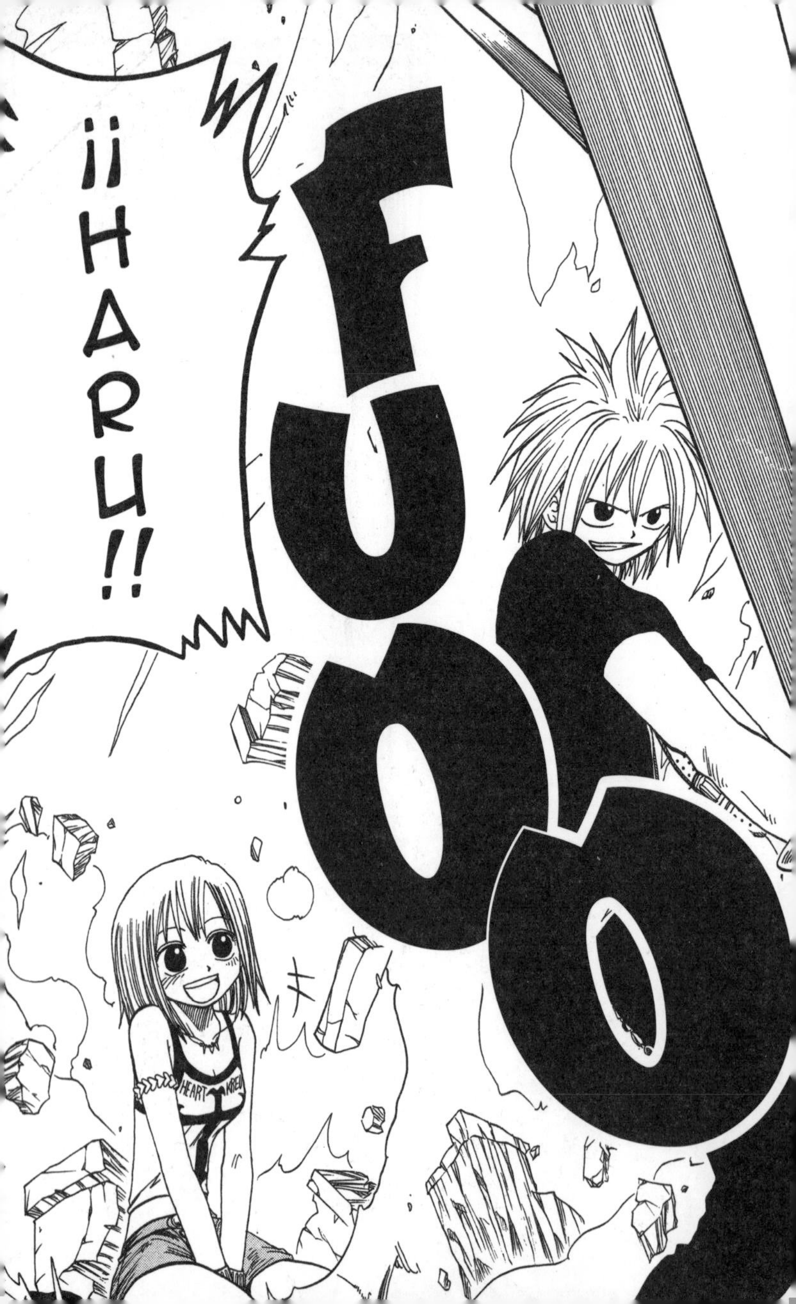
¡¡HARU!!
FUOO

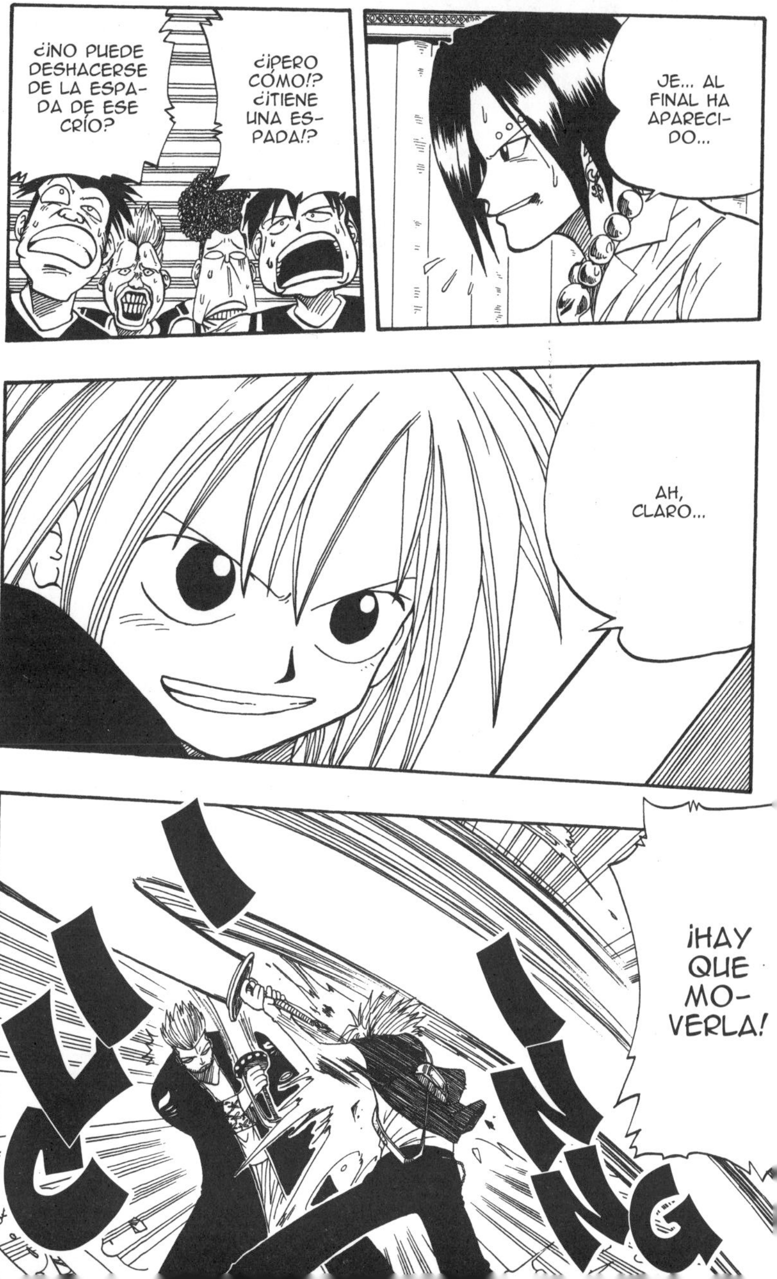
JE... AL FINAL HA APARECIDO...
¿¡PERO CÓMO!? ¿¡TIENE UNA ESPADA!?
¿¡NO PUEDE DESHACERSE DE LA ESPADA DE ESE CRÍO?
AH, CLARO...
¡HAY QUE MOVERLA!

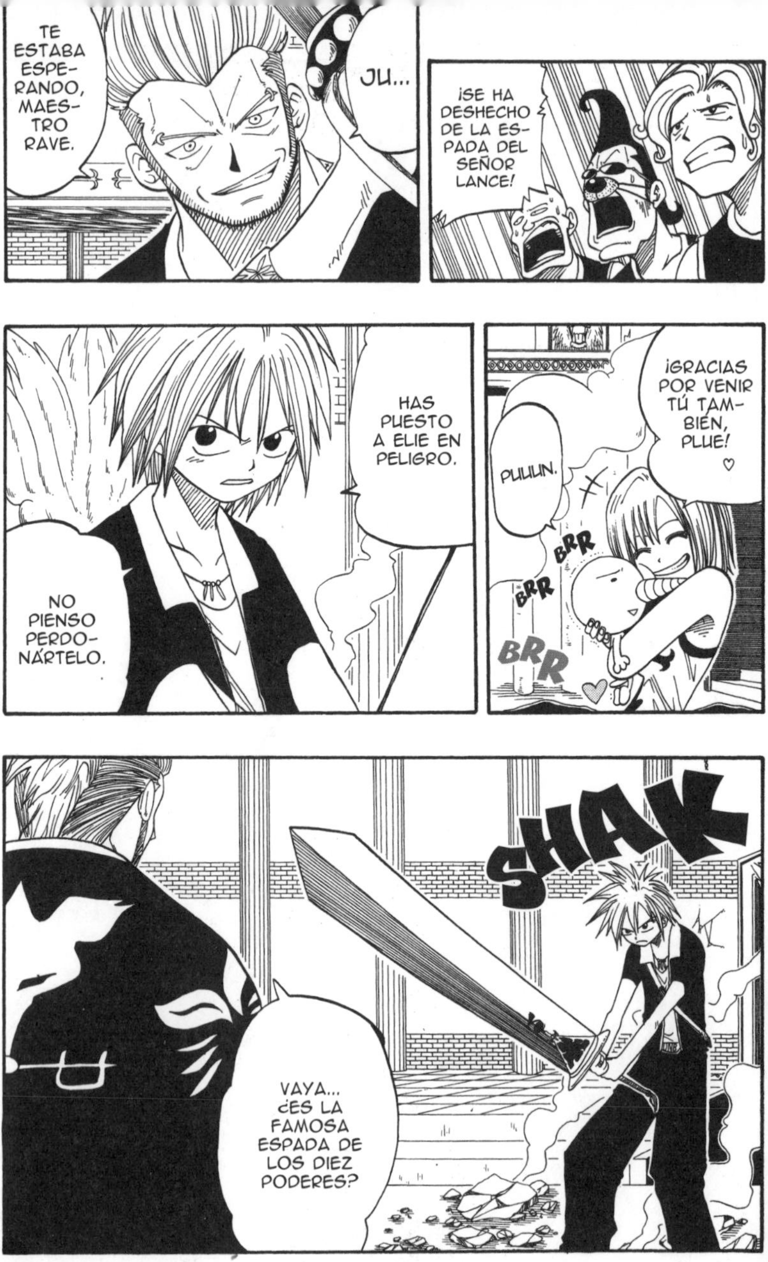
¡SE HA DESHECHO DE LA ESPADA DEL SEÑOR LANCE!
TE ESTABA ESPERANDO, MAESTRO RAVE.
JU...
¡GRACIAS POR VENIR TÚ TAMBIÉN, PLUE! ♡
PUUUN.
BRR
BRR
BRR
HAS PUESTO A ELIE EN PELIGRO.
NO PIENSO PERDONÁRTELO.
SHAK
VAYA... ¿ES LA FAMOSA ESPADA DE LOS DIEZ PODERES?

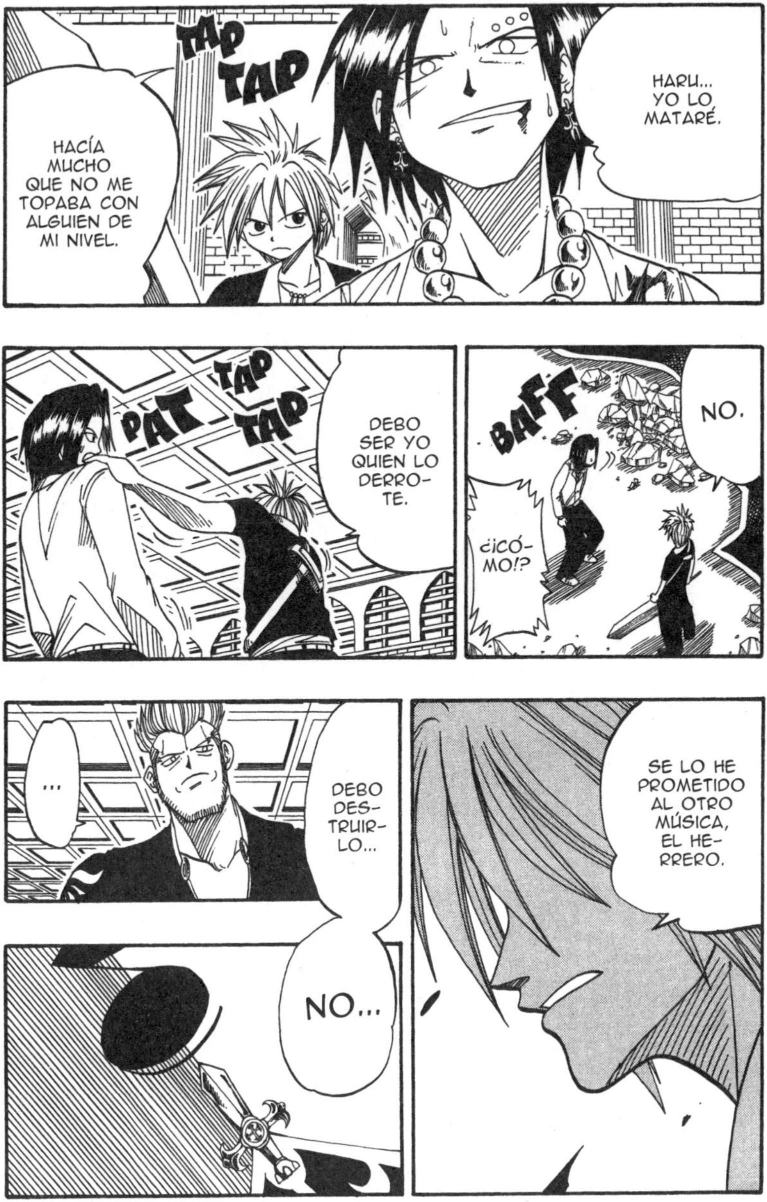
HARU... YO LO MATARÉ.
TAP TAP
HACÍA MUCHO QUE NO ME TOPABA CON ALGUIEN DE MI NIVEL.
NO.
BAFF
¿CÓMO!?
DEBO SER YO QUIEN LO DERROTE.
TAP TAP
PAT
SE LO HE PROMETIDO AL OTRO MÚSICA, EL HERRERO.
DEBO DESTRUIRLO...
...
NO...

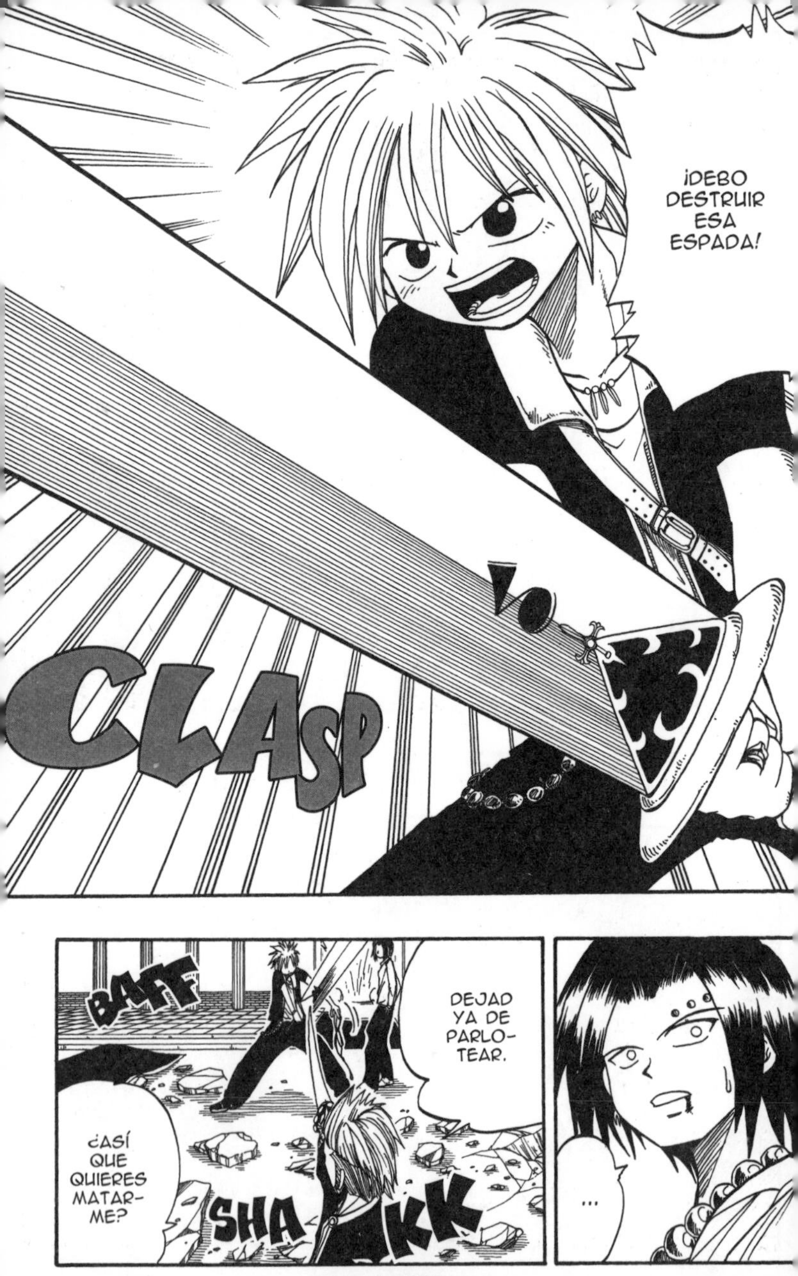
¡DEBO DESTRUIR ESA ESPADA!
CLASP
...
DEJAD YA DE PARLOTEAR.
BAFF
¿ASÍ QUE QUIERES MATARME?
SHAKK

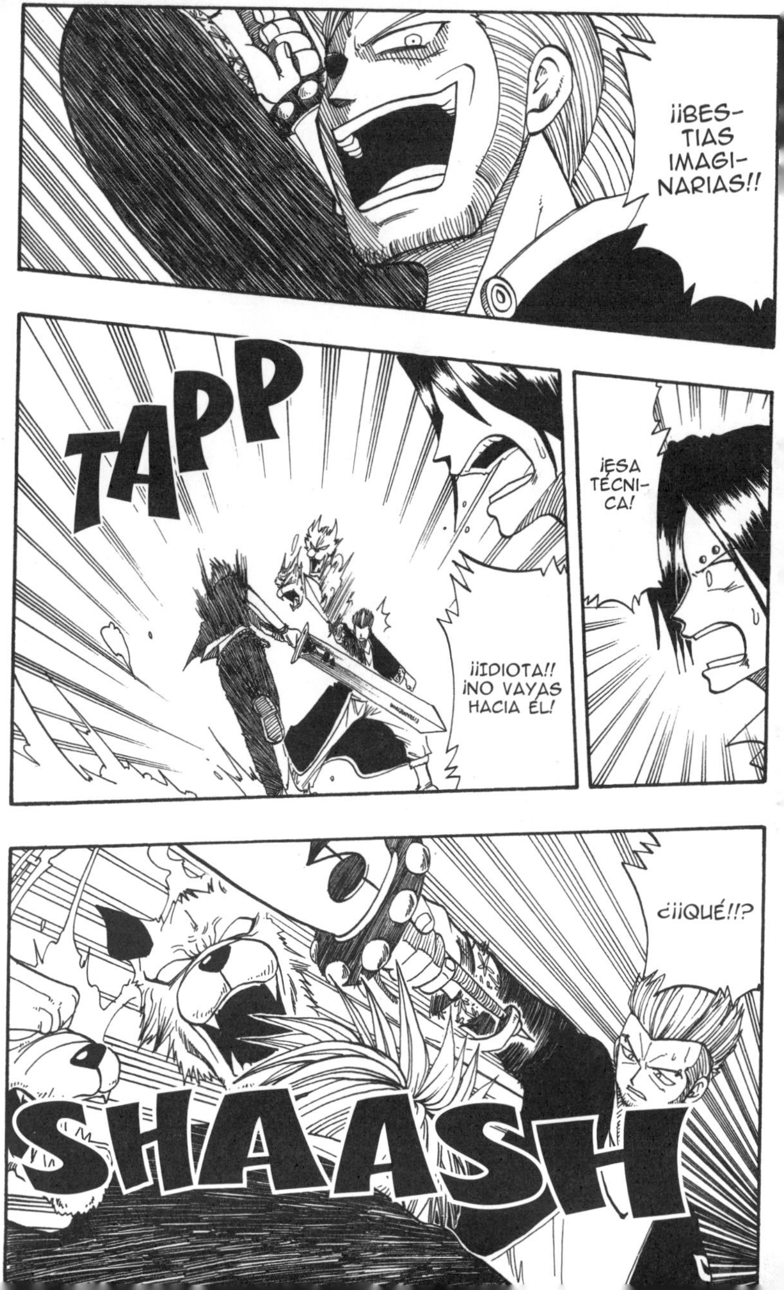
¡¡BESTIAS IMAGINARIAS!!
¡ESA TÉCNICA!
TAPP
¡¡IDIOTA!! ¡NO VAYAS HACIA ÉL!
¿¡¡QUÉ!!?
SHAASH

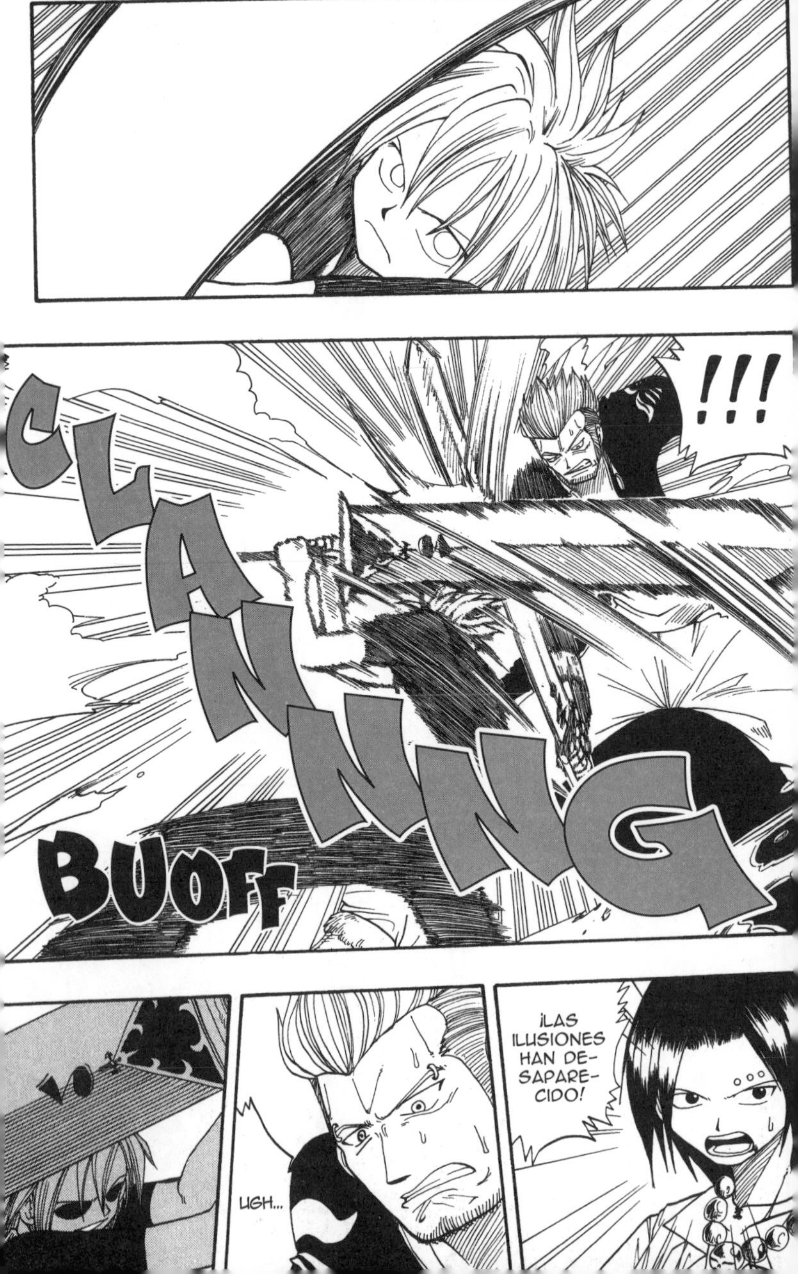
!!!
CLANNNG
BUOFF
¡LAS ILUSIONES HAN DESAPARECIDO!
UGH...

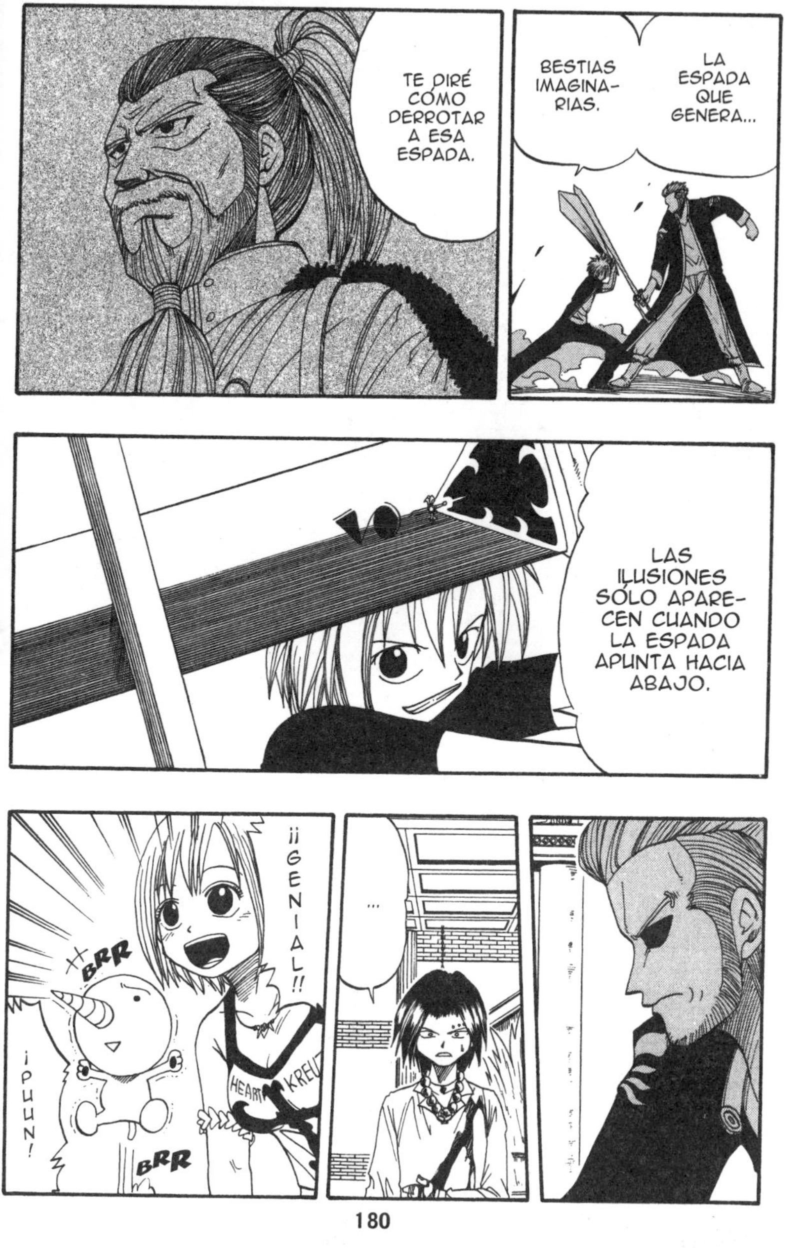

LA ESPADA QUE GENERA...
BESTIAS IMAGINARIAS.
TE DIRÉ CÓMO DERROTAR A ESA ESPADA.
LAS ILUSIONES SÓLO APARECEN CUANDO LA ESPADA APUNTA HACIA ABAJO.
...
¡¡GENIAL!!
BRR
¡PUUN!
BRR
HEART
KREUZ

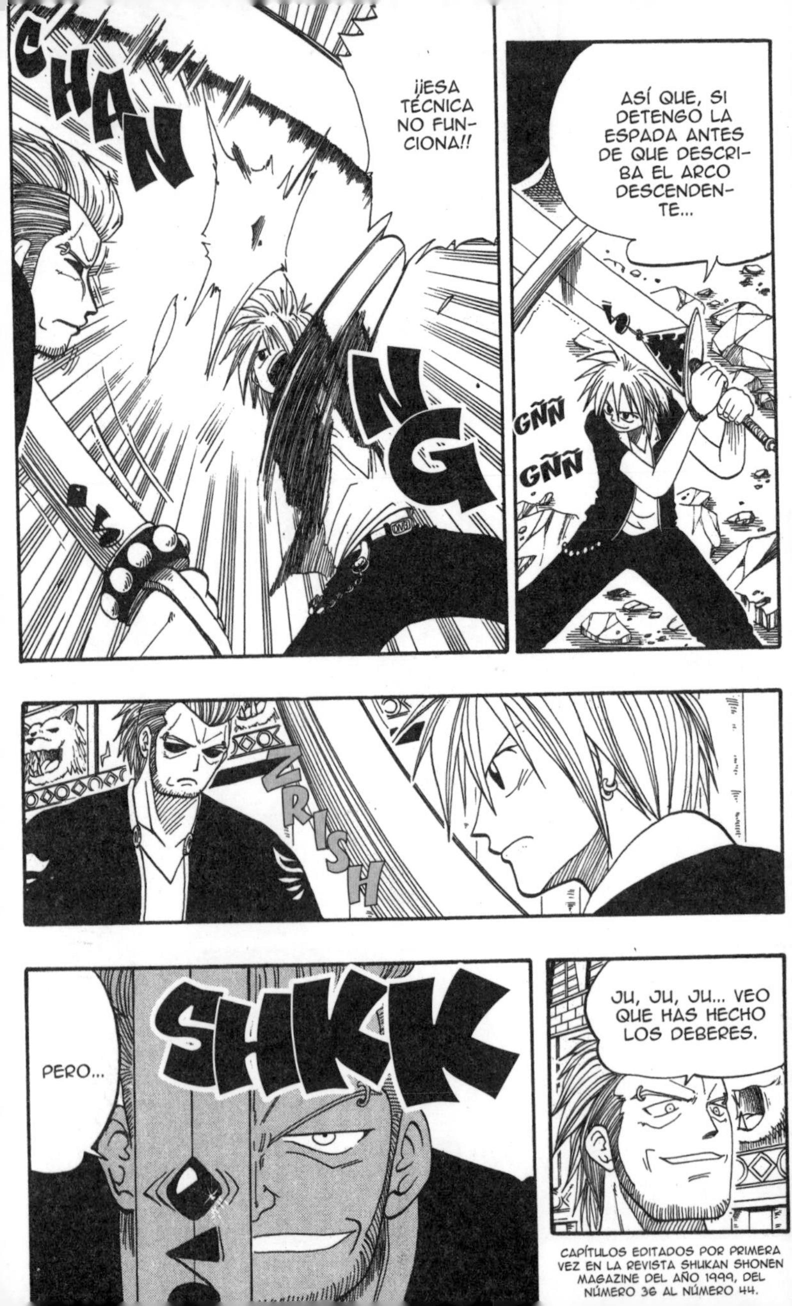
ASÍ QUE, SI DETENGO LA ESPADA ANTES DE QUE DESCRIBA EL ARCO DESCENDENTE...
GÑÑ
GÑÑ
¡¡ESA TÉCNICA NO FUNCIONA!!
CHAN
NG
ZRISH
JU, JU, JU... VEO QUE HAS HECHO LOS DEBERES.
SHKK
PERO...

CAPÍTULOS EDITADOS POR PRIMERA VEZ EN LA REVISTA SHUKAN SHONEN MAGAZINE DEL AÑO 1999, DEL NÚMERO 36 AL NÚMERO 44.

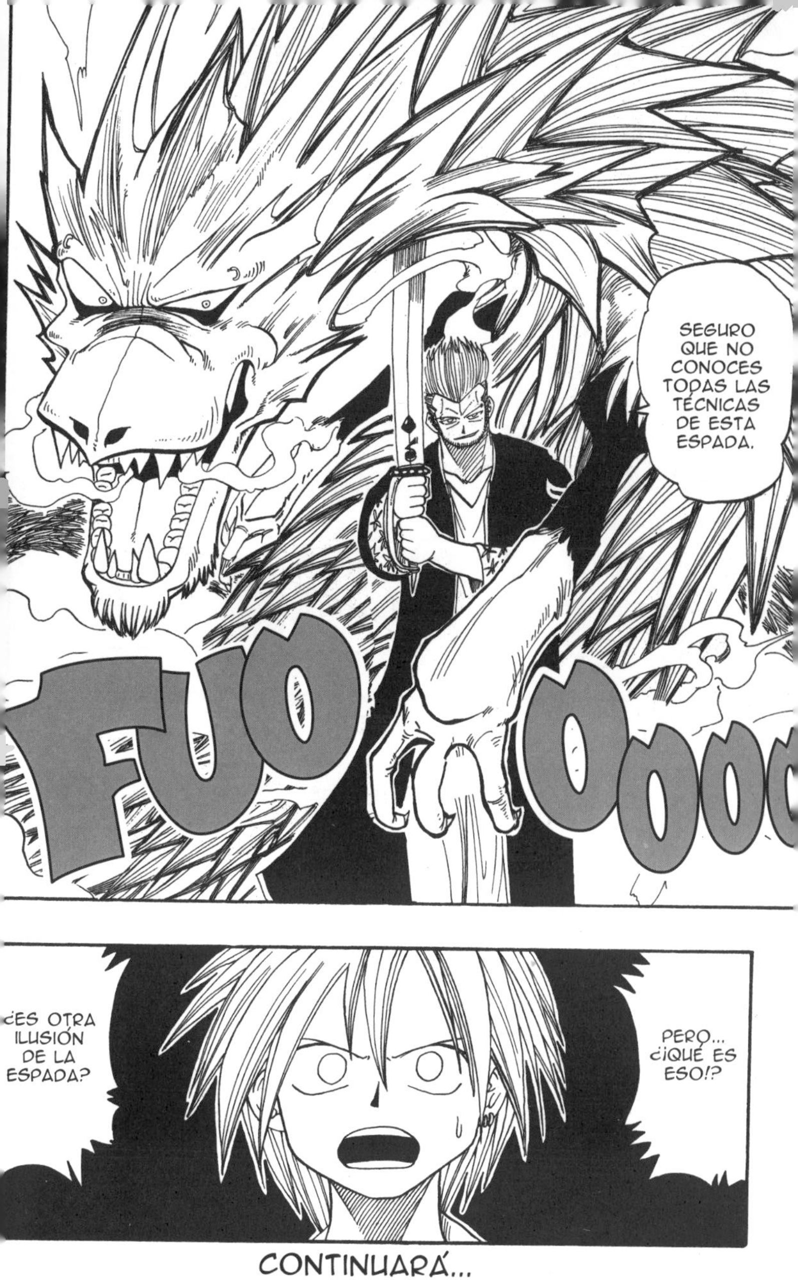
SEGURO QUE NO CONOCES TODAS LAS TÉCNICAS DE ESTA ESPADA.
FUOOOO
PERO... ¿QUÉ ES ESO!?
¿ES OTRA ILUSIÓN DE LA ESPADA?

CONTINUARÁ...

PÁGINA EXTRA

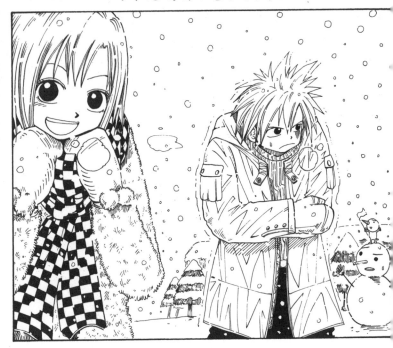

¡MUCHAS GRACIAS POR VUESTRAS CARTAS!
ESTOY MUY EMOCIONADO. ANTES DE EMPEZAR LA
SERIE, PENSABA RESPONDER A TODAS LAS CARTAS
QUE ME ENVIARAN LOS FANS, PERO HAY DEMASIADAS...
HE RECIBIDO MUCHAS MÁS DE LAS QUE IMAGINABA,
Y COMO ESTOY TAN OCUPADO DIBUJANDO LA SERIE
(QUE SE PUBLICA SEMANALMENTE EN JAPÓN) ME ES
IMPOSIBLE RESPONDERLAS. LO SIENTO MUCHO. PERO
ESO SÍ, LAS LEO TODAS. ME DAN MUCHOS ÁNIMOS.
SON MI TESORO MÁS PRECIADO.
SIEMPRE QUE TENGO UN DESCANSO, PIENSO EN
DEDICAR UN RATO A RESPONDERLAS. ASÍ QUE, EN
DEFINITIVA, OS AGRADEZCO MUCHO VUESTRO APOYO.

HIRO MASHIMA.

ELIE: LA CHICA SIN RECUERDOS

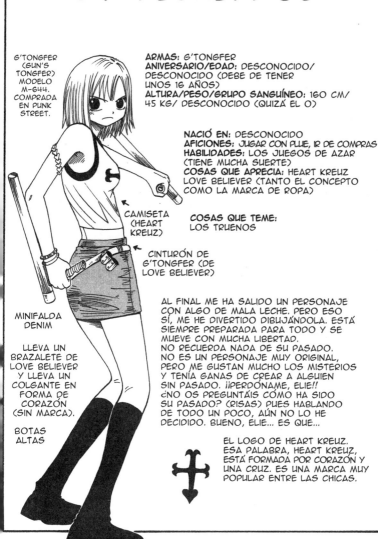

G'TONGFER (GUN'S TONGFER) MODELO M-644. COMPRADA EN PUNK STREET.

ARMAS: G'TONGFER
ANIVERSARIO/EDAD: DESCONOCIDO/ DESCONOCIDO (DEBE DE TENER UNOS 16 AÑOS)
ALTURA/PESO/GRUPO SANGUÍNEO: 160 CM/ 45 KG/ DESCONOCIDO (QUIZÁ EL 0)

NACIÓ EN: DESCONOCIDO
AFICIONES: JUGAR CON PLUE, IR DE COMPRAS
HABILIDADES: LOS JUEGOS DE AZAR (TIENE MUCHA SUERTE)
COSAS QUE APRECIA: HEART KREUZ LOVE BELIEVER (TANTO EL CONCEPTO COMO LA MARCA DE ROPA)

CAMISETA (HEART KREUZ)

COSAS QUE TEME: LOS TRUENOS

CINTURÓN DE G'TONGFER (DE LOVE BELIEVER)

MINIFALDA DENIM

LLEVA UN BRAZALETE DE LOVE BELIEVER Y LLEVA UN COLGANTE EN FORMA DE CORAZÓN (SIN MARCA).

BOTAS ALTAS

AL FINAL ME HA SALIDO UN PERSONAJE CON ALGO DE MALA LECHE. PERO ESO SÍ, ME HE DIVERTIDO DIBUJÁNDOLA. ESTÁ SIEMPRE PREPARADA PARA TODO Y SE MUEVE CON MUCHA LIBERTAD.
NO RECUERDA NADA DE SU PASADO. NO ES UN PERSONAJE MUY ORIGINAL, PERO ME GUSTAN MUCHO LOS MISTERIOS Y TENÍA GANAS DE CREAR A ALGUIEN SIN PASADO. ¡¡PERDÓNAME, ELIE!! ¿NO OS PREGUNTÁIS CÓMO HA SIDO SU PASADO? (RISAS) PUES HABLANDO DE TODO UN POCO, AÚN NO LO HE DECIDIDO. BUENO, ELIE... ES QUE...

EL LOGO DE HEART KREUZ. ESA PALABRA, HEART KREUZ, ESTÁ FORMADA POR CORAZÓN Y UNA CRUZ. ES UNA MARCA MUY POPULAR ENTRE LAS CHICAS.

EL HERRERO LEGENDARIO: MÚSICA

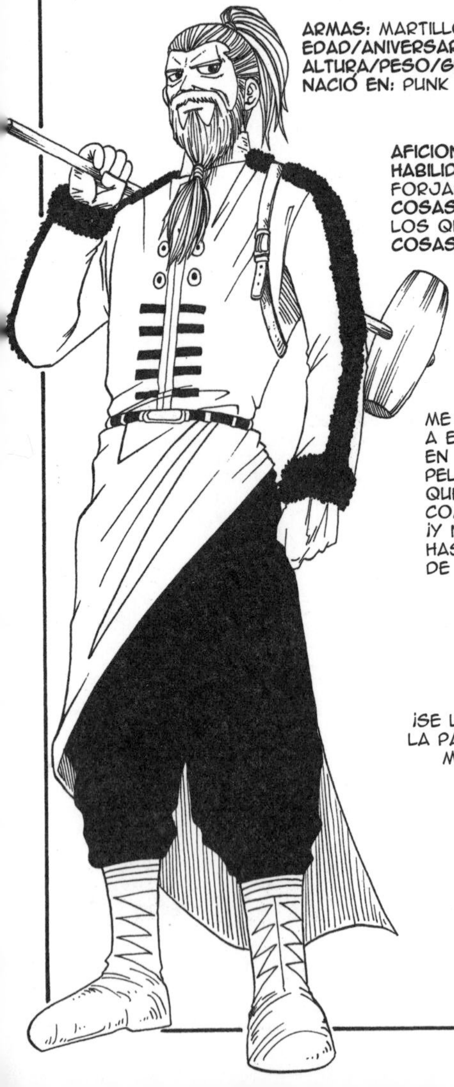

ARMAS: MARTILLO DE HIERRO
EDAD/ANIVERSARIO: 4 DE OCTUBRE DE 1998/ 70 AÑOS
ALTURA/PESO/GRUPO SANGUÍNEO: 171 CM/ 62 KG/B
NACIÓ EN: PUNK STREET

AFICIONES: LA BEBIDA
HABILIDADES: ES EL MEJOR FORJADOR DE ESPADAS DEL MUNDO
COSAS QUE APRECIA: LOS QUE BEBEN ALCOHOL
COSAS QUE DESPRECIA: LANCE

ME COSTÓ BASTANTE DIBUJAR A ESTE PERSONAJE. ME INSPIRÉ EN UN HERRERO QUE VI EN UNA PELÍCULA, Y ÉSTA ES LA IMPRESIÓN QUE ME DIO. SE DEDICA A BEBER COMO UN COSACO...
¡Y NO SE OS OCURRA BEBER HASTA QUE NO SEÁIS MAYORES DE EDAD!

¡SE LLAMA MÚSICA, COMO LA PALABRA ITALIANA PARA MELODÍA! ASÍ QUE...

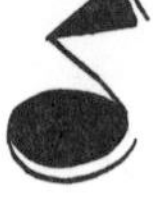

← ÉSTE ES SU SÍMBOLO.

EL JEFE DE LAS CARRERAS DE PERROS: GEORCO

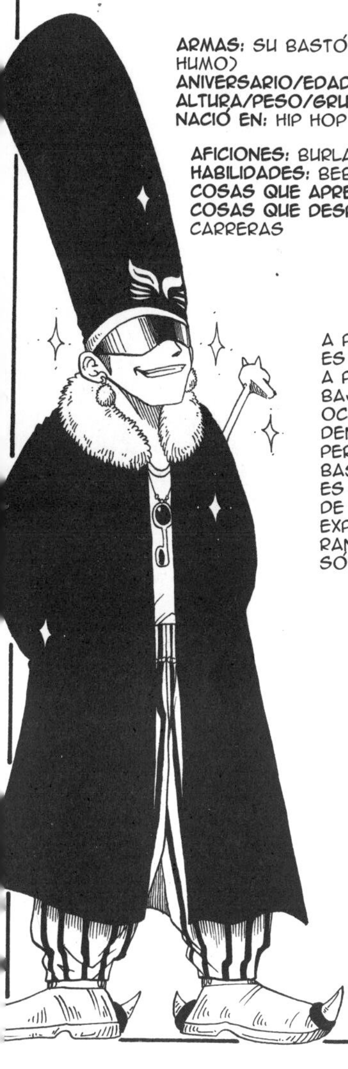

ARMAS: SU BASTÓN Y DARK BRING (LO CONVIERTE EN HUMO)
ANIVERSARIO/EDAD: 14 DE MARZO DE 0026/ 40 AÑOS
ALTURA/PESO/GRUPO SANGUÍNEO: 142 CM/ 40 KG/ O
NACIÓ EN: HIP HOP TOWN

AFICIONES: BURLARSE DE SUS SUBORDINADOS
HABILIDADES: BEBER LECHE RÁPIDAMENTE
COSAS QUE APRECIA: EL DINERO Y LAS COSAS BRILLANTES
COSAS QUE DESPRECIA: LOS QUE INTERFIEREN EN SUS CARRERAS

A PESAR DE SU ASPECTO TRANQUILO, ES EL JEFE Y SIEMPRE ESTÁ BRILLANDO. A PESAR DE SER JEFE, SU RANGO ES BAJO DENTRO DE DEMON CARD, Y ANSÍA OCUPAR UN PUESTO MÁS IMPORTANTE DENTRO DE LA ORGANIZACIÓN. PERO SU TÉCNICA DEL HUMO PARECE BASTANTE PODEROSA... ¡NO! ¡ESO NO ES VERDAD! NO PUEDE LUCHAR EN DÍAS DE VIENTO, Y TAMPOCO TIENE MUCHA EXPERIENCIA EN LA LUCHA. POR ESO SU RANGO ES BAJO EN DEMON CARD. ES SÓLO UN JEFE INTERMEDIO.

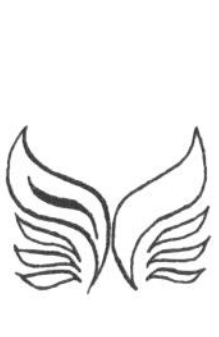

← ¡ÉSTA ES LA MARCA DE DEMON CARD! LA VERDAD ES QUE SÓLO MODIFIQUÉ LAS LETRAS DC...

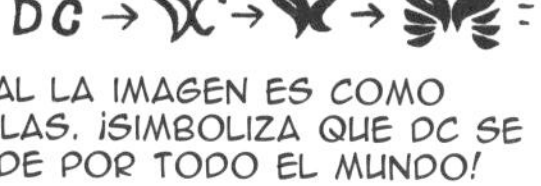
DC

AL FINAL LA IMAGEN ES COMO DOS ALAS. ¡SIMBOLIZA QUE DC SE EXTIENDE POR TODO EL MUNDO!

COMANDANTE DE LA DECIMOSÉPTIMA DIVISIÓN DE DEMON CARD: EL ESPADACHÍN LANCE

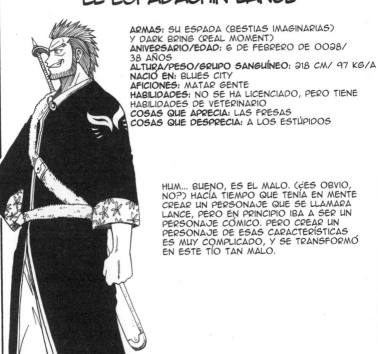

ARMAS: SU ESPADA (BESTIAS IMAGINARIAS) Y DARK BRING (REAL MOMENT)
ANIVERSARIO/EDAD: 6 DE FEBRERO DE 0028/ 38 AÑOS
ALTURA/PESO/GRUPO SANGUÍNEO: 218 CM/ 97 KG/A
NACIÓ EN: BLUES CITY
AFICIONES: MATAR GENTE
HABILIDADES: NO SE HA LICENCIADO, PERO TIENE HABILIDADES DE VETERINARIO
COSAS QUE APRECIA: LAS FRESAS
COSAS QUE DESPRECIA: A LOS ESTÚPIDOS

HUM... BUENO, ES EL MALO. (¿ES OBVIO, NO?) HACÍA TIEMPO QUE TENÍA EN MENTE CREAR UN PERSONAJE QUE SE LLAMARA LANCE, PERO EN PRINCIPIO IBA A SER UN PERSONAJE CÓMICO. PERO CREAR UN PERSONAJE DE ESAS CARACTERÍSTICAS ES MUY COMPLICADO, Y SE TRANSFORMÓ EN ESTE TÍO TAN MALO.

MI PRIMER DISEÑO...

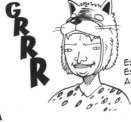

GRRR

ESTE TIPO... ES DEMASIADO ABSURDO, ¿NO?

MANGA EXTRA

RAVE0077

LEVIN QUEDA A CARGO DEL HOGAR. CAPÍTULO 2: PAPÁ Y MAMÁ

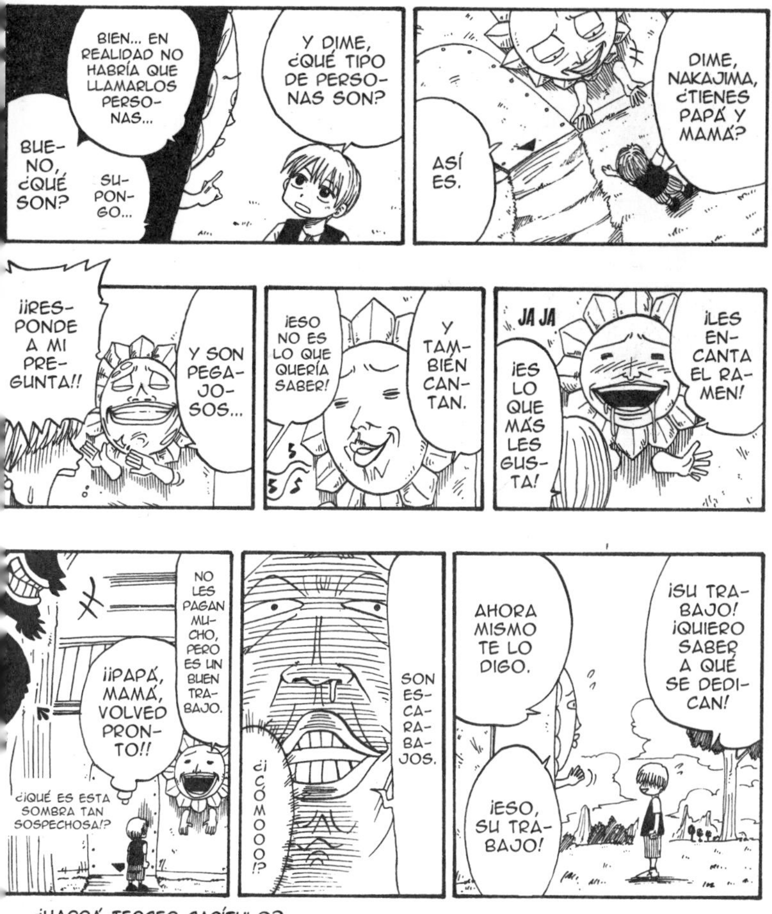

DIME, NAKAJIMA, ¿TIENES PAPÁ Y MAMÁ?
ASÍ ES.
Y DIME, ¿QUÉ TIPO DE PERSONAS SON?
BIEN... EN REALIDAD NO HABRÍA QUE LLAMARLOS PERSONAS...
BUENO, ¿QUÉ SON?
SUPONGO...
¡LES ENCANTA EL RAMEN!
JA JA
¡ES LO QUE MÁS LES GUSTA!
Y TAMBIÉN CANTAN.
¡ESO NO ES LO QUE QUERÍA SABER!
Y SON PEGAJOSOS...
¡¡RESPONDE A MI PREGUNTA!!
¡SU TRABAJO! ¡QUIERO SABER A QUÉ SE DEDICAN!
AHORA MISMO TE LO DIGO.
¡ESO, SU TRABAJO!
SON ESCARABAJOS.
¡¿CÓMOOOO!?
NO LES PAGAN MUCHO, PERO ES UN BUEN TRABAJO.
¡¡PAPÁ, MAMÁ, VOLVED PRONTO!!
¿QUÉ ES ESTA SOMBRA TAN SOSPECHOSA!?

¿HABRÁ TERCER CAPÍTULO?

HIRO MASHIMA Y SUS AYUDANTES

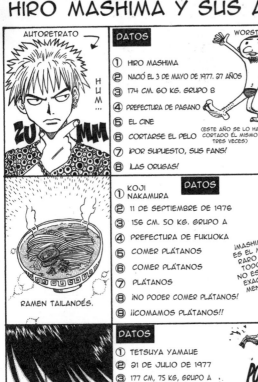

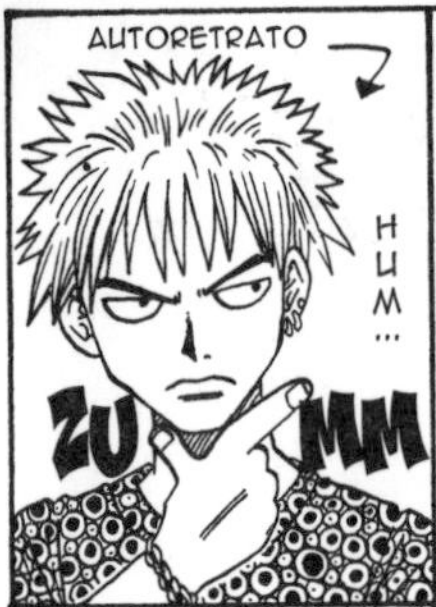
AUTORETRATO
HUM...
ZU MM

DATOS

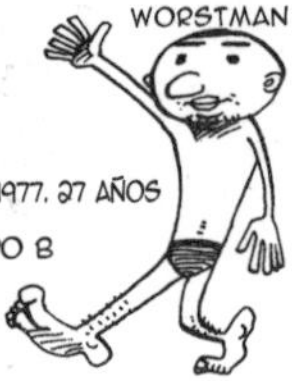
WORSTMAN

1. HIRO MASHIMA
2. NACIÓ EL 3 DE MAYO DE 1977. 27 AÑOS
3. 174 CM. 60 KG. GRUPO B
4. PREFECTURA DE PAGANO
5. EL CINE
6. CORTARSE EL PELO (ESTE AÑO SE LO HA CORTADO ÉL MISMO TRES VECES)
7. ¡POR SUPUESTO, SUS FANS!
8. ¡LAS ORUGAS!

CREO QUE LA ILUSTRACIÓN DE LA IZQUIERDA SE LE PARECE BASTANTE, ¿NO? ESTE AÑO HE CAMBIADO MUCHO DE COLOR DE PELO: DE NEGRO A RUBIO Y AHORA LO TENGO ENTRE RUBIO Y PLATEADO. ¡SI VEO UNA ORUGA, SOY INCAPAZ DE TOCARLA!

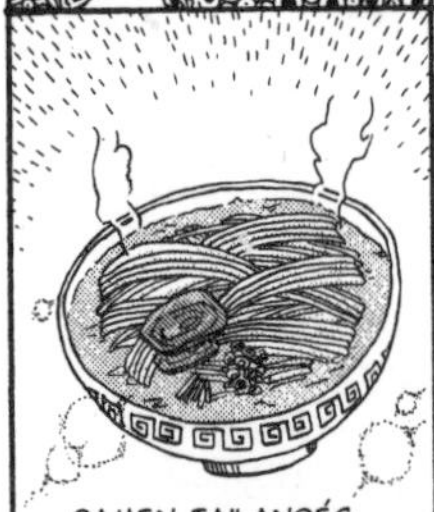

RAMEN TAILANDÉS.

DATOS

1. KOJI NAKAMURA
2. 11 DE SEPTIEMBRE DE 1976
3. 156 CM. 50 KG. GRUPO A
4. PREFECTURA DE FUKUOKA
5. COMER PLÁTANOS
6. COMER PLÁTANOS
7. PLÁTANOS
8. ¡NO PODER COMER PLÁTANOS!
9. ¡¡COMAMOS PLÁTANOS!!

¡MASHIMA ES EL MÁS RARO DE TODOS! NO ES ASÍ, EXACTAMENTE...

Y AQUÍ, LOS TRES ASISTENTES... UNAS PALABRAS DE MASHIMA.

PRINCIPALMENTE ME AYUDA A HACER LOS FONDOS. ES UN TIPO RARO. HACE LO QUE LE DIGO, AÚN NO ME HA DICHO NUNCA "NO QUIERO HACERLO". Y ADEMÁS... ¡LE GUSTAN LOS PLÁTANOS!

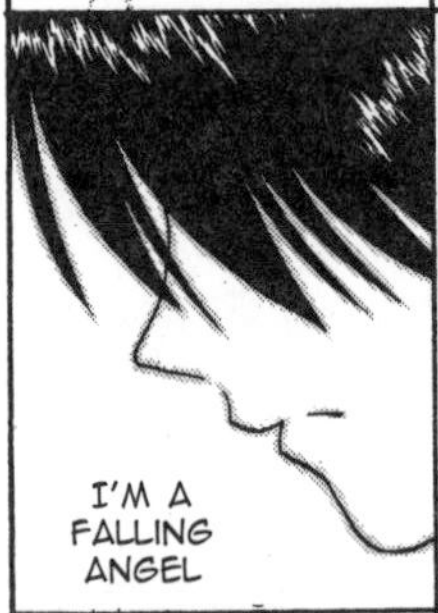
I'M A FALLING ANGEL

DATOS

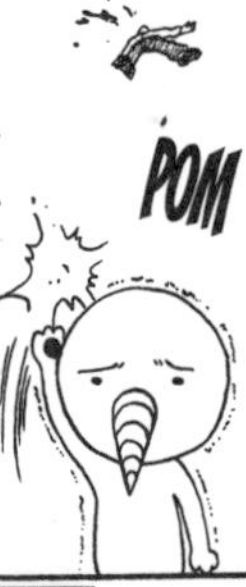
POM

1. TETSUYA YAMAUE
2. 21 DE JULIO DE 1977
3. 177 CM, 75 KG, GRUPO A
4. OSAKA
5. TODAS LAS COSAS INTERESANTES.
6. APRENDER COSAS INÚTILES.
7. LAS POLILLAS
8. AHORA LE HA DADO POR HABLAR CON ACENTO DE OSAKA

LE LLAMAMOS YAMA. ME AYUDA CON LOS FONDOS Y LOS BLANCOS DE LA SERIE. SOLEMOS ENFRENTARNOS EN COMBATES A VIDEOJUEGOS. TAMBIÉN ES UN POCO RARITO. ES MUY ESPONTÁNEO. ¡Y ADEMÁS, SABE UN MONTÓN DE COSAS INÚTILES!

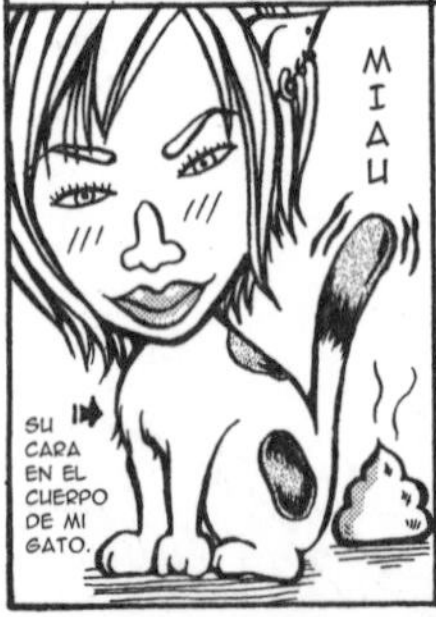
MIAU
SU CARA EN EL CUERPO DE MI GATO.

DATOS

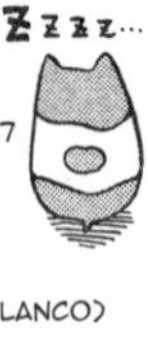
Zzzz...

1. YUKA T
2. NACIÓ EL 2 DE SEPTIEMBRE DE 1977
3. 160 CM. GORDA. GRUPO O
4. IBARAKI
5. TEÑIRSE EL PELO. (AHORA ES BLANCO)
6. QUEJARSE POR TODO
7. LOS ANIMALES (HÁMSTERES, GATOS... VACAS...)
8. ODIO LAS COSAS ODIOSAS
9. QUIERO TENER UN HÁMSTER

YUKA ES QUE LA QUE DA LOS TOQUES FINALES. ES LA ÚNICA CHICA. SIEMPRE TIENE ALGO QUE DECIR SOBRE LA ROPA DE LAS CHICAS, ¡DIBUJA LO QUE QUIERE! ¡SIEMPRE SE ESTÁ QUEJANDO POR TODO! ES, DE LEJOS, LA MÁS RARA DE TODOS MIS ASISTENTES. ¡PERO ESO HACE QUE EL TRABAJO SEA MUY DIVERTIDO!

LEYENDA DE LOS DATOS: 1. NOMBRE 2. ANIVERSARIO Y EDAD 3. ALTURA, PESO Y GRUPO SANGUÍNEO 4. LUGAR DE NACIMIENTO 5. HOBBIES 6. HABILIDADES 7. COSAS QUE LE GUSTAN 8. COSAS QUE ODIA 9. ¡MENSAJES!

POSTSCRIPT

¡COLEGUILLAS! SOY MASHIMA. COMO NO SÉ CUÁNDO LEERÉIS ESTO, SI POR LA MAÑANA, AL MEDIODÍA, POR LA TARDE O POR LA NOCHE, HE INVENTADO ESTE NUEVO SALUDO, PARA QUEDAR BIEN. ES MUY ÚTIL, PORQUE ASÍ NO IMPORTA CUÁNDO LO DIGAS, SIEMPRE ACIERTAS.

EL SEGUNDO VOLUMEN DE RAVE HA SALIDO RÁPIDAMENTE. ¡¡YUHU!! Y YA HAY 350 PÁGINAS DE MANGA... ¡PERO MI OBJETIVO SON UNOS DIEZ TOMOS! O POR LO MENOS ESO ES LO QUE CREO, CON LOS RUMORES... ¡SEGURO QUE LO CONSIGO, NO TENGO QUE AMILANARME! ¡¡LO CONSEGUIRE!! (SOY MUY INSISTENTE)

ESTE SEGUNDO TOMO, DE LOS CAPÍTULOS 5 A 13 HA SIDO COMPLICADO, PORQUE HE TENIDO QUE DISEÑAR EL ESTADIO Y LAS CIUDADES, QUE SIEMPRE DAN TRABAJO, Y ADEMÁS CON TANTA GENTE EXTRA. YO LO HE DIBUJADO CASI TODO. HA SIDO DURO, PERO LA VERDAD ES QUE MUY DIVERTIDO (RISAS). Y SOBRE TODO, CADA VEZ QUE DIBUJABA UNA PORTADILLA, ME DIVERTÍA MUCHO PENSANDO QUE ROPA LLEVARÍAN HARU Y SUS AMIGOS. EN LA PORTADILLA DEL CAPÍTULO 6 LE PUSE A HARU UN CINTURÓN DE LA MARCA OWNER LOVELY... UNA DERIVACIÓN DE OWNER LOVE... ONNA LOVE ("ONNA" ES MUJER EN JAPONÉS) ¿A QUE ES CURIOSO? ¡NOS VEMOS EN EL TERCER VOLUMEN! TENGO SUEÑO, VOY A DORMIR. BUENAS NOCHES.

HIRO
MASHIMA.

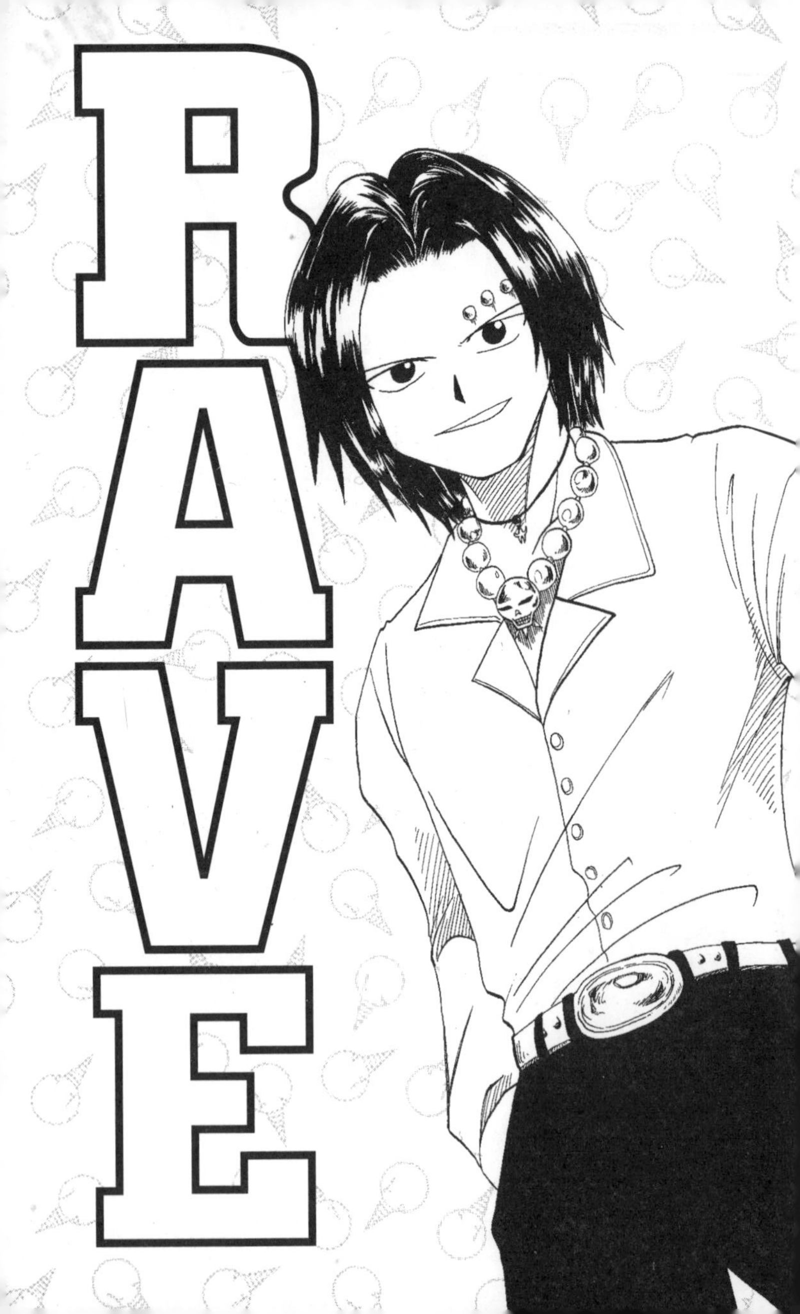
RAVE

6/6

¡ATENCION!

¡Este manga está publicado en el mismo sentido de lectura que la edición japonesa!

Tienes que empezar a leer por la que sería la última página de un libro occidental y seguir las viñetas de derecha a izquierda.

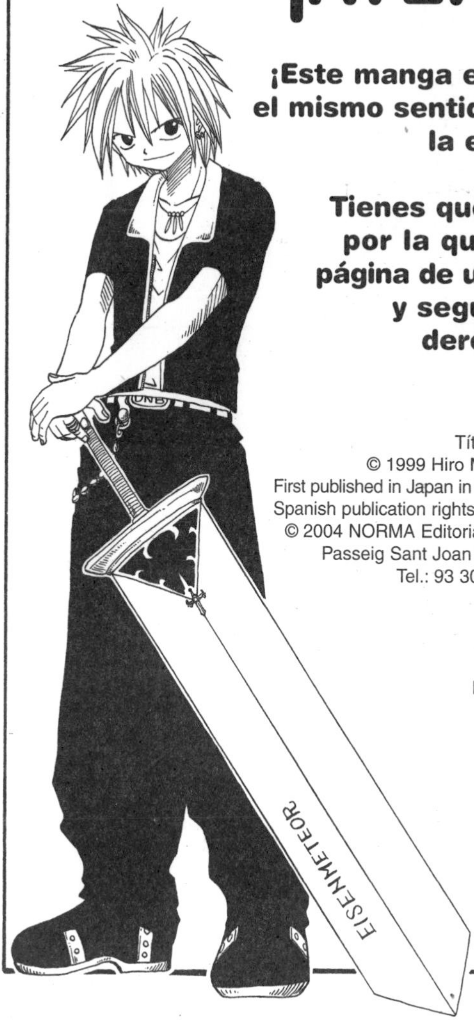

Rave nº2
Título original: "RAVE volume 2"
© 1999 Hiro Mashima. All Rights Reserved.
First published in Japan in 1999 by Kodansha., Ltd.,Tokyo.
Spanish publication rights arranged by Kodansha., Ltd.
© 2004 NORMA Editorial por la edición en castellano.
Passeig Sant Joan 7, principal. 08010 Barcelona.
Tel.: 93 303 68 20. – Fax: 93 303 68 31.
norma@normaeditorial.com

Traducción: Annabel Espada.
Rotulación: Xavier Amigó.
Depósito legal: B-02311-2004.
ISBN: 84-96325-25-3.
Printed in the EU.

www.NormaEditorial.com

EISENMETEOR

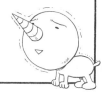